名所の誕生

――「名」を与えられた風景

井戸美里 編

口絵１　比叡山無動寺谷から琵琶湖を望む／井戸論文（29頁～）参照

名所は和歌や絵画をとおして広がる。無動寺で千日入堂を行い、四度の天台座主を経験した慈円は琵琶湖の水辺を詠う多くの和歌を残した。この地は、仏教の浄土と重ね合わせられ、さらには、憧憬の地、中国の瀟湘地域に見立てられていく。

口絵２　坂東三十三所三十三番札所那古寺／岩本論文（82頁～）参照

人々の記憶違いや錯誤が、はからずも土地に特別な意味を与え、名所を創出することがある。坂東三十三所三十三番札所として知られる那古寺は、本来最後の札所ではなかった。

口絵３　絹本著色富士曼荼羅図（富士山本宮浅間大社蔵）／並木論文（107頁〜）参照

名所の代表といえば富士だろう。たんなる景観描写ではなく、富士山とそこに集う人々の様子を子細に描き込んだ本図のあり方は、名所風俗図の成立にも影響を与えた。

口絵4　鎌倉由井ケ濱（『鎌倉市図書館開館百周年記念　絵葉書で見る鎌倉百景』鎌倉市教育委員会、鎌倉市中央図書館、2011年）／赤松論文（139頁～）参照
人々の営みもまた、ある種の名所として捉えられることがある。近世・近代の鎌倉では漁業の生業風景が一種の名所として描かれた。しかしこうしたまなざしは、昭和初期以降、薄れつつある。

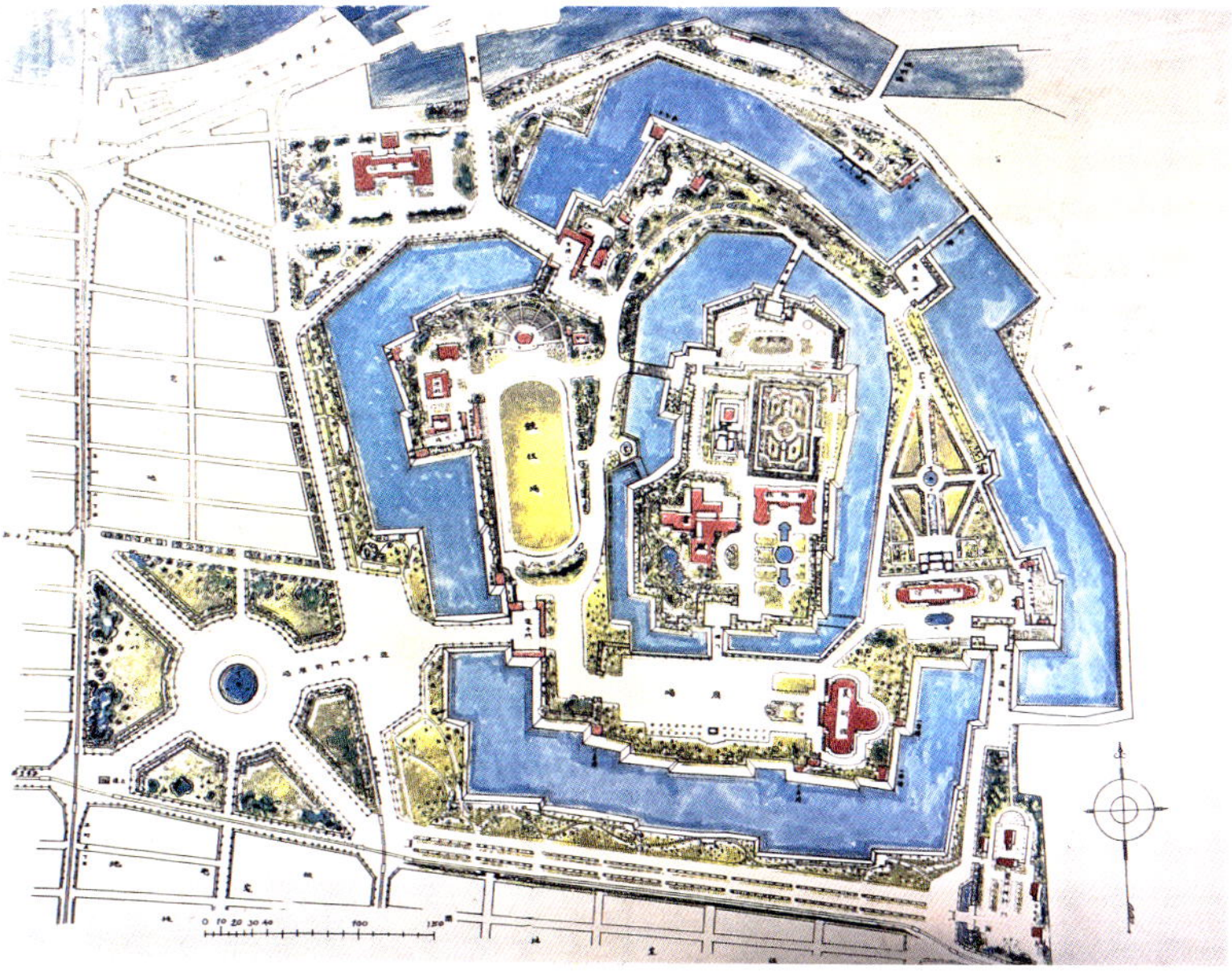

口絵5　大阪城公園設計図（椎原兵市『現代庭園図説』1924年）／小野論文（161頁～）参照
行政の手による名所の開発が目立ちはじめる近代、そこには多くの人々の思惑が絡む。大阪の新名所として誕生した大阪城公園では、当初の設計意図と現実の姿に大きな乖離があった。

口絵6　都ホテルポスター（京都工芸繊維大学美術工芸資料館蔵）／福永論文（209頁～）参照
異なる文化が接触し、名所に変容が生まれる。西洋式ホテルの先駆けである京都東山の都ホテルは、外国人向けの宿泊施設であるとともに、ホテル自体が名所として機能し、新しい価値を生み出していく。

目次◆名所の誕生——「名」を与えられた風景

名所の誕生——「名」を与えられた風景

序

「名所」とは何か。このことばの歴史は古く、平安時代から使用されていたことが知られているが、そもそも、どのようにしてある土地や場所が有名になり、その「名」が人々に知られるようになるのか。このような純粋な問いから本書は出発している。

「名所」を定義することは容易ではない。それは、当然ながら、名所は初めから名所ではなく、時代によっても、地域によっても、はたまた、それらを受容する人によっても名所観は異なるからである。「名所」ということばによって人々が想起するのは、おそらく、美しい景色であったり、由緒ある建物や庭園などの旧跡をはじめとして、現在では、世界各地の文化が一同に会した博物館や最新の技術を駆使して建てられた超高層ビル、文化財や世界遺産といった制度により指定された「新名所」など、実にさまざまである。それらは多くの人々が訪れる「観光スポット」として紹介される場合も少なくない。

しかしながら、こうした現代の名所観と、当初、平安時代に「名所」ということばが意味するものとが同じでなかったことは想像に難くない。たとえば、現代において名所の大きな要因と考えられる地形的な特性に起因するような視覚に訴える美しさは、平安時代には要因の一つであったとしても、必須の条件ではなかったと考えられる。平安時代の名所が和歌に詠われる歌枕と切り離せない概念であったことに関しては、和歌を中心とする文学研究の蓄積によりすでに多くのことが明らかにされてきている。久保田淳は、名所の定義について再検討を行っており、和歌に詠まれる名所としての歌枕に加えて、漢学者らの間では「故事来歴を有する旧宅」、つまり、名家の邸宅や庭園等の旧跡についても平安末期には名所として認識されていたことを示している。(1)史料に「名所」ということばが現れるごく初期の段階において、現在でも使用されるような、土地の景観とともに歴史的な建造物や庭園などが名所の範疇に包摂されていたことには留意すべきである。

このように「名所」の概念は、その成立期の二つの定義を基軸としながらも、常に変化してきたと考えてよいだろう。こうした変化は、時代の流れのなかで徐々にもたらされる場合もあるだろうが、むしろ、ある土地に対する価値観が強く揺さぶられるような局面において起こるのではないか。名所が大きく変化する局面としてまず想起されるのは、明治維新を迎えた近代化の過程であろう。この時期は、西欧の価値観が移入されるなかで「風景」や「景観」ということばが新たに生まれ、「史蹟名勝天然紀念物保存法」(一九一九年)など、視覚的な要素に価値が置かれた景観を国が保護の対象として選定する一連の動向へと接続する。近代のこうした法制度は、その後も「文化的景観」や「世界遺産」などのように、グローバルな動向とも連動しながら、ある特定の場所を選定し、ほかの場所から差異化していく行為と捉えることができるだろう。

近代における「風景」や「景観」の成立がそれまでの名所観を覆す決定的な要因であったことは確実だが、それ以前にも名所観の転換をもたらした局面は幾度もあったに違いない。そうした局面は、時として望ましくない状況も想定される。ある場所が物理的・精神的な危機——たとえば、戦争や災害など——により壊滅的な状況に陥った場合などは、それまでの土地に対する価値観を回復あるいは根本的に刷新せねばならないこともあろう。誤解を恐れずにいえば、名所は、ある場所を支える主体によって、そのような局面に際して「名」が与えられる行為により生み出され、それは、新たに与えられることもあれば、再生や改変を繰り返しながら定着し、歴史のなかに「名」を残すことになった土地といえるだろう。

それでは、名所が生み出され、あるいは、再編され、変容していく局面について、「名所」ということばが成立した時期に今一度遡って検討してみたい。

まず想起されるのは、鎌倉に幕府が成立し、京都の天皇家や公家による支配体制に陰りがみられるようになる一三世紀初頭に、内裏において天皇を中心として名所和歌が隆盛するなかで、名所を描く障子絵や屏風絵が大いに制作されている実態である。後鳥羽院の御願寺である最勝四天王院の建物の内部空間には全国各地から選定した名所（歌枕）が和歌に詠まれ障子絵として描かれ配置された。さらに同じ頃、順徳天皇や藤原定家らによって一〇〇カ所の名所を選定した「内裏名所百首」などの歌合も開催されるなど、歌枕としての名所は天皇を中心に再編され、一つの頂点に達している。一方で、ほぼ同時代に成立したと考えられる『平家物語』においては、大火により焼失した平安京のなかの名家の建物や庭園などが「名所」と呼ばれ記述されている。このことは、先の久保田による一見相反する二つの名所の定義の双方がこの時期にも継承されていることを示している。

鎌倉に武家政権が樹立され、それまでの天皇家や公家を中心とする平安京以来の政治体制が揺らぎをみせるなかで、平安時代に遡る二つの異なる「名所」が召喚されていることは、偶然ではないだろう。それまでの天皇の領土を名所和歌として声高に詠み、絵画として表象する行為は、天皇を中心とする王権的なまなざしのなかで「名」が再生されていくプロセスを示していよう。

もう一つの局面をみていこう。一五世紀後半、応仁・文明の乱をはじめ戦国期の内乱によって京都の町が荒廃するなか、大永六年（一五二六）に連歌師の宗長が見た都の姿は次のように記される。

京を見渡し侍れば、上下の家、むかしの十が一もなし、只民屋の耕作業の躰、大裏《ママ》は五月の麦の中、あさましとも、中にもあまりあるべし、

（『宗長手記』下）

誇張もあろうが、室町幕府により繁栄した都は、今では家の数も以前の十分の　に満たないほどに減少し、内裏も麦畑のなかといったあり様であったことを嘆いている。まさに京の都市を描く現存最古の「洛中洛外図屏風」の成立もまたこのような時期であったことは看過できまい。「洛中洛外図」には、壊滅的な戦災から復興を遂げた京都の都市のにぎわいが、それまでの歌枕に加えて、祇園祭をはじめとするさまざまな行事や風俗、そこに住まう多くの町衆の生活とともに活写されている。日本で初めての都市図屏風といわれる「洛中洛外図屏風」の誕生である。

さらにこの時期、京都から地方へと疎開した公家や僧侶、ここで挙げた連歌師など、多くの人々が地方と往来することによって、それまで歌枕として和歌に詠まれていた名所は、実際に旅をして体験することのできる実体を伴った土地として認識されるようになった。各地を旅した連歌師を中心として名所歌枕の再編事業が行われていたことも、こうした時期の動向として注目に値する（『実隆公記』）。

ここまで、京都を中心に名所に対する意識が変化する局面について、一三世紀初頭と一五世紀後半の二つの時期を概観してみてきた。都に限ってみても、名所が生み出され、あるいは、再編され、変容していく道のりは平坦ではなく、むしろ、激動の時代にこそ、「名」の必要性が喚起されたと考えられるだろう。このことは、江戸時代に徳川の世となり政治的・経済的な機能が江戸に移った一七世紀前半に、「京童」や「洛陽名所集」等の名所案内記が京都で出版されたことも、京都の都市自体を名所化する推進力であったとみることもできよう。

しかしながら、こうした局面は、当然ながら都に限らず、あらゆる時代にあらゆる地域であったはずであり、名所の成立や変遷は、時代や地域を横断しつつ、より多角的な視点から考えていかなければならない。

そこで本書は、対象とする時代や地域をできる限り広く設定し、文学、美術史、建築史・都市史など領域横断的な研究分野から「名所」にアプローチすることを目指した。それぞれの土地や場に与えられた「名」の本質とはいったい何なのか。「名」はいつ、誰によって与えられ、「名」あるところ、「名所」となるのか。ここまで述べてきたように、名所が自然発生的に生まれるのでないとすれば、ある特定の場所をほかと差異化していこうとする積極的な主体の分析とともに、それを支える受容者や共同体といった名所が誕生するメカニズムを明らかにしていく作業が必要となろう。

本書が考察の対象とする名所は、和歌によって詠まれた歌枕、想像上の中国、参詣や巡礼としての寺社や霊場、京都や鎌倉の都市、植民地期の朝鮮など多岐にわたる。歴史に「名」を刻んだ名所は、時代や地域を越えて、あらゆるメディア（文学・絵画作品、名所記、写真、ポスターなど）によって表象されてきた。本書は、こうした表象の分析をとおしてそれぞれの土地に刻印された記憶を掘り起こし、それぞれの土地に与えられた「名」の本質を問い直すことによって、名所が生成する磁場に接近していきたいと考えている。

第Ⅰ部は、「ことば――見立てられる名所」とし、武瀟瀟「平安時代に描かれる中国の「名所」」と井戸美里「山水と見立ての構造――琵琶湖が名所になるとき」を収録した。本セクションでは、平安時代から鎌倉初期にかけて、名所を規定するうえでの基軸となっていた「ことば」と「絵」の関係性について検討する。名所は、和歌や漢詩に詠まれるだけでなく、同時に絵画化されることを通して、広く宮廷社会のなかに共有概念として定着していた。ただし多くの場合、このようなことばと絵によって規定される名所は、現実の土地の姿を反映していない、というよりは、むしろ、匿名の山水画を見て「名」のある土地を想像し、そうした場に見立てて漢詩や和歌を詠むことは自然なことであり、名所は必ずしも実体を伴った表象ではなかった。つまり名所は、ことばと絵画によって、ときには、現実の姿から乖離し想像によってつくられてきたといえよう。

中国において著名な場所といえば、瀟湘《しょうしょう》八景に代表されるような江南の湖水の風景が知られるが、武瀟は、日本における本地域を描いた絵画作品の受容が平安時代に遡る可能性を指摘してきた。本稿において筆者は、実際に存在する中国の「名のあるところ」について現存する絵画資料が不在のなか、絵と関連の深い唐代題画詩などの詩の内容、さらには、日本の文献に現れる絵画作品を考察対象として分析を行っている。そのうえで、日本において中国の主題を描く絵画（唐絵）の傾向について、匿名の場所を鑑賞者が見立てるような作例から、さらには、実在の場所を描く作例の存在を指摘し、かつてありし中国の名所を描いた唐絵の痕跡をたどる。

日本で古くからその「名」を知られてきた比叡山を中心とする山水のエリアは、平安京の天皇や公家によって「霊地の名所」として、ことばと絵画の双方により詠われ、描かれてきた。井戸の論考は、一二世紀末から一三世紀にかけて名所和歌が隆盛するなかで、琵琶湖の水辺の名所が再評価され、ことばと絵画に表象される風景が変容していくこと、そこに後鳥羽院の護持僧となり、摂関家出身で比叡山にのぼり天台座主となった慈円の存在があったことに注目する。後白河・後鳥羽院期に詠まれた詩歌を分析することによって、琵琶湖が古代の日吉信仰から仏教的な極楽浄土の池とみなされ、さらには、中国の湖水の名所として名高い江南地域に見立てられていく状況を指摘する。

第Ⅱ部は、「物語《ナラティヴ》――記憶がつくる名所」とし、林かおる「記憶風景の名所――『平家物語』にみる安元の大火（一一七七）の語り」、岩本馨「「最後の」札所――坂東三十三所と那古寺」を収録した。それまで天皇や公家によって繁栄を極めた平安京は、平安時代後期から鎌倉時代への移行期には武家の台頭や内乱を経て不安定な時期を迎えることとなる。一方で、鎌倉幕府の樹立によって武家政権が東国に移ると、京と東国の間の往来もさかんになり、名所についても、まだ見ぬ和歌に詠まれる土地からより現実的な側面への理解が深まる時期であった。本セクションでは、名所を支える物語（ナラティヴ）の作用に注目する。ここでいう物語は、記録や史料などから文学作品に至るまで、ある共同体において意識的であれ無意識的であれ共有されてきたあらゆる語りを指すが、名所はこうした語りの構造のなかで記憶化され、つくられてきたと考えられる。ときに名所は、意図的に物語から排除されることもあれば、物語と現実との齟齬やさらには記憶違いをとおしてつくられることもあったのだ。

林が考察対象としたのは、『平家物語』巻一の巻末に描写される安元三年（一一七七）の「安元の大火」の語りである。大内裏も延焼し平安京の約三分の一を焼亡させた安元の大火は、朝廷や藤原諸家により栄えた貴族政治の終焉を象徴的に示す出来事として捉えられる。筆者は『平家物語』には平安京成立当初からあった貴族邸宅や庭園が、焼失した「名所」として描写されることから、平安京の都市空間の衰退そのものに焦点が置かれている点に着目する。さらに、『平家物語』に記載される焼失した平安京の名所が実際の場所とは異なる可能性を他の記録との比較をとおして指摘する。こうした齟齬は、「名所」を「記憶風景」として再検討する必要性を示している。

岩本の論考が扱うのは、観音霊場として、鎌倉幕府の草創期には成立していたと考えられる「坂東三十三所」の札所である。「坂東三十三所」の番付において最後の札所（結願の地）である那古寺（館山市）は、さまざまな物語や縁起が付随した名所として知られる。しかしながら、ここで筆者が注目したのは、参詣の順路を記した番付と実際の巡礼の順路との間の齟齬である。当時、実際に参詣を行った人々の順路とは別に、番付をとおした観念的な順路が成立した要因は何だったのか。結果的に「最後の」札所となった那古寺は、自らをどのような名所として位置付けていったのか、那古寺にまつわるナラティヴの構造を読み解く。

第Ⅲ部は、「風俗――営みがつくる名所」とし、並木誠士「浅間大社蔵富士曼荼羅図の位置づけ――名所風俗図の成立をめぐって」、赤松加寿江「近代鎌倉における名所風景へのまなざし」を収録した。第Ⅱ部で取り上げた参詣や巡礼のように、人々は実際に寺社を訪れているのであるが、戦国期の内乱による都から地方への疎開など、人々の移動や旅をとおして名所は実在の場所として消費されていく。移動や旅、さらに近代に入ると鉄道の敷設などインフラの整備によって、名所は、それまでと比較にならないほど多くの人々が訪れることのできる場所となっていく。本セクションでは、参詣や巡礼、旅や観光をとおして実際に土地をめぐる表象にどのような変化が起こったのか、参詣者やそこで生活をする人々の風俗を活写した絵画や日記等の分析によってひも解いていく。

並木の論考は、それまでの風景を中心として描く名所絵に対して、人々の生活や生業など風俗的要素が加味されるようになる「名所風俗図」の成立について論じている。名所風俗図は、一六世紀から一七世紀にかけて狩野派を中心にさかんに描かれてきたジャンルである。筆者は名所風俗図の成立のごく初期の作例として、狩野元信筆とされる富士山へ参詣する様子を描いた「富士曼荼羅」（富士山本宮浅間大社蔵）を位置づけ、狩野派が風俗画を樹立していく過程を明らかにする。名所を描く絵画の表象が、詩歌に依拠した風景を基軸とする名所絵の枠組みから脱却し、近世に向けて名所とともに風俗描写を焦点化して描くようになる名所風俗図成立の契機を問い直す論考である。

赤松は、鉄道開設に伴い、華麗な保養地や別荘地として名を馳せた鎌倉の名所は、近代以降いかに再評価されていったのか、そのまなざしの主体について考察している。鎌倉の近世絵図では神社仏閣に加えて、海浜の漁業などの生業が鎌倉を代表する名所風景として捉えられているのに対し、筆者は、近代に入って鎌倉を訪れた外国人たちによる言説の分析から、当時の鎌倉が荒れ果てた「期待外れな」名所として描写されていることを指摘する。こうした状況に対し、当時でも地方改良運動など都市的課題への取り組みによって名所風景の再検討が重ねられていったという。「文化的景観」の制度のもと、鎌倉における生業の価値の問い直しをとおした名所の再評価の可能性など、現代的な意義が示唆される。

第Ⅳ部は「都市——開発される名所」とし、小野芳朗「幻の名所——大阪城公園と離宮計画」、金桂園「写された名所——植民地朝鮮の写真葉書と「芸術写真」を中心に」を収録した。近代化に伴う都市計画や都市開発による整備をとおして名所が再解釈・再定義されていったことは先に少し述べたが、名所や名勝は、「史蹟名勝天然紀念物保存法」などの法制度によって近代の国民国家としての「日本」を代表するにふさわしい場所として選定され、国が主体となり管理する場となっていく。さらに日本は帝国主義のもと、このような都市開発の対象を朝鮮などの植民地にも拡大し、当該地域における名所や名勝の「発見」に関与していった点にも留意する必要がある。本セクションでは、こうした国や地方自治体を中心に推進された都市開発の過程において、それまでの名所が近代的な共有空間としての「公園」や軍事施設なども含む概念として再解釈されていく過程を、都市計画のための行政文書や設計案、新興メディアである写真等の分析を通して明らかにする。

小野は、昭和三年（一九二八）の昭和御大典記念事業として、昭和六年竣工の大阪城天守閣復興にあわせて整備された大阪城公園について論じている。本丸内は文化施設とともに陸軍施設などの近代都市施設が共存する空間となった。天守閣を含む城内の公園化は大阪市公園課の課長であった椎原兵市の主導により行われたが、本計画について筆者は、これまで見逃されてきた椎原が当初計画した大正九年（一九二〇）の原案の存在に着目した。椎原は京都御苑の設計を手掛けたことでも知られるが、筆者は、椎原原案と昭和六年（一九三一）実施設計を比較し、大阪城を皇室の宮殿・離宮として配置する椎原の当初の計画案の意図を浮き彫りにしている。

金が考察対象としたのは、新興のメディアである写真により表象された朝鮮の首都京城の名所である。京城の名所は、植民地観光政策と結びつきながら、伝統的な史跡や宮殿などが観光地として再編される一方で、交通やインフラなど近代的な都市開発としての産物も新名所として再定義されていく。筆者は、こうした在朝鮮の日本人写真家らの写した名所を組み込んだ「写真絵葉書」が朝鮮の観光イメージを喧伝する役割を担っていたこと、さらに、これらの写真は朝鮮のなかだけでなく、日本国内でも「芸術写真」として流通していたことを指摘する。名所は「写真報国」という使命を担わされた新興メディアでいかに表象されていったのか、植民地期に再発見された朝鮮の名所について追究した論考である。

第Ⅴ部は、「接触——近代化する名所」とし、福永愛「名所を作る——明治期京都の都ホテル」、中川理「風景と景観の使われ方の変容」を収録した。開港に伴う西洋をはじめとする異文化との接触は、それまでの前近代の名所観を大きく揺るがすこととなり、「風景」「景観」ということばも誕生した。廃仏毀釈の影響を受けた寺院はさることながら、廃城令によって残された城も本来的な機能を失い、文字通り「史跡」となっていった名所は、日本のなかだけに留まらず海外からの訪日客など新たなオーディエンスを獲得することによって変容し、再生していく。本セクションでは、近代的な施設としての「博物館」「ホテル」なども新たな「名所」として包摂されていくなかで、当時の知識人らはこの時期に新たな文化的な推進者としていかに名所を再生していったのか、ポスターや名所案内記の出版などのメディアをとおして検証する。また「風景」「景観」という西洋近代の概念に対応することばの成立によって、それまでの「名所」の存在意義はどこに求められるのだろうか。現代的な「名所」の方向性を探る。

福永が考察対象とした都ホテルは、明治四二年に日英両語で出版された『京都名勝帖』において、寺社、帝室博物館、保津川などとともに「名勝」として取り上げられた。都ホテルの建築はさることながら、注目すべきは、ホテルの所在した東山という場に与えられた、近代以前から継承される詩的・実景の交差する複合的な名所意識である。都ホテルからの眺望は、景観を眺めながら、集い、文化を創造する場といった近代以前からの営みを想起させるとともに、近代的な眺望・パノラマとして展開していった。インクラインなどの都市開発による新たな名所意識を携えながら、都ホテルは、観光案内書の出版をとおして名所を解釈し広めるメディアとしての役割も担う極めてユニークな主体として機能していたと言えよう。

中川は、近代に入り実際の姿や眺めなどの視覚的受容を価値付ける概念として登場した「風景」、さらには、ドイツ語の地理学の用語であるラントシャフト（Landschaft）の訳語として成立した「景観」の二つの用語について、両語が使用された雑誌記事・論文の分析によりその使われ方や変容を明らかにした。筆者は、風景が名所のもっていた主観的・情緒的要素を継承しているのに対し、景観は「景観法」（二〇〇四年）に適用されていくことが示唆するように客観的・科学的に捉える言葉として使用される傾向にあることを示す。両語とも時代のなかで変容していくが、「文化的景観」をはじめ、現代では景観の概念の拡大解釈も広がるなかで、名所から風景へと接合する価値体系や展開の方向性も今後あり得るのだろうか。私たち一人一人が主体として名所や風景のあり方に積極的に参与することが求められるこれからの社会へ向けられた論考である。

（1）久保田淳『ことばの森――歌ことばおぼえ書』（明治書院、二〇〇八年）。前者の歌題として歌合に「名所」の語が使用される早い例として「天喜元年（一〇五三）八月越中守頼家名所歌合」を、後者については、南北朝時代成立の『勅撰名所和歌要抄』巻第一九の本文に引用されている、平安後期の学者である中原師遠の「師遠名所抄」（現存せず）を挙げている。

Ⅰ　ことば——見立てられる名所

平安時代に描かれる中国の「名所」

武　瀟瀟

はじめに

名所は、言葉のとおり、「名があるところ」、あるいは「名が広く知られる場所」を意味する。このような場所には、和歌に繰り返して詠まれるなかで、ある特定のイメージが形成される。たとえば、龍田川といえば紅葉、武蔵といえば、すすきの野原という、地名と連動するイメージが定着し、これを絵にしたものが名所絵と呼ばれている。名所絵の起源は九世紀末にまで遡ることができるが、「名所絵」という言葉自体は平安時代には存在せず、また名所絵とされる絵画も一点も現存していない(1)。鎌倉時代以降、和歌とやまと絵の文脈のなかで、日本の「名所」に対する実景への関心がより強まった一方、中国から水墨画という新たな「唐絵」が伝来した。「瀟湘八景図」「廬山図」「西湖（十景）図」など中国の名勝を題材とする山水画が日本人に愛好され、盛んに描かれるようになった。なかでも、瀟湘八景図は著しく流行し、室町時代に瀟湘八景を主題とする夥しい数の障屏画、掛け軸、画巻や扇面画など、多形式の作品が将軍や貴族の館から禅宗寺院まで広く制作された。

筆者は、過去の論文において、瀟湘地域の文学的伝統が、日本と中国で共有されていたことを明らかにし、これまで瀟湘八景との関わりから考察されてこなかった平安時代のテキストに記録される「漁父詞屛風」「坤元録屛風」「和漢抄屛風」の三つの作例から、瀟湘地域は平安時代にはすでに中国の名所として屛風絵に描かれていた可能性が高いことを指摘した。(2) その結果、瀟湘八景が中世に日本に伝来し一気に大流行した前段階として、実は平安時代にすでに文化的な土台が築かれていたということを指摘することができた。本論では、より広い範囲で、中世以前の絵画のなかに描かれた、中国の「名のある所」について考察していきたい。

一　唐代題画詩に見られる「名のある所」

奈良、平安時代の唐絵の実物はほぼ残っていないばかりか、記録もかなり限られていることから、家永三郎が『上代倭絵全史』の第一章「初期世俗画としての唐絵」(3) で概観的に論じて以降、俎上に載せられたことはほぼない。本論では、家永の研究を踏まえて、唐絵のうち中国の地名が含まれるものに焦点を当てて、整理する。なお、平安時代に描かれた中国の「名所」を検討する前に、補足、比較材料として、まず唐代絵画において、特定の場所（地名）に関するものを見てみよう。そちらも原本はほぼ残されていないというのが現状であるが、唐文化の代表とも言うべき唐詩のなかには、絵画に関する詩が数多く残されている。

このような論点については優れた先行研究が行われてきた。内田順子によると、唐代題画詩から、絵の主題は大きく二通り、生物と山水に分けられ、そのうちの山水は仙境と名勝地二種類とされる。(4) 竹浪遠は四万九〇〇〇首を超える詩を収録した『全唐詩』から、山水画作品に関するものを整理したうえで、「神仙山水」、「樹石画」と「その他の山水画の主題」について考察し、「神仙山水」には東海三山（蓬莱、瀛洲、方壺）、崑崙山など空想上の仙山のみならず、巫山（四川省と湖北省の省境）、天台山（浙江省）、天台山の一峰である赤城山など中国国内に実在する霊山も含まれていることを指摘した。そのうえで、神仙山水の全盛期は、玄宗朝（七一二～五六）とし、中唐以降、空想上の仙山への言及は減少し、詠われる地名は中国領域内の名山、名水となっていくと指摘した。またそれとは別に、盛唐からしばしば見られる「江南名勝図」のような「実際の地方を描いた作品」は「その他の山水画の主題」に分類した。(5)

本稿では、竹浪の「『全唐詩』に見える山水画関係詩（抄）」(6) を参考に、実際に存在する場所（仙山として詠まれていても）の地名を含む詩を抽出し、表1に纏める。「年代」欄について、詩の作成年代は明確なものと不明のものが混在しており、統一するために世紀まで記入する。作成年代不明のものは作者の生没年代ないしは活躍時期に従う。「本文」欄では地名および絵に関する情報を含んだ句を抄録する。筆者の補足説明は（　）で表記し、「形式」欄では、絵画形式が明瞭なものについては、その形式を記入し、その他、絵のサイズ、主題、使用される場所、機能、鑑賞法などを知るヒントになりうる詩のなかの記述を［　］で表記する。番号は詩ではなく、絵画作品でつける。同じ絵画作品について複数の詩がある場合も一点として数える。

まず、絵画の形状について、四六点のうち、判断しにくいもの一〇点（「形式」欄灰色の網掛）を除いて、三六点のうち、扇面画一点（13）、地図であろうものは二点（18、45）、「巻」や「幅」など形状に関する言葉および、「開」、「展」、「掛」など動詞によって、軸物であると判断したものは一二点（番号省略）を数える。

表1　『全唐詩』に見える「名所」関係詩（抄）

番号	作者名	年代	詩題	本文	地名	現在地	形式
1	陳子昂	七世紀	山水粉図	山図之白雲兮、若巫山之高丘。	巫山	四川省、湖北省	粉図（壁画）、[山]図
2	孫逖	八世紀	奉和李右相中書壁画	九江臨戸牖、三峡繞檐楹。	九江、三峡	江西省、重慶市、湖北省	壁画
3	徐安貞	八世紀	題襄陽図	画得襄陽郡、依然見昔遊。峴山思駐馬、漢水憶迴舟。丹壑常含霽、青林不換秋。図書空咫尺、千里意悠悠。	襄陽、襄陽郡、峴山、漢水	湖北省	図、咫尺
4	王昌齢	八世紀	観江淮名勝図	（前略）披図得遺照。援毫無逃境、遂展千里眺。淡掃荊門壁、明標赤城燒（中略）隠見淮海徼、但指香炉頂（後略）	荊門、赤城（山）、淮海、香炉（廬山）	湖北省、浙江省（天台）、江蘇省、江西省	[名勝]図、[披図]、[遂展]（画巻）
5	劉長卿	八世紀	会稽王処士草堂壁画	（前略）粉壁衡霍近、群峰如可攀。能令堂上客、見盡湖南山（後略）	衡霍（衡山）、湖南山	湖南省	[草堂]壁画、粉壁
6	李白	八世紀	同族弟金城尉叔卿燭照山水壁画歌	（前略）皎若丹丘隔海望赤城（中略）謂逢山陰晴後雪（後略）	赤城（山）、山陰	浙江省（天台）、浙江省紹興	[山水]壁画
7	李白	八世紀	當塗趙炎少府粉図山水歌	峨眉高出西極天、羅浮直與南溟連（中略）赤城霞氣蒼梧煙。洞庭瀟湘意渺綿、三江七澤情洄沿、驚濤洶涌向何處、孤舟一去迷歸年。征帆不動亦不旋、飄如隨風落天邊	峨眉（山）、羅浮（山）、赤城（山）、蒼梧、洞庭瀟湘	四川省、廣東省、浙江省（天台）、湖南省	[山水]粉図（壁画）
8	李白	八世紀	観元丹丘坐巫山屏風	昔游三峡見巫山、見画巫山宛相似。疑是天邊十二峰（中略）歴歴行舟泛巴水（後略）	三峡、巫山（十二峰）、巴水	重慶市、湖北省、四川省	屏風
9	李白	八世紀	求崔山人百丈崖瀑布	（前略）聞君寫真図（中略）幽緘倘相伝、何必向天台	百丈崖瀑布、天台山	浙江省	真図、[幽]緘（絹本）
10	李白	八世紀	瑩禅師房観山海図	（前略）如登赤城裡、揭步滄洲畔（後略）	赤城	浙江省（天台）	[海]図、[禅師房]
11	李白	八世紀	巫山枕障	巫山枕障画高丘、白帝城邊樹色秋。朝雲夜入無行處、巴水横天更不流。	巫山、白帝城、巴水	四川省、湖北省、重慶市	[巫山]枕障

12	岑参	八世紀	劉相公中書江山画障	瀟湘在簾間、廬壑横座中。（中略）晝日恆見月、孤帆如有風。（中略）擔錫香鑪緇、釣魚滄浪翁。	瀟湘、廬壑（廬山）	湖南省、江西省	［簾間］、［座中］、画障
13	梁鍠	八世紀	崔駙馬宅詠画山水扇	画扇出秦樓、誰家贈列侯。小含呉剡県、輕帶楚揚州。掾作山雲暮、搖成隴樹秋。坐來傳與客、漢水又迴流。	呉、剡県、楚、揚州、漢水	浙江省、江蘇省、湖北省	画扇、［小含］、［輕帶］、［掾作］、［搖成］
14	梁鍠	八世紀	観王美人海図障子	（前略）自從図渤海、誰為覓湘娥（後略）	渤海、湘	遼東半島と山東半島の内側	［海図］障子
15	杜甫	八世紀	奉先劉少府新画山水障歌	堂上不合生楓樹（中略）無乃瀟湘翻（中略）魚翁暝踏孤舟立、滄浪水深青且闊、欹岸側島秋毫末。不見湘妃鼓瑟時、至今斑竹臨江活（後略）	瀟湘、滄浪	湖南省	［山水］障、［堂上］
16	杜甫	八世紀	戯題画山水図歌一本題下有王宰二字宰蜀人	（前略）壮哉崑崙方壺図、掛君高堂之素壁。巴陵洞庭日本東（中略）咫尺應須論萬里。焉得幷州快剪刀、翦取呉松半江水。	巴陵（岳陽）、洞庭、呉松	湖南省、江南地方	［画山水］図、［方壺］図、咫尺、［掛］、［高堂之素壁］、（掛幅）
17	杜甫	八世紀	観李固請司馬弟山水図三首	（前略）天台總映雲（後略）	天台	浙江省	［山水］図
18	杜甫	八世紀	杜甫厳公庁宴同詠蜀道画図得空字	画滿地図雄。剣閣星橋北、松州雪嶺東。華夷山不断、呉蜀水相通	蜀道、剣閣、松州、華夷、呉蜀	四川省	［厳公庁宴］、［蜀道］画図、地図
19	杜甫	八世紀	題玄武禅師屋壁屋在中江大雄山	似得廬山路、真隨惠遠遊。	廬山	江西省	屋壁
20	杜甫	八世紀	奉観厳鄭公庁事岷山沱江画図十韻得忘字	沱水臨中座、岷山到北堂（中略）景物洞庭旁（後略）	岷山、沱江、洞庭	四川省、湖南省	［厳鄭公庁］（壁画）、画図、［中座］、［北堂］
21	杜甫	八世紀	夔州歌十絶句（其の八）	憶昔咸陽都市合、山水之図張売時、巫峡曾經宝屛見、楚宮猶対碧峰疑。	巫峡、楚宮	重慶市、湖北省	［山水之］図、［宝］屛
22	郎士元	八世紀	題劉相公三湘図	昔別醉衡霍、邇來憶南州。今朝平津邸、兼得瀟湘遊。稍辨郢門樹、依然芳杜洲。微明三巴峡、咫尺萬里流。飛鳥不知倦、遠帆生暮愁。涔陽指天末、北渚空悠悠。枕上見漁父（後略）	三湘、衡霍、南州、平津、瀟湘、三巴峡、涔陽	湖南省、湖北省	［三湘］図、咫尺

23	皇甫冉	八世紀	題画帳二首（其一）山水	桂水饒楓杉、荊南足煙雨。猶疑黛色中、覆是雒陽岨。	桂水、荊南、雒陽岨	河南省	画帳（軟障）
24	皇甫冉	八世紀	題画帳二首（其二）遠帆	朝見巴江客、暮見巴江客。雲帆儻暫停、中路陽台夕。	巴江	四川省、湖北省	画帳（軟障）
25	皇甫冉	八世紀	酬包評事壁画山水見寄	寒侵赤城頂、日照武陵川。	赤城（山）頂、武陵川	浙江省、湖南省	壁画［山水］
26	顧況	八〜九世紀	岱山道芬上人画山水歌	（前略）渋汗平鋪洞庭水、筆頭點出蒼梧雲。且看八月十五夜、月下看山盡如畫。	洞庭、蒼梧	湖南省	画［山水］、（洞庭秋月）
27	白居易	八〜九世紀	江楼晩眺景物鮮奇吟玩成篇寄水部張員外	（前略）㬇散雲收破樓閣、虹殘水照斷橋梁。風翻白浪花千片（後略）	断橋（杭州西湖）	浙江省	［展］、［書堂］、（軸物）
	張籍	八〜九世紀	答白杭州郡楼登望画図見寄	畫得江城登望處、寄來今日到長安（中略）將展書堂偏覺好、每來朝客盡求看。			
28	徐凝	九世紀	傷画松道芬上人因画釣台江山而逝	因画釣台江山而逝（タイトル）（前略）昨來聞道嚴陵死、畫到青山第幾重。	釣台（浙江省桐盧名勝）	浙江省	［釣台画］図、（遺作）
			観釣台画図	観釣台画図（タイトル）（前略）畫人心到啼猿破（後略）			
29	李涉	九世紀	謝王連州送海陽図	（前略）画得青山寄楚囚。驚起草堂寒氣晩、海陽潮水到床頭	海陽	広東省	図、［草堂］、［床頭］
30	楊汝士	九世紀	題画山水	太華峰前是故郷	太華峰	陝西省	画［山水］
31	鮑溶	九世紀	周先生画洞庭歌	江南客、水為郷、舟為宅、能以筆鋒知地脈。間分楚水入丹青、不下此堂臨洞庭（中略）盡日獨臥秋風清、因遊洞庭不出戸（後略）	江南、洞庭、楚水	湖南省	［不下此堂］、［獨臥］、［不出戸］（壁画）
32	張祜	九世紀	招徐宗偃画松石	咫尺雲山便出塵、我生長日自因循。憑君画取江南勝、留向東齋伴老身。	江南	四川省、湖北省	［松石］、咫尺（小幅？）、［東齋］
33	薛濤	八〜九世紀	酬雍秀才貽巴峡図	巴峡図（タイトル）（前略）白波分去繞荊呉（中略）重示瞿塘峡口図（後略）	巴峡、荊呉（長江下游）瞿塘峡口	重慶市	［巴峡］図、［瞿塘峡口］図

34	景雲		画松	（前略）曾在天台山上見、石橋南畔第三株。	天台山、石橋	浙江省	「松」画
35	皎然	八世紀	奉願尚書真卿観玄真子置酒張楽舞破陣画洞庭三山歌	洞庭三山（タイトル） （前略）昨日幽奇湖上見、今朝舒巻手中看（中略）常恨三山不可至。賞君狂画忘遠遊、不出軒墀坐蒼翠。	洞庭三山	湖南省	「置酒張楽舞破陣」、披縑灑墨（絹本）
36	皎然	八世紀	観王右丞維滄洲図歌	滄洲説近三湘口、誰知巻得在君手。披図擁褐臨水時、翛然不異滄洲叟。	滄洲、三湘	湖南省	「滄洲」図、巻、「披図」、（画巻）
37	許渾	九世紀	送郭秀才游天台幷序	天台（タイトル） 雲埋陰壑雪凝峰、半壁天台已万重（中略）赤城西面水溶溶	天台、赤城	浙江省	「半壁」、（壁画）
38	李朋		奉酬綿州中丞以江山小図遠垂賜及兼寄詩	巴江與雪山、井邑共回環（後略）	巴江	四川省、湖北省	「江山」小図
39	李頻	九世紀	題釣台障子	題釣台障子（タイトル） 君家盡是我家山、厳子前台枕古灣。	釣台（浙江省桐廬名勝）	浙江省	「釣台」障子
40	方干	九世紀	項洙処士画水墨釣台	画水墨釣台（タイトル） 画石画松無兩般、猶嫌瀑布画聲難（中略）往往開図盡日看	釣台（浙江省桐廬名勝）	浙江省	水墨「釣台」、「開図」、（画巻）
41	方干	九世紀	送水墨項処士天台	天台（タイトル） 仙嶠倍分元化功、揉藍翠色一重重。	天台	浙江省	水墨、揉藍翠色
42	方干	九世紀	題画建渓図	題画建渓図（タイトル） 六幅輕綃畫建溪、刺桐花下路高低。	建渓	福建省	「建渓」図、六幅輕綃（絹本）
43	羅隠	九世紀	題磻渓垂釣図	題磻渓垂釣図（タイトル） 呂望當年展廟謨、直鉤釣國更誰如。若教生在西湖上、也是須供使宅魚。	磻渓、西湖	陝西省、浙江省	「磻渓垂釣」図
44	韋荘	九世紀頃	金陵図	金陵図（タイトル） （前略）君看六幅南朝事、老木寒雲滿故城。	金陵（南京）	江蘇省	「金陵」図、六幅

45	曹松	九世紀頃	観華夷図	華夷図（タイトル）落筆勝縮地、展図當晏寧。（中略）分寸辨諸岳、円升観四溟。	華夷	中国とその周囲	［華夷］図、縮地、［展図］、［分寸］、［円升］、（地図）
46	李洞	九世紀	観水墨障子	若非神助筆、硯水恐藏龍。研盡一寸墨、掃成千仞峰（中略）湘江綻為蛩（後略）	湘江	湖南省	水墨障子、［硯水］、［一寸墨］

また、（土）壁に描く「粉画」、「壁画」類は一〇点（1、2、5、6、7、19、20、25、31、37）、「障」、「屏風」と「帳」の類は一〇点（8、11、12、14、15、21、23、24、39、46）あり、大画面の「障壁画」類が計二〇点と、大半を占めることが分かる。

次に、地名を概観すると、一番多いのは、瀟湘地域（洞庭、瀟湘、湘、衡山[7]）一五点（5、6、7、9、12、14、15、16、20、22、26、31、35、36、46）、次は天台山（その一峰である「赤城」を含め）一〇点（4、6、7、9、10、17、25、34、37、41）、三峡地域（巴〔水、江、峡〕、瞿塘峡）八点（1、2、8、11、21、24、33、38）、廬山は三点（4、12、19）、釣台（浙江省桐廬名勝）三点（28、39、40）、西湖二点（27、43）である。瀟湘地域が圧倒的に多いことが一目瞭然である。

現在では、江南地方は中国長江下流部の南方にある江蘇省南部から浙江省北部にかけての地域を指すが、歴史的には江南は長江以南全般を意味する。唐時代首都は内陸の西安にあり、そこから見る長江の南が、上中遊の三峡、瀟湘地域となるだろう。また、全体の地名を統計すると、3、14、23、30、43、45の六点以外、その他の四〇点は全部長江流域、ないしは長江の南、すなわち江南地方になる。政治の中心は北にあるのに対して、描かれる地方が南に集中するというのは極めて興味深い。

二　上代唐絵に見られる中国の「名所」

つぎに、日本の文献上で見られる中国の地名と関わりがある絵画を制作年順で見てみよう。(8)

（1）唐国図屏風（天平勝宝八年〔七五六〕）

東大寺献物帳所載の聖武天皇遺愛の珍宝のなかに、屛風一〇四帖のうち「一帖唐国図」がある。(9)家永はこれについて「中国の風景画でもあらうかと想像されるが、詳ではない（日本国見在書目土地家の条に「国図一」とあるが、其の関係亦明でない）」(10)と述べている。なお、献物帳のなかには「山水画」や「古様山水画」のように風景画であることが明らかな題材の記述があるため、「唐国図」はそれらとは違うものだと考えられる。時代が降るが、表1の45番の曹松（九世紀頃）の「観華夷図」に注目したい。この詩は、清時代の陳邦彦撰『御定歴代題画詩類』(11)では「山水類」の巻ではなく、巻三の「地理類」に収められていることから、山水画ではなく、地図の類ではないかと推測できる。また、詩の文面から、中国内外が描かれていたと考えられる。九世紀の中国でも、他国に興味を持つように、八世紀の日本でも、唐の国全体に対して興味を持ち、屛風の形式にした絵地図の類を作成したものであったと想像されるが、この作品の国籍は判断し難い。

（2）清涼殿山水壁画（弘仁年間〔八一〇〜二四〕）

『経国集』巻第一四に「清涼殿画壁山水歌」と題する嵯峨天皇の御製一首、およびこれに合わせる奉和詩三首、計四首が見られる。(12)弘仁年間（八一〇〜二四）平安宮内裏の清涼殿に山水壁画があったことが知られる。(13)

清涼殿の山水壁画に関する四首の漢詩については、小島憲之により特に「當塗趙炎少府粉図山水歌」（7）との類似性が指摘されている。[14] では、李白の詩と清涼殿山水壁画の四首に詠まれる地名について、詳しく見ていきたい。

李白の詩「峨眉高出西極天、羅浮直與南溟連（中略）赤城霞気蒼梧煙。洞庭瀟湘意渺綿、三江七澤情洄沿、驚濤洶涌向何處、孤舟一去迷歸年。征帆不動亦不旋、飄如隨風落天邊」[15] には、三江七澤のように広く曖昧な表現もあるが、峨眉山（四川省）、羅浮山（廣東省）、赤城（浙江省天台山）、蒼梧、洞庭、瀟湘のように中国の南に位置する地方の具体的な地名が数多く並べられている。詩題から、これは李白の友人・趙炎の邸にある山水壁画の題画詩であることがわかる。なお、「観江淮名勝図」（4）や「周先生画洞庭歌」（31）などとは違い、絵のタイトルは「山水」のみ、地名が含まれていない。衣若芬は、これを「山水画の地理的連想」と指摘している。[16] たしかに、地名があっても、特定の場所が描かれていたとはいいきれない。だが、「高」や「極天」の表現からは、絵に描かれた高い山を見て、李白は峨眉山、羅浮山などの山々を彷彿し、「煙」や、「渺綿」の表現からは、煙霧が満たされた光景を見て、瀟湘地域の風景を連想したと考えられる。李白は、実際に中国の名山を遍歴した経験があり、[17] 絵を目の前にして、記憶の引き出しから、見た名勝風光と重ねて詠んだ詩かもしれない。

一方で、嵯峨天皇の御製詩には、「蓬萊方丈望悠哉。五湖三江情沿洄」、菅原清公の奉和詩に「三江淼々尋間近、五岳迢々大裏生」、都（桑原）腹赤に「眇々蓬萊指掌間」、滋野貞主の詩に「村郷県邑十州記（中略）春色桃源度歳紅」の句から、「蓬萊」、「方丈」、「桃源」のように空想上の仙山や理想郷、ないしは「五湖三江」、「三江」、「五岳」のような中国全域を指す広い表現が見られる。

四首のうち、具体的な地名に触れる句は、下記の二句（地名に傍線）のみ見られる。

①　漁人鼓枻滄浪裡

漁人枻を鼓つ滄浪の裡　（菅原清公）

②　穎川水曲巌陵瀬　穎川の水曲巌陵の瀬、

不知漁叟釣潭竿　知らず漁叟潭に釣る竿を[18]　（滋野貞主）

九世紀初頭の清涼殿障子は、おそらく、表1に数多く見られる大画面の大観的な青緑山水図であると考えられる。また、四首の題画詩から、山水のなかに、隠者、漁人などが点在するような画面だと指摘されている[19]。①と②の文面から見ると、共に釣りをする漁父（漁叟）のモチーフに対する描写だと推測できる。①での滄浪は、川の名前であり、漢水の支流とされる。『楚辞』に収められた「漁父」の詩のなかには、「漁父莞爾として笑ひ、枻を鼓して去る。歌ひて曰はく：滄浪の水清まば、以て吾が纓を濯ふべし。滄浪の水濁らば、以て吾が足を濯ふべしと」の句があり[20]、清涼殿山水壁画の題画詩は、明らかにこれを踏まえて詠み込んだ詩であると指摘できる。「漁父」は瀟湘地域に纏わる屈原に関する文学的イメージを物語る重要な詩であり、その影響を受けた菅原道真の題画詩「漁父詞」から、九世紀末に瀟湘イメージを反映する漁父詞屏風の存在を以前に拙論で指摘していた[21]。また、高士、隠者の伝記を集めた『高士伝』巻中にも、「漁父」の章があり、その内容はほぼ『楚辞』の「漁父」に基づくが、漁父の生い立ちについて、「楚の人である。楚が乱れたので、名を隠して、長江のほとりで釣をしていた[22]」と記されているため、釣り人のモチーフと解釈することができる。さらに、前述したように、唐時代の題画詩に一番多く読まれる場所は、瀟湘地域であることに鑑みれば、九世紀初めの日本の山水壁画にも瀟湘地域が詠まれることは、偶然とは言えないかもしれない。

②について、小島は『高士伝』に記された穎川で耳を洗った隠士許由の故事に加えて、張志和の「漁歌詞」的境地であると指摘している。(23)「穎川」から、即座に許由の出典を思い浮かべるが、後半の「巌陵瀬、不知漁叟釣潭竿」を総じて考えると、『高士伝』巻下の「巌光」がその出典であることを指摘したい。巌光は後漢の光武帝自らの招きに対して、許由・巣父の故事を語りながら、帝の招きを断り、富春山(浙江省桐盧)に隠棲し、清らかな生涯を送った。後世の人は彼が釣りをした所を「厳(巌)陵瀬」と名づけた。(24)冒頭の「穎川」も厳光の故事に登場する要素であるため、ここはやはり釣り人から、厳光を連想したのではないかと考えられる。(25)厳陵瀬は、富春江(銭塘江の上流)の北岸に位置し、唐詩のなかで多く登場する「釣台」のことである。(26)また、表1に掲げた「傷画松道芬上人因画釣台江山而逝」「観釣台画図」(28)、「題釣台障子」(39)、「項洙処士画水墨釣台」(40)といった題画詩のタイトルから見ると、唐代では、「釣台図」は確立されていた名勝図だったことが明らかである。

同じ壁画を詠んだ他の詩では、特に瀟湘地域と釣台に関わる内容が見られず、つまり、この山水壁画は、特定の場所として描かれたものではないが、菅原清公と滋野貞主が釣り人という同じモチーフを見て、それぞれ隠者高士である「漁父」、あるいは「巌光」を連想し、そしてそれぞれ人物がいる「名のある場所」、すなわち瀟湘地域と釣台を見立てて、題画詩を詠んでいたのだろう。特に興味深いことに、両者ともに、唐代の中国で「名所」として、頻繁に描かれた場所である。当時このような絵画が日本に伝来したのかどうか現時点で知るすべがないが、少なくとも、何らかの情報(題画詩など)を通して、このような絵画の存在を知り、そのうえで題画詩を詠んだと見なして差し支えないであろう。

（3） 源能有の五十賀屏風（寛平七年〔八九五〕）

『菅家文草』巻五には、寛平七年（八九五）、源能有の五十賀の小宴の座に用いられた屏風の題画詩が五首残されている。(27) 画材となる「本文」は紀長谷雄が中国の古典から抄出し、屏風画は巨勢金岡が描き、題画詩は道真が作成し、詩の浄書（清書）は藤原敏行が揮毫したものである。(28) ここで筆者が注目するのは、詩のタイトルに「廬山」「呉山」「天台」「東陽」などと散見される地名である。

第一首の「廬山異花」は、本文の注記がなく、出典は『述異記』とされ、修行中の道士は廬山で仙薬とされる松子を採集中に、異常な香を発する花を発見し、それを服すると三〇〇歳の長寿を得たという伝説に基づく。(29) 廬山は、中国江西省の北端、北側には長江が流れ、南東には鄱陽湖（中国最大の淡水湖）が広がる。廬山が中国で絵画の主題となるのは、東晋（三一七～四二〇）頃に遡ると考えられる。(30) また、廬山は唐代題画詩のなかに、「観江淮名勝図」（4）、「劉相公中書江山画障」（12）、「題玄武禅師屋壁屋在中江大雄山」（19）の三首が見られる。そのうちの12番において「瀟湘在簾間、廬岳横座中」と、瀟湘と廬山がセットとして詠まれるのは興味深く、当時の大観的な山水描写において、廬山が主要なイメージ対象となっていたことは竹浪により指摘されている。(31)

家永は本画題について、『歴代名画記』に記される顧愷之「廬山会図」と同じ画題だと推察したが、「廬山会図」は東林寺の開山・慧遠が元興元年（四〇二）に僧俗一二三人と起こした念仏結社の様子を描いたものと推察される。(32) 廬山で一人で松子を採集する光景を表現する本屏風とは全く異なる画題であると考えられる。

廬山、天台は唐代絵画によく登場する主題であるが、名勝地として描かれるものではなく、長寿の願いが込められる仙道図の背景描写として、九世紀末に描かれることは興味深い。

（4）　坤元録屛風（天暦三年〔九四九〕）

『坤元録』は中国で『括地志』という名前でよく知られ、唐の太宗貞観一三年（六三九）太宗の第四子、魏王李泰（六一八—五三）が編纂した地理書であり、奈良時代最末期に日本に伝来し、平安時代にこれに基づいた屛風が作られていた。(33)家永によると、この坤元録屛風は中国の名所を描いた風景画であった。(34)『日本紀略』には、天暦三年（九四九）大江朝綱が『坤元録』から二〇ヵ所を選び、絵師に八帖の屛風に絵を描かせた記録が見られる。大江匡房の言談を記録した『江談抄』第四巻によると、この坤元録屛風には、洞庭湖の景色を詠う詩が描かれていたことがわかり、『江談抄』には菅原文時の「厳前木落商風冷、浪上花開楚水清、青草旧名遺岸色、黄軒古楽寄湖声」、『和漢兼作集』には橘直幹の「洞庭　初識騒人催楚思、洞庭寒葉灑秋風」の二首が見られることから、(35)坤元録屛風に瀟湘地域が描かれた蓋然性が高いと拙論で指摘していた。(36)なお、菅原文時の洞庭詩の「黄軒古楽寄湖声」の句に対して、大江維時は「黄軒古楽」の出典である『荘子・天運篇』の「帝張《咸池》之樂於洞庭之野」は、洞庭之野であり、洞庭湖ではない、と批判した。(37)平安時代の文化人は中国の「名所」に対して、豊富な知識を持ち、「名所」絵画の題画詩は厳密性が求められていたことが窺える。また、この坤元録屛風に描かれる場所は洞庭湖のほかに、大庾嶺（江西省）があることが後藤昭雄の研究により明らかにされている。(38)

坤元録屛風詩は平安時代では、当代の文人にとって大きな関心事であり、後代の文人にとっては権威とみなされており、そして、時代が下るに伴い、内裏から貴族の世界へと、受容の場が拡大していくことが指摘されている。(39)『長秋記』大治五年（一一三〇）五月二七日条に、待賢門院は御願寺として、仁和寺内に法金剛院を建立し、その寝殿の障子は『坤元録』から選ばれる本文によって絵画化されたものだと、家永と後藤は共に指摘した。[40] なお、『長秋記』を読み込むと、さらに面白いことが見える。

寝殿それ坤元録の文なり。また二史の分を加ふ。対の代は是れ文選の賦なり。御堂の殿上の廊は文集の詩。[41]

寝殿造の建築において一番格式の高い正殿である寝殿の障子には地理書である『坤元録』から選ばれ、その次は歴史書の『史記』と『漢書』を加える。寝殿の左右および後ろに相対して建てた別棟の建物「対」は中国南北朝時代の南朝梁の昭明太子蕭統によって編纂された詩文集『文選』で、さらに降ると、「廊」は白楽天の『白氏文集』となっている。『坤元録』から、中国の「名所」を選び、それを絵画化したものは史書や詩集から画題を得た唐絵より格式が高いことが、法金剛院の建築と障子の分配から、読み取れる。なお、残念ながら、描かれた地名の詳細は不明である。

（5）昆明湖障子（九七七年）

清涼殿の孫廂の北寄りに衝立障子が置かれていた。その表には昆明池、裏には嵯峨の小鷹狩の絵が描かれていた。昆明池とは、中国の漢の武帝が長安城の西南に掘らせた池であり、周囲四〇里。この池で水軍を訓練したという。昆明湖障子に類似する画題は中国絵画には見られず、家永が指摘したように、おそらく当時盛んに詠まれた漢文学の影響の下に生まれた絵画であろう。

（6）廬山屛風（一〇世紀後半）

平安時代の廬山図について、筆者は『本朝麗藻』（巻下）の山水部における後中書王（九六四―一〇〇九）の

「遠山斂暮煙」の七律詩に注目する。

（前略）

羅帷巻卻翠屏明　　羅の帷を巻き卻ぞけて　翠なる屏の明かなる
深秋眼路無纖靄　　秋深くして眼路に纖なる靄だにもなし
其奈香炉旧日名　　香炉の旧日の名を奈にかせむ(42)

羅の帷子を巻き上げて、緑色の屏風が姿を現して、澄んだ深秋の空の下に靄一つもない、廬山の香炉峰の昔の名には相応しくないと言った内容である。詩のなかの香炉峰は、廬山の北嶺であり、常に煙靄に包まれ、雲気の立ち上る姿が「香炉」に似ていることから、「香炉峰」と呼ばれる。人口に膾炙するエピソードであるが、『枕草子』に白楽天の「香炉峰雪撥簾看（香炉峰の雪は簾を撥げて看る）」の句が見られることは、香炉峰が平安時代の貴族社会で一定の知名度があったことを推測させる。(43)川口久雄の注釈によると、「遠山斂暮煙」は「おそらく屏風の唐絵の山水図あたりを前にして発想したもの」と解釈しているが(44)、詩の内容から、筆者は、単純に山水図から廬山へ発想したより、おそらく、廬山（香炉峰）を描いた屏風を目の前にして詠んだ詩ではないかと考える。その理由は、「羅帷巻卻翠屏明」（羅の帷を巻きあげたら、翠なる屏風が現れる）という句は、「香炉峰雪撥簾看」（簾を上げて香炉峰の雪を見る）からの影響を見受けられるが、現れたのは「纖なる靄だにもなし」、つまり、色鮮やかな緑色（翠屏）であり、雪山でもなく、靄がかかっている香炉のような山でもない。後中書王はこれが、従来のイメージとは違い、香炉峰の昔からの名には相応しくないという詩を書いたぐらいである。逆に考えると、従来の香炉峰のイメージとは違うにも関わらず、この屏風について、香炉峰を詠まなければならない何かの理由があり、つまり、これは場所を特定しない山水屏風ではなく、特定の場所としての廬山を描いた廬山図屏風だった可能性が高いと言えよう。

（7）**大嘗会本文屏風（長元九年〔一〇三六〕）**

長元九年（一〇三六）度の大嘗祭に、悠紀の国から献じた四帖五尺の唐絵屏風の本文が残されている。[46] 大嘗会本文屏風の本文は、中国の古典を典拠とするものであり、この本文については、八木意知男による緻密な考察がある。左記はそれに基づき、地名が含まれる本文を抽出したものである。[47]

[45]

一帖

江陽県北有魚穴。聖明之代二月八日出嘉魚。名白景穴。其地多桃竹鸚鵡白鶴。（複数出典）

平蓋山上多茘支桜桃。洞中有道士館。傍山帯水。猿嘯鳥吟。蓋長生之勝地。旧老相伝云。張公求仙之処也。（複数出典）

二帖

高密県有密水。故高〔衍歟〕有高密名。今俗所謂百尺水者。蓋密水也。古堰断此水。以為稲田数千頃。

平昔人多以耕殖。（『水経注』）

三帖

上申之山生白鹿。仁獣也。白若霜雪。自有牝牡。不与紫鹿群。其寿千歳。五百歳則色純白。徳至鳥獣見。（『山海経』）

安林之山。其陽多赤銅。其獣多虎豹犀兕。有鳥。其状如翟。而五采以文。名曰鸞。見則天下和平。（『山海経』）

観水者西流注於流沙。是多鰠魚。狀如鯉。鯉身而鳥翼。蒼文而白喙。常行而遊於東海。以夜飛。其音加鷹鵅。見則天下太穰。秋稼如雲。（『山海経』）

四帖

琴鼓之山。其木多穀柞。多椒柘。其上多白珉。其下多洗石。其獣多豕鹿。多白犀。其鳥多鴻鴈。凌寒而来（『山海経』）

四帖屏風に各帖三箇条計一二条の本文において、中国の地名を含むものは七条あり[48]、出典が明確とされる五条のうち、『山海経』から四条、『水経注』から一条がある。『山海経』は、紀元前四世紀から三世紀にかけて成立した最古の地理書であり、『水経注』は、北魏の酈道元が著した六世紀の中国の地理書経である。地理書のテキストを絵画化した屏風が、一一世紀の天皇即位に用いられたことは、大変興味深い。

大嘗会屏風は、天皇の即位後初めての新嘗祭、践祚大嘗祭で使われた、天皇の長寿、豊穣、世の平和など特殊な意味と機能を持つ屏風である。一代一度の大祭という極めて格が高い場に用いられる点から、当時の絵画の頂点とも言える。漢籍から選ばれた本文に基づいて制作された本文屏風に対して、和歌屏風は、悠紀・主基の両斎国から選定される地名が読み込まれた和歌に基づく屏風である[49]。八木の和歌屏風に対する考察によると、古代人は、地名に対して、特別な信仰を抱いており、地名と神名は同じものと考えられていた。各斎国から註進された地名が大嘗会和歌に詠まれることは、くにたまの奉献と同じ意義を有するものと理解されるのである。よって、大嘗会和歌存在の主眼は、この地名を詠うという行為に存することになる[50]。さらに、八木は、これと共通する思考として、本文屏風についても、多くの本文が固有名詞としての地名を有していることを指摘した[51]。古代の人の地名に対する信仰の観点から、『山海経』と『水経注』のような地理書は大嘗会屛風の本文として妥当であると考えられるし、（4）で前述した地理書を典拠とした『坤元録』から選ばれた地名を絵画化した障子が、史書や詩集から画題を得た唐絵より格式の高い部屋に配置されることも理に適っているといえよう。

以上、上代唐絵のなかに、中国の「名のあるところ」を制作年代順で考察してみた。

（1）の「唐国図屛風」は、八世紀の日本で、唐の国全体に対して興味を持ち、屛風の形式にした絵地図の類と推測され、他の六つの唐絵と比べるとやや異質な存在である。

（2）「清涼殿山水壁画」は大画面の大観的な青緑山水図であるが、具体的な地名は少ない。なお、同様のモチーフが、違う観者よって「漁父」と「厳光」それぞれの隠者が連想され、さらに瀟湘地域と釣台を見立てて、題画詩が詠まれることから、「清涼殿山水壁画」は特定の場所として制作された中国の名勝図の類ではなく、鑑賞者側が特定の場所と見立て詩を作ったことが明らかである。同時代のやまと絵の世界における名所絵の成立と展開について、千野香織は文献の分析から、九世紀末から一〇世紀前半には、本来、特定の場所として描かれたものではない絵画に対して、鑑賞者側がこれを特定の場所と見立てて和歌を詠む、いわば鑑賞者の見方によって成立する「名所絵」、一〇世紀後半以降には、初めから特定の場所を設定して制作された名所絵が盛んになったことを指摘している[52]。九世紀初めの清涼殿山水壁画も、鑑賞者の見方によって成立する中国の「名所絵」といえよう。そして、一〇世紀半ばから出現する（4）の坤元録屛風は、初めから『坤元録』より二〇ヵ所の特定の場所を選び、これに基づき描かれた屛風が作られた。さらに（6）「廬山屛風」は、（2）「清涼殿山水壁画」のように、非特定の山水から地名へ連想するのではなく、廬山図だった可能性を指摘した。つまり、中国の「名所」を対象とした唐絵は、やまと絵の名所絵より半世紀ぐらい先行していたが、鑑賞者の視点により成立する「名所」から、最初から特定された「名所」に発展していくという同じ傾向が見られると言えよう。

また、絵画のスタイルについては知るすべはないが、題画詩の分析から、（2）「清涼殿山水壁画」と（6）「廬山屛風」は唐代大画面青緑山水画に近い可能性があり、（3）「源能有の五十賀屛風」（4）「坤元録屛風」（5）「昆明湖障子」（7）「大嘗会本文屛風」は地理、歴史などテキストを中心とする日本で独自に展開する画題であり、主題上では中国唐代の「名勝図」とは全く別世界のものと言えよう。

さらに、（4）の「坤元録屛風」においては、『坤元録』から中国の「名所」を選び、それを絵画化したものは史書や詩集から画題を得た唐絵より格式が高いことが、法金剛院の建築と障子の配置から読み取ることができた。さらには、（7）の「大嘗会本文屛風」においては、『山海経』と『水経注』の二つの地理書から選ばれる中国の地名を含むテキストを絵画化した屛風絵が天皇即位の際に使用されていたことを指摘した。中国の地名に関する絵画は最も格式の高い寝殿に配置され、あるいは、皇位継承に伴う一世に一度の重要な儀式の場で使用されることから、唐絵のなかでも、格別な存在だと考えられる。

おわりに

室町時代の禅僧・景徐周麟の「便面」（扇か団扇）と題する詩には、「雨聲月色兩相關、彷彿瀟湘八景間、只爲高僧暫留錫、一條瀑布即廬山」[53]という句がある。つまり、禅僧の間に、雨と月がある山水画を見れば、瀟湘八景だと思うし、瀑布が描かれていれば、直ちに廬山だと看做した。この詩から、瀟湘と廬山は画題として、中世にいかに流行したかを読み取れる。

小稿では、第一節において、唐代題画詩に、実際に存在する場所（仙山として詠まれていても）の地名を含む詩を抽出、整理し、それを比較材料として、第二節においては、平安時代の文献上における中国の地名を含む絵画について考察した。唐代題画詩において、瀟湘地域が一番多く詠まれていたのと同様に、平安時代の絵画のなかでも、「清涼殿山水壁画」「漁父詞屛風」「坤元録屛風」「和漢抄屛風」の四点[54]を見出すことができ、やはり瀟湘地域に関するものが一番多いと言えよう。そのなかで特に「清涼殿山水壁画」と「漁父詞屛風」の題画詩に、漁父が詠まれる点について今後の展望も兼ねて付言しておきたい。一五世紀の文献『室町殿行幸御餝記』によると、永享九年（一四三七）、後花園天皇が六代将軍足利義教の室町殿へ行幸した際に、新造会所の橋立の間に、布袋・船子・漁父の三幅対を飾っていた[55]。このように漁父を描く絵画は室町時代の将軍邸においても受容されていたことが明らかであるが、この漁父の掛軸はいかなるものであろうか、なぜ布袋の脇に飾られていたのか。平安時代から中世にわたる「漁父」の受容についても、稿を改めて論じることができればと考えている。

また、廬山は、「廬山図」のみならず、「観瀑図」や「虎渓三笑図」といった中世日本で大流行した画題の舞台でもある。小論では、平安時代にすでに、（3）源能有の五十賀屛風のうちの一つ「廬山異花」に登場し、仙人図の背景として描かれ、さらに、青緑山水であったと考えられる（6）「廬山屛風」も存在した可能性を指摘した。このような東アジア文化圏に通底する「瀟湘」や「廬山」のような主題は、従来中世以降中国より伝来した水墨画のテーマとして認識されてきたが、実はその前段階の平安時代に、すでに日本で中国の「名所」として描かれたことは明らかであると言えるであろう。

（1）以下、名所絵に関する議論は主に次の文献を参照した（出版年順）。家永三郎『上代倭絵全史』改定版（墨水書房、一九六六年）、千野香織「名所絵の成立と展開」（『千野香織著作集』ブリュッケ、二〇一〇年）、並木誠士「名所を描く――江戸時代までの展開」（『美の風景』――天橋立と名所絵屏風の世界』京都府立丹後郷土資料館、二〇一一年）、渡邉裕美子『歌が権力の象徴になるとき――屏風歌・障子歌の世界』（角川学芸出版、二〇一一年）の第三章「名所障子歌の出現――為光家障子歌」、錦仁「歌枕と名所――湯殿山から象潟へ」（『東アジア文化講座四』文学通信、二〇二一）、井戸美里「歌枕の再編と回帰――「都」が描かれるとき」（『和漢のコードと自然表象――十六、七世紀の日本を中心に』（『アジア遊学』二四六号、二〇二〇年）、『歌枕　あなたの知らない心の風景』（サントリー美術館、二〇二二年）。

（2）拙論「『瀟湘八景』の伝来に関する新知見――平安時代における瀟湘イメージを中心に」（『デザイン理論』七〇号、二〇一七年）。

（3）前掲註（1）家永三郎『上代倭絵全史』。

（4）内田順子「絵と詩――屏風歌以前」（『国語国文』七九三号、二〇〇〇年）。

（5）竹浪遠「付論　題画詩からみた唐代山水画の主題」（『唐宋山水画研究』中央公論美術出版、二〇一五年）。

（6）同右。

（7）衡山は湖南省の中東部にあり、その南・東・北の三面を湘江がめぐって流れる。

（8）この七つの障屏画は六番の廬山屏風を除いて、家永の『上代倭絵前史』に述べられている。

（9）「延暦十二年曝涼帳」（『続々群書類従　第十六　雑部一』続群書類従完成会、二〇一二年）。

（10）前掲註（1）家永『上代倭絵全史』。

（11）陳邦彦『御定歴代題画詩類』（康熙四六年序刊）。

（12）小野岑守・藤原冬嗣・良岑安世・高階積善ほか編『懐風藻・凌雲集・文華秀麗集・経國集・本朝麗藻』（日本古典全集刊行會、一九二六年）。

（13）嘉祥四年（八五一）に清涼殿が移され嘉祥寺の堂とされて以来、再建の清涼殿には再び描かれることはない。前掲註(1)『上代倭絵全史』。
(14) 小島憲之『上代日本文学と中国文学』（塙書房、一九七一年）。
(15) 『李白全集』巻167-2「當塗趙炎少府粉圖山水歌」。
(16) 衣若芬「瀟湘——山水畫之文學意象情境探微」（『中國文哲研究集刊』二〇号、二〇〇二年）二〇五頁。
(17) 加藤国安「李白の天台山・天姥山の詩——自由な魂への飛翔（一）」（『愛媛大学教育部紀要 人文・社会科学』第三六巻 第一号、二〇〇三年）。
(18) 読み下しは前掲註(14)小島文献を参照。
(19) 同右小島文献、前掲註(1)家永『上代倭絵全史』。
(20) 「漁父莞爾而笑、鼓枻而去。歌曰：「滄浪之水清兮、可以濯吾纓、滄浪之水濁兮、可以濯吾足。」」『楚辞』（珠海出版社、二〇〇二年）
(21) 前掲註(2)拙論。
(22) 『高士伝』の内容と日本語訳は、皇甫謐『高士伝』（東博明訳）（東方文化研究協会、一九九五年）を参照した。以下同じ。
(23) 前掲、小島憲之、一七五〇頁。
(24) 前掲註(22)皇甫謐『高士伝』（東博明訳）一三八～一四三頁。
(25) 無論、張志和「漁歌詞」五首のうちの、「釣台漁父褐為裘、兩兩三三舴艋舟。能縱棹、慣乘流、長江白浪不曾憂」という一首では、「釣台漁父」から、これも厳光のことを詠んでいることが明らかであるが、清涼殿山水画の題画詩の出典としては、八世紀後半の張志和より、その元となる三世紀の皇甫謐の『高士伝』を指摘すべきだと考える。
(26) 釣台に関して、松尾幸忠「嚴子陵釣台の詩跡化に関する一考察——謝靈運・李白・劉長卿」（『中國詩文論叢』十六、一九九七年）を参照。
(27) この五首の屏風画詩の記序には菅原道真自身が成立事情を「去年五十、心往事留。過年無賀。此春已修功徳、明日聊設小宴。座施屏風、写諸霊寿」と説明した。源能有が五〇歳の翌年に開いた小宴に設置された屏風であることがわかる。『菅家文草　菅家後集（日本古典文学大系　第七二巻）』（岩波書店、一九六六年）四一〇頁。
(28) 前掲註(1)家永三郎『上代倭絵全史』。
(29) 谷口孝介「菅原道真と神仙思想――源能有五十賀屏風画詩をめぐって」（『同志社国文学』三一号、一九八八年）。
(30) 竹浪遠「廬山と江南山水画――董源・巨然山水画風の成立をめぐって」（『京都市立芸術大学美術学部研究紀要』六二号）、廬山に関する三首の唐詩について詳細な分析がある。
(31) 同右。
(32) 同右。
(33) 坤元録屏風について、後藤昭雄の論考「坤元録屏風詩をめぐって」（『成城国文学』二四号、二〇〇八年）を参照。なお、後藤が『坤元録』と『括地志』は同一の書と判定するのは慎重な検討が必要だと注意喚起していたが、結論が得られていないため、本論では通説通り『括地志』の別称として扱う。
(34) 前掲註(1)家永三郎『上代倭絵全史』。
(35) 植松茂、田口和夫、後藤昭雄、根津義『古本系江談抄注解』（武蔵野書院、一九七八年）三八頁。『日本紀略』によると、天暦三年（九四九）だが、『江談抄』には天暦一〇年と記されている。関わった人々の官職によると、天暦五年から、七年までとされている。後藤昭雄「坤元録屏風詩をめぐって」（『成城国文学』二四号、二〇〇八年）。
(36) 前掲註(2)拙論。
(37) 「文時坤元録屏風洞庭詩。黄軒古楽句。維時中納言難之云々。如庄子成英疏云。（天）地之間。有洞庭之野。非大湖之洞庭云々。此難頗強難歟。文章有所許歟。問。件事其詞非詩詞。為難歟。答云。此為憲之案僻事。注千載佳句注也。非件義只非大湖之洞庭之義也。」前掲『古本系江談抄注解』三七～三九頁。
(38) 前掲註(33)後藤昭雄「坤元録屏風詩をめぐって」。
(39) 前掲註(35)同右。
(40) 同右、前掲註(1)家永三郎『上代倭絵全史』。
(41) 源師時『長秋記』増補資料大成（臨川書店、一九六五年）。また、法金剛院障子については下記の研究がある。

秋山光和「院政時期女房の絵画制作――土佐の局と紀伊の局」（『古代・中世の社会と思想』家永三郎教授東京教育大学退官記念論集刊行委員会編、三省堂、一九七九年）。藤原重雄「行事絵・名所絵としての最勝光院御所障子絵――法金剛院とのかかわり」（『美術史』四八（二）、一九九九年）。

(42) 川口久雄・本朝麗藻を読む会編『本朝麗藻簡注』（勉誠社、一九九三年）。

(43) 『枕草子』第二八〇段、『枕草子』下、新装版（新潮日本古典集成、二〇一七年）。

(44) 前掲註(41)。

(45) 大嘗祭屏風について、下記の研究を参照した。秋山光和「大嘗祭屏風について」（『美術研究』一一八号、一九四一年）、八木意知男「大嘗会御屏風」（『神道史研究』三四（二）、一九八六年）、吉野裕子『大嘗祭――天皇即位式の構造』（弘文堂、一九八九年）。図録『京都の御大礼――即位礼・大嘗祭と宮廷文化のみやび』（細見美術館、二〇一八年）。

(46) この文献が引用されたのは家永三郎の『上代倭絵年表』改訂版（墨水書房、一九六六年）が最初である。

(47) テキストは『群書類従　第七輯　公事部』巻九五の「長元大嘗会御屏風本文」より引用され（常用字に変更、訓点を省略）、地名に傍線が引かれている。各条文の後の括弧に八木意知男『大嘗会本文の世界』（皇學館大學出版部、一九八九年）の第二章による典拠が記載されている。なお、八木が指摘した通り、中国古典に拠りながらも、それの完全な引用ではなく、大嘗会の場に相応しく手が加えられた文である。

(48) 四帖の第一条の本文には「揄塗国」という地名が含まれているが、揄塗国は西域の国名であるため、本論には触れないことにする。

(49) 前掲註(45)の文献によると、屏風の製作については、本文屏風の場合、文章博士によって、中国の典籍から瑞祥に因んだ文章が選ばれた。その後、絵所に下して、図絵させる。やまと絵屏風は、まず、悠紀主基の国から、国内の名所の選定をして行事所へ報告し、行事所では、当時の一流歌人を選んで、この地名によって風俗歌と屏風歌とを詠ませ、風俗歌楽所に下し、屏風歌は絵所に下す。その後絵師によってやまと絵がつくられる。両方とも能書者に色紙に写させ、これが後に屏風に貼られる。

(50) 八木意知男『大嘗会和歌の世界』（皇學館大學出版部、一九八六年）の序章と第一章。
(51) 前掲註(47)八木意知男『大嘗会本文の世界』の第一章。
(52) 前掲註(1)千野香織「名所絵の成立と展開」。
(53) 『翰林葫蘆集』巻五（上村観光編『五山文学全集』第四巻、復刻版、思文閣、一九七三年）。
(54) 「漁父詞屛風」と「和漢抄屛風」における瀟湘地域は前掲註(2)の拙論に参照。
(55) 畑靖紀「禅を見せる――室町殿会所の演出」（『美術フォーラム21』第三八号、二〇一八年）。

山水と見立ての構造——琵琶湖が名所になるとき

井戸美里

はじめに

「西行物語絵巻」（著色本・上巻、サントリー美術館蔵）には、まだ出家する前の西行（一一一八—一一九〇）が鳥羽院に呼ばれ、障子の絵の前で和歌を披露する場面が描かれている。このエピソード自体は後世の創作とされるが、建築空間に設えられた障子や屏風に描かれた絵画はその場で詠まれた和歌との相互作用によって風景を現前化させる機能をもっている。このように和歌を詠み込んだ障子や屏風は平安時代、一〇世紀半ば頃にはかなり多く制作されていたことが残された屏風歌・障子歌の存在から明らかである。(1)しかし問題は、こうした和歌が多く残されている一方で、和歌との関わりが明らかなこの時期に遡る屏風絵や障子絵は現存しないことである。そのようななか、屏風歌や障子歌の研究は、和歌の分析を中心とする文学の分野によって牽引されてきた。(2)

筆者はこれまで、失われた絵画の空間の痕跡を求めて、同時代の日記や残された和歌から建築空間の室礼として置かれた障屏画の機能について検証し、和歌が披露される庭園との関わりから障子や屏風が風景を現前化させるためのスクリーンとして機能していた可能性について論じた[3]。さらに、和歌を詠み込んだ（もしくは和歌を導き出した）平安時代に遡る屏風絵が現存しないなか、歌枕／名所を描いた和歌の世界を内包する名所絵の本質は室町時代の屏風絵にも継承されている可能性について検討を続けている[4]。すなわち、屏風歌が流行した平安時代には歌枕を可視化した名所絵が大いに享受されていたことは明らかだが、屏風歌自体が衰退した後の時代における歌枕と絵画の関係（実際は現存する屏風絵はすべてそれ以降のものである）、つまり、名所を描く絵画において、歌枕ひいては和歌との関わりがどれほど重要性をもっていたのか、という点についてはなお検討の余地がある。

以上の研究の具体例を少しだけ示せば、現存する「吉野図屏風」（サントリー美術館蔵）の図像は、建保三年（一二一五）に宮廷で行われて歌枕の固定化を招いたとされる一〇〇ヵ所の歌枕を詠んだ「内裏名所百首」[5]の吉野川の和歌と通底するものであることを論じた。さらに、和歌をとおした名所イメージは、室町時代に至ってもこの「内裏名所百首」を踏襲した新たな名所歌合が行われることによって、歌枕にもとづく名所絵が描かれていた可能性を指摘した。

一三世紀初頭の「内裏名所百首」（順徳院主催）が成立した時代には、後鳥羽院（一一八〇―一二三九）や藤原定家（一一六二―一二四一）らによって各地の歌枕を描く最勝四天王院の名所障子絵が制作されるなど、類例をみない名所ブームが踏来した。詳細については後述するが、この時に詠まれた名所和歌は、「最勝四天王院名所障子歌」として残されており、名所絵の全盛期であったといえる。

本稿は、このような名所絵の全盛期において、名所はどのように詠われ、どのように描かれ、あるいは、どのようにつくられていったのか、ということを、都を守る霊地としての比叡山とその眼下に広がる琵琶湖に注目して考察を行うものである。風光明媚な琵琶湖の風景は、江戸時代には「近江八景」など浮世絵の取材するところとなり、今では誰も疑うことのない名所と言えるだろう。それでは琵琶湖はいつから「名所」となったのであろうか。

屏風歌・障子歌については渡邉裕美子による詳細な研究があるが、都からほど近い近江の名所は、天皇の代替わりの際に制作される大嘗会屏風を除くと、意外なことにあまり描かれてこなかったことが指摘されている。(6) 先に本論の見通しを述べるならば、ことばと絵による相互作用によって屏風歌が再生した一三世紀前半の後鳥羽院や定家の時代に、貴顕の邸宅の障子や屏風に描かれてきた名所絵も大きな転換期を迎えるが、それは名所そのものに対する意識の変化と呼応するものであったと考えられる。この時期、都の天皇や公家たちの間で、近江のなかでも特に比叡山と志賀浦一帯の琵琶湖の風景は新たな名所として認識されていったのではないかと推測される。その過程において、後鳥羽院の護持僧となり、比叡山にのぼり天台座主として都の安寧を祈念する役割を担っていた慈円（一一五五〜一二二五）の存在がきわめて重要であったと考えられる。

それゆえ本稿ではまず、比叡山一帯の山水がいかに詠われ、描かれてきたのか、ということを屏風歌が多く残されている一〇世紀半ば頃の状況をもとに確認したうえで、一二世紀後半から一三世紀にかけて後鳥羽院の時代にこの地域の景色がいかに変化したのかを見ていくことにしよう。

一　喚起される霊地名所――都を守護する聖なる山水

都の村上天皇（九二六―九六七）が比叡山横川で出家した藤原高光に送った和歌には、「都より雲の八重たつおく山の横河の水はすみよかるらむ」（新古今集・天暦御歌・一七一八）とあり、三村晃功は比叡山が「一国の帝王でさえ憧憬の対象となる」「俗塵の及ばない清浄の地」であったことを指摘している。(7)古代からこの地に社を構える日吉大社は、平安京の表鬼門にあたるとされることから、平安京遷都とともに天台宗の護法神として都を守護する役割を担い、延暦寺とともに天皇家や公家にとって聖なる領域であった。

このように和歌に詠われる清浄な霊地としての山水のイメージは早くから絵画と結びついていた。一つは、天皇の代替わりの際に行われる大嘗会の悠紀主基屏風、もう一つは、天皇や公家の邸宅の間仕切りに描かれた障子絵や屏風絵などの障屏画である。

（1）　大嘗会の悠紀屏風として

まず天皇の即位儀礼の際に行われる大嘗会の屏風絵について見ていこう。大嘗会に際しては、都の東西に位置する悠紀国《ゆきのくに》と主基国《すきのくに》が新穀を献上する斎国として卜定によって選ばれる。大嘗会の後の祭祀には、悠紀国・主基国から奉納された「和絵屏風」が立てられるが、それは両国から選ばれた「名所」をもとにあらかじめ和歌を詠み、その風景を描く「名所絵」であった。(8)和絵《やまとえ》屏風は高さ四尺で、悠紀国、主基国の名所を、それぞれ四帖または六帖ずつ制作し、一帖につき名所和歌三首を詠進した。描かれる名所の風景は、四帖の場合は一帖ごとに春夏秋冬を、六帖の場合は一帖に二ヵ月ずつ配置され、季節の流れに沿った描写であったことが残された和歌から推測されている。

長和元年（一〇一二）の三条天皇大嘗会屏風和歌悠紀方には、近江国から名所が選ばれ、春は、朝日里（浅井）、つくま江（坂田）、嶋（浅井）、夏は、をとたか山（滋賀）、まつたの里（浅井）、鏡山（野洲）、秋は、打出浜（滋賀）、勢田橋（栗太）、蒲生野（蒲生）、冬は、みつの浜（滋賀）、くにみの岡（不詳）、比良山（高嶋）を描いていたことが知られている。たとえば、乙帖（夏）の鏡山は「鏡山のどけき影ぞみえわたる人の心のくもりなき世は」、丙帖（秋）の打出浜は「君が世の久しかるべきかずにこそ打出浜の砂をばとれ」とそれぞれ詠まれた和歌が残されている。この時期の屏風絵が現存しないために実際にどのような風景が描かれていたのかは詳らかではないが、これらの和歌の内容から、選ばれた土地は、実在の名所のなかでも「所」より「名」そのものが問題であり、「鏡山」や「打出浜」などのように土地の「名」のもつ象徴性によるところが大きかったようで、(9)「君が代」の永続性などを詠う和歌が多いことからも、天皇の国土に対する賛美の意識が込められているとされる。このように天皇の治める都の東西に位置する国から実在の場所が選択されることは、天皇の治世における領土を言語化／可視化することにほかならない。「名」を詠い、その風景を描くことには天皇のまなざしを想起する必要があるだろう。

ここでみてきた三条天皇の大嘗会の和絵屏風に描かれる悠紀国は近江の名所であったが、特筆すべきは、宇多天皇の頃、九世紀後半からは悠紀国は近江に固定されていったことである。それゆえ、近江の名所は都の天皇の周辺においても数多く和歌に詠まれるとともに描かれたことが明らかである。一方で、大嘗会の和絵屏風に選ばれる名所は土地の名に因むものが多いことから、現実の景色を詠う意識とは異なるものであったことが推測される。

（2）近江の名所を描く障屏画

次に、都の天皇や公家の周辺で制作された名所を描く屛風絵や障子絵の例を見ていく。近江の名所を描いたことがわかる屛風としては、延喜六年（九〇六）の月次の屛風八帖（『貫之集』に所収）に、八月の「駒迎え」として「逢坂の関の清水に影みえていまや引くらん望月の駒」と、「志賀の山越え」として「人知れず越ゆと思ひし足曳の山下水に影はみえつつ」を挙げることができる。都と近江国を隔てる関所としての逢坂やそこを越えた向こうに広がる湖の存在が「山下水」として示唆されるものの、琵琶湖のイメージはここでは前景化していない。

また、天延元年（九七三）には、円融天皇の命で描かれた名所絵屛風（尊経閣文庫本『元輔集』に所収）の存在が知られる[10]。春は、春日野（若菜摘）、逢坂（霞）、唐崎（真砂）、稲荷詣（霞）、粟津（蛙・桜）、打出浜（霞）を、夏は、松崎（神社）、八洲川（堰）、嵯峨野（女郎花）、広沢池（萩）、亀山、住吉（霧）、冬は、田上川（網代）、鏡山（氷・紅葉）、白山（雪）を描いている。この名所絵屛風は、山城や摂津の名所も含まれるが、多くが近江の名所である点は注目に値する。逢坂、唐崎、鏡山など大嘗会の和絵屛風と共通する名所が描かれており、近江が天皇家にとって特別な土地として認識されていたことがわかる。

さらに藤原道兼（九六一―九九五）が正暦元年（九九〇）頃に建てたとされる粟田山荘の障子にも山城や大和、摂津を中心とする名所とともに祓《はら》えや禊《みそぎ》の地としての唐崎を詠んだ和歌が残されている[11]。唐崎については、「粟田右大臣家の障子に、唐崎に祓したる所に網引く形描ける所」として平祐挙の以下の和歌が残る[12]。

みそぎするけふ唐崎におろす網は神のうけひくしるしなりけり（『拾遺集』神楽歌）

この障子は、道兼が切望した女児の養育のために準備した調度であることが『栄花物語』に記されており[13]、

「名ある所々」を然るべき人々に詠ませたものである。また、『恵慶集』には和歌に加えて漢詩も収録されており、『江吏部集』所収の詩との比較から、詠まれた名所や季節が判明する。このことから、春は大和、夏は摂津、秋は山城、冬は河内というように地理的連続性と季節が配慮された名所絵屛風であったことも注目に値する。[14] この障子の場合、近江の名所は唐崎だけであるが、天皇家への入内を期待された姫君のための調度であることを考慮に入れるならば、障子絵に描かれた土地には予祝の意味合いが込められていることが推測される。

このように九世紀後半の時点で、近江の名所は天皇や公家にとって特別な土地として代替わりの際の大嘗会の屛風絵として描かれてきた。さらにこの地は一〇世紀後半には、都に住まう天皇や公家の邸宅内部で使用されていた屛風や障子にも描かれるようになっていたことが確認できることから、比叡山の麓の清浄な地が天皇の治世を賛美するに相応しい名所であったことは確かであろう。

一方で、近江の名所として選ばれた土地は、前述のように大嘗会においては土地の名が重要であったり、古代から禊えの地であった唐崎などに限定されている。志賀浦は、院政期以降、『万葉集』への関心の高まりとともに再注目されるようになるが、屛風歌がさかんに作られた三代集時代には関心の薄い名所であったとされる。[15] 次節では志賀浦が名所和歌として、琵琶湖の水辺の景色が大々的に詠われるようになる要因について検討していきたい。

二　見立てられる琵琶湖――天台座主・慈円のまなざし

近江の名所、殊に、志賀浦をはじめとする湖岸の景色を詠んだ和歌は一二世紀後半頃に多く見出されるようになる。後白河院によって編纂された歌謡集である『梁塵秘抄』巻二の「四句神歌（三一二）」にみえる比叡山に上る道筋は、「根本中道へ参る道、賀茂河は河広し、観音院の下り松、実らぬ柿の木人宿、禅師坂、滑石水飲四郎坂、雲母谷、大嶽蛇の池、阿古也の聖が立てたりし千本の卒塔婆」と歌われる。[16]ここに描写されるのは都から比叡山に至る道筋であり、前節で見てきたような和歌に詠われる観念的な名所とは異なり、都と比叡山の間を往還する視点が看取されよう。さらに、これまであまり大々的に詠われてこなかったとされる比叡山を越えた先に開ける琵琶湖の景色は「近江の湖は海ならず、天台薬師の池ぞかし、何ぞの海、常楽我浄の風吹けば、七宝蓮華の波ぞ立つ」（巻二、四句神歌、二五三）と、比叡山を中心とする山水が霊地名所として都人のあいだで歌い継がれていた様子を垣間見ることができる。また、先に触れた後鳥羽院の御願寺である最勝四天王院には、近江の名所として古くから詠まれてきた逢坂に加えて志賀浦が選ばれている。『梁塵秘抄』と最勝四天王院障子絵にみえる近江の名所の景観描写の変化からは、この時期、都の天皇や公家のあいだで近江に対する認識の変化があったことが推測される。

ここで想起されるのは、摂関家出身で比叡山と都を行き来し、比叡山にまつわる和歌を多く生み出した慈円の存在である。慈円は、兄・九条兼実とともに後鳥羽政権と密接に関わりつつ、天皇の護持僧として活躍した。慈円は、安元二年（一一七六）に無動寺で千日入堂を始め、寿永元年（一一八二）に無動寺検校となる。文治二年（一一八六）頃から後白河の御悩の祈禱を行い、その後、建久三年（一一九二）に天台座主となり、後鳥羽の護持僧となった。慈円は四度座主に就任する一方で、都にも祈禱の道場を設けていたことからも比叡山と都を幾度となく往来していたことがわかる。

（1）浄土としての志賀浦

石川一による日吉社関連和歌の研究によれば、慈円の家集『拾玉集』には日吉社に関する二種の「日吉百首」が収録されており、一つ目は、比叡山での仏道修行中に詠まれたもの（家集第一帖）、二つ目は、複雑な経緯を経て成立したとされる「建暦二年秋九月草稿、翌三年春清書」の跋文をもつもの（家集第二帖）である[17]。前者が「叡山での修行の中で沸き起った宗教的感慨」が詠み込まれているのに対して、後者には三度目の座主就任についての和歌や日吉社縁起と関連する和歌が含まれているとされる。これらの和歌のなかで日吉社との関わりから注目すべきは、日吉社縁起にみえる「五色之浪」（大宮権現垂迹のときに立った五色の波）という表現が、慈円が建久二年（一一九一）に志賀浦を詠んだ次の和歌にも見出せることである[18]。

しがのうらに五の色の浪たててあまくだりけるいにしへの跡（拾玉集・当座百首・一四八四）

慈円が日吉社縁起に直接的に関与したか否かは定かではないものの、このように日吉社の縁起との関わりのある志賀浦の波が詠われている点は、延暦寺が開かれて以来、日吉社が天台宗の御法神として仏教世界と結びついていたことを示している。先に挙げた『梁塵秘抄』には、「天台薬師の池」「常楽我浄の風」「七宝蓮華」といった極楽浄土を想起させる表現に続き、「近江の湖に立つ波は、花は咲けども実も熟らず、枝さゝず、や、比叡の御山の西裏にこそ、や、水飲ありと聞け」（巻二、四句神歌、二五四）と詠われる。以前から登場する唐崎の祓ではなく、比叡山の西裏（京都側）の「水飲」（京から比叡山に向かう雲母坂を登り詰めた

図１　無動寺谷参道入口付近から琵琶湖を望む（筆者撮影）

ところ）や延暦寺根本中堂の本尊もしくは日吉社の二宮の本地である薬師や『観無量寿経』に説かれる極楽浄土の七宝蓮華など、天台仏教との関わりを想起させる景色が詠み込まれている。『大般涅槃経』で説かれる涅槃の理想とすべき四徳であり悟りの境地とされる「常楽我浄」は、千観の『極楽国弥陀和讃』など仏教歌謡で類例が多いとされ、琵琶湖自体が浄土の池として捉えられていくのである[19]。

比叡山において多くの和歌が詠まれているなかで、無動寺では、慈円が検校になる以前から多くの和歌会が開催されていたことが指摘されている[20]。無動寺谷にある大乗院は、座主であった寛慶の旧大乗房を慈円が相伝し兼実の姉である皇嘉門院の供養のために女院の御所を移築した。慈円がこの地を相伝した当時は朽ちて空地になっていたとされ、建久五年（一一九四）に兼実とともに再興された[21]。慈円のこの時期の活動について石川は、「仏法興隆・政道反素」（『玉葉』寿永二年一二月一〇日条）のもと、慈円は兼実とともに仏事復興を手掛けているが、そこには家内安全・子孫繁栄を期す目的があったとし、兼実発願の大乗院の再興についてもその延長線上に捉えている[22]。そのうえで慈円は、大乗院を九条家の私事から転じて叡山における人物養成のために勧学講の道場とし、関東の源頼朝の支援も得られることとなった[23]。

この無動寺大乗院からの眺望は格別であった（図1、口絵1）。兼実は再興に伴いその地からの眺望を次のように描写している[24]。

この地の體たる也、南向則ち眺望渺々、都鄙遠近、尽く眼前に尽し、北顧するもまた峻極峨々、雲霧朝夕枕上に生じ、湖水満ちて前に湛う、（後略）

慈円・兼実が見た無動寺谷から見渡すことができる都と鄙の眺望や、急峻な山々と琵琶湖上に満ちる雲霧の景色がいかに雄大であったかを物語るに十分な表現であろう。

古代からこの地に受け継がれる日吉信仰に基づきつつ、比叡山から見える琵琶湖の水辺の聖性を極楽浄土と重ね合わせて詠む慈円のまなざしは、都の後白河院や後鳥羽院の歌壇と密接な交流を行うなかで増幅されていったことが推察される。

（2）立ち現れる中国の名所・瀟湘八景

ここまで一二世紀後半において琵琶湖が霊験あらたかな土地として浄土の池と見立てられていく様相について確認してきた。このような過程に四度の天台座主を経験した慈円の存在を想定したが、慈円は「たゞうたのみちにて仏道をもなりぬべし、又国をもをさめらるゝ事なり」（『拾玉集』第五帖）と説くように、和歌は仏法と王法と密接に関わる存在であったことからも、仏法興隆を目指すなかで和歌を残していった。

慈円が詠う琵琶湖の湖岸の景色のなかで特筆すべきは、文治五年（一一八九）に詠まれた次の和歌である。

もろこしのひとに見せばやからさきにさゞ浪よするしがのけしきを

中国の天台山に喩えられた比叡山はその眼下に広がる琵琶湖の志賀浦の景色とともに、仏法を固辞し都を守る霊地として、もろこし、つまり、中国の人にも自慢できるような名所となっていたことが推測される。

前述のように日吉社縁起と慈円の和歌の双方にみえる「五色之浪」について、石川は『梁塵秘抄』の「崑崙山の麓には、五色の波こそ立し騒げ、華厳や世界の鐘の聲、十方佛土に聞こゆなり」（一三〇）を挙げ、これらが実は中国で成立した『藝文類聚』ないしは『博物志』に確認できる、神仏や聖人神仙の集まる所に見出される「五色雲気」「五色流水」との関連性を指摘している。(25) このように『梁塵秘抄』、日吉社縁起や慈円の和歌に共通して「五色」の波の伝承がみえることは、これらの成立の前提として日本の知識層にこうした中国の文献から直接引用できる環境が整っていたことを示していよう。

中国との関わりという点でさらに興味深いのは、後世の物語であるが、南北朝時代末に成立したとされる『諸国一見聖物語』における慈円に関する記述である。(26) 少し長いが以下に引用する（傍線部は筆者による）。

……此庭上ニテコソト行者物語セラレシヲ、実瀟湘ノ八景モ此所ニ顕レタリ、時刻ノ移ルモ覚エス、彼ノ庭上ニタ、スミテ、十方法界ヲ遠見スルニ、湖水ノ浪ニ船浮ビテ、帆ノ奥ニ見ヘシカハ、是コソ遠浦ノ帰帆ト云ベシ、三井ノ入逢幽カニテ、聞ニ心ツキヌルハ、遠寺ノ晩鐘是也、其折カラニ夕立ノ一通リシテ過ルニ、松ノ木間ヲモル雨ノ音モキヒシク聞ヘシハ、瀟湘ノ夜ノ雨也ト疑ル、志賀ノ浦半ニ村鳥ノムレヰル暮ヲ見ル時ハ、平沙ノ落雁ト覚タリ、唐崎ノ汀ノ真砂雪ニ似テ、江天ノ暮雪ニ不レ異、自ラ諸房ノ庭ニ見ル月ハ、洞庭ノ秋ノ月ニ等シ、大津ノ浦ノ釣舟ニ夜毎ニトホスカ、リ火ハ、漁村ノ夕照是也、此ノ山ノ松ノ梢ニイツトナク嵐ノ音ノ絶スシテ、山路ニ人ノ行合ハ、山市青嵐ト覚タリ、八景ハ只此寺ニ留タリ、サレハ慈鎮和尚ハ此ノ所ニ於テ十六景ヲ詩哥ニ造リ給ヒタリト承ル也、

比叡山から見渡す眺望を、十方法界という天台の教義に重ね合わせて、瀟湘地域に見立てる意識とともに、「瀟湘八景」が現出するのは、まさに慈円の住房であった無動寺の大乗院の庭であると述懐されている。先に挙げたような浄土を想起させる琵琶湖の湖面の波の様子がそのまま中国の名所・瀟湘八景へとスライドさ

れていく。慈鎮（慈円）が実際に無動寺から見渡す琵琶湖の景色を十六景の詩歌として制作したのかどうかは定かではない。ただし、瀟湘八景にならい近江の八カ所の名所を選定し詩歌に詠んだ「近江八景」が成立したとされるのが室町後期から江戸初期であるとされることに鑑みれば、琵琶湖を瀟湘地域に見立てる意識が南北朝期に芽生えていた点にこそ留意すべきであろう[27]。

この場面は諸国を巡回するある聖・亮海が尊敬する慈円の旧跡を訪れ「北嶺の行者」が案内するという設定である。小林直樹はここで使用されている「遠見」という言葉は、当時必ずしも多用される言葉でなかったにもかかわらず、本書では五例確認でき、そのいずれもが眺望のすばらしさを表現する場面で使用されていると分析している[28]。本物語において聖が諸国の山々をめぐる過程で「遠見」した景色のなかで、五例のうちの一つがここに挙げた無動寺からの眺望で、もう一つは戒壇院を訪れる場面であり[29]、その双方からの眺望が瀟湘八景に見立てられていることが指摘されている。瀟湘八景に見立てられたこの二例がいずれも比叡山から見渡す琵琶湖の眺望であることにも留意すべきであるが、さらに興味深いのは、五例のうちのもう一例は山王二十一社の二宮から八王子への道中で、さらにもう一例が、「……无動寺へ参詣ルニ、道スカラ言モ心モ及ハサレハ、暫ク立休ラヒテ四方ヲ遠見スルニ、……」と、無動寺に至るまでの参詣の道中であることである。つまり、五例の「遠見」の使用例のうち富士山を除く四例がこの比叡山の道中である。

この物語は慈円の生きた時代からは下るものの、比叡山のなかでも特に慈円と関わりの深い無動寺から見渡すことのできる見事な眺望と眼下に広がる湖面の清浄さとともに、琵琶湖が中国の瀟湘八景に匹敵するという言説が存在していたことを示しており大変示唆に富むが、そこから慈円が十六景を詠んだとする伝承も[30]先の「もろこしの」の和歌を残した慈円であれば強ち否定されるものではないように思われる。

近江八景は江戸時代初期に近衛信尹により詠まれ、広く絵画化されていくことが知られるが、それに先立ち琵琶湖を瀟湘八景と重ね合わせる次の詩文に注目したい(31)。

瀟湘八景按其図　長命寺前天下無
一景新添有聲画　袖中携去琵琶湖

よく知られた詩文であるが、応仁文明の乱を逃れて琵琶湖東岸に身を寄せた景徐周麟は、殊に瀟湘八景について多くの詩を残しており、なかでもこの詩は、中国の瀟湘八景といえども長命寺（琵琶湖東岸）の目の前に広がる琵琶湖には及ばないという意識の表れが看取されるとともに、琵琶湖という固有名詞が使用されている点も重要である。このように少し時代の下る物語とはいえ、『諸国一見聖物語』において慈円の住房があった無動寺から詠まれたと伝承される十六景は、室町中期に禅僧が琵琶湖を瀟湘八景と見立てる意識、ひいては「近江八景」の萌芽を慈円の頃まで遡って考えてみる必要があるだろう。

三　名所絵の再生──見立ての装置としての「名所絵」

ここまで「歌の道」によって仏法と王法を治めることを説いた慈円は、比叡山の山水をめぐる多くの和歌を残してきたことを確認してきた。慈円が検校を務めた無動寺やその住房の大乗院からの眺望は、この世にありながら浄土を想起させるような清浄な世界として描写され、当時、憧憬の地であった中国の江南地域の湖水風景とも重ね合わされていた。前節で見てきたように、日吉社にまつわる縁起や和歌における中国の典拠からの影響は遅くとも一二世紀後半には見られた。このような琵琶湖のイメージは、『梁塵秘抄』に見える歌謡が都で流布していたことからも、比叡山のなかでの閉ざされたものでなかったことは明らかである。都と比叡山を行き来し、後白河の病悩の祈禱や後鳥羽の護持僧として都に戻り多くの和歌会にも列席していた慈円が、後鳥羽院の歌壇において果たした役割の重要性は疑いようがない。

慈円と後鳥羽院との関わりについて、田渕句美子は、慈円が院の命で『千五百番歌合』の判者を務めたことや、『明月記』に記されるように後鳥羽院の水無瀬殿や鳥羽殿の和歌の行事に参じていることにふれ「天台座主としては非常に逸脱した姿」と指摘している(32)。さらに、慈円が西山に隠棲したとされる承元元年（一二〇七）以降、建暦・建保の頃の慈円と藤原定家との関係も注目に値する。慈円は隠棲した後も、吉水を訪れており、定家は、慈円の甥である良経亡き後は慈円を九条家の中心として仰ぎさまざまな相談をしていたという。

慈円は『徒然草』では『平家物語』を作ったとされる信濃前司行長を庇護したことから、その成立に関与した可能性も示唆されるように、和歌や文学の素養をもとに後鳥羽院の歌壇においても力を発揮してきたことが知られている。こうした後鳥羽院との交流のなかでも、慈円や良経が関与したとされる歌会としてまず想起すべきは「元久詩歌合」（一二〇五年）であろう(33)。この詩歌合は当初は良経の邸宅で慈円と長兼によって企画され、定家に題と作者の選定を命じたもので、「水郷春望」と「山路秋行」の二題が出され、その後、後鳥羽院の参加が決まり最終的には院の五辻殿で開催された。

この詩歌合について特筆すべきは、中国と日本の山水の名所がそれぞれ漢詩と和歌で対となって合わせられていることであり、田尻嘉信は、歌枕が多用されていることを指摘している(34)。さらにこれらの名所歌は、「経験的であるよりは、はるかに観念的所産というべきであるが、新古今の撰集を経て、歌人の心に占めた水郷「水無瀬」の面影は、深くおおきなものであったにちがいない」と述べ、桂川・淀川から水無瀬へ向かう道筋の水郷が名所歌として選ばれた点に、後鳥羽院の水無瀬殿との関係性を推測している。

さらに堀川貴司は、漢詩においては、江州・杭州・蘇州など白居易と関わりの深い中国の江南の地名が多く含まれることを指摘したうえで、この詩歌合は、九条家詩壇において漢詩と和歌を「一つの文芸形式として確立させ、後世の模範となった」と評価している(35)。このようにこの詩歌合が慈円や良経など九条家の主導によって後鳥羽院も参加するなかで行われたことからも、名所を漢詩と和歌で合わせるという趣向やここで多用される名所の選定に両者の意向が反映していることは明らかであろう。

少し具体的に見ていくと、この詩歌合において、左方は、漢詩により中国の江南の水郷や山水の地を、右方は、難波、志賀、須磨、石上布留、宇治、井手、吉野、立田などの日本の山水の名所を詠う和歌をそれぞれ詠出し、中国と日本の山水の名所が対となって合わせられている。歌合の特質上、詩歌の出来に対する優劣が競われるものであるが、ここには、日本と中国の山水を対応させる意識が働いていると考えられるだろう。なかでも、水辺を詠んだ「水郷春望」の和歌においては、難波（四首）や須磨（一首）、宇治（四首）など、これまで伝統的に多く詠われてきた水辺の名所を抜いて、志賀浦が最多の一〇首であることは特筆に値する。志賀浦の歌一〇首は次に挙げるとおりである。

にほの海の霞吹きゆく春風に浪もいくよのしがの花園（二番・家隆）
志賀の浦の浪より霞む明ぼのに山ふきおろす春の松風（五番・慈円）
志賀の浦に比良の山おろし吹きぬらん花と散りかふ春のさざ波（八番・有家）
宮木守るなぎさの霞たなびきて昔も遠き志賀の花ぞの（一一番・定家）

志賀の浦のさざ波白く成行くは長良の花に風や吹くらむ（一五番・大納言局）
志賀の浦や打出でし浪の花の上に猶色そふる春の山かぜ（二一番・丹後）
春はこれいく霞ともしら浪の跡もつきぬる志賀の夕ぐれ（二四番・行能）
あさづまや雲のをちかたかすむなり花かあらぬか志賀のうら波（二七番・業清）
春ふかき心の浪に雲消えて霞ぞなびくしがの浦風（三六番・俊成卿女）
志賀の浦のおぼろ月夜の名残とてくもりもはてぬ曙の空（院）

この詩歌合では、「近江古京への哀傷は薄らぎ、神祇歌や四季歌への傾向が看取されることが指摘されているが[36]、古代から詠われる「唐崎」などではなく、志賀浦の水辺の情景のなかに比叡山から吹き下ろす山風、時間や天候の変化とともに現れる霞や雲などを添えた名所歌がこれほど多く選出されていることの意味を問う必要があるだろう。

また、これらの和歌に対して合わされた詩は、すべてが場所を特定できるわけではないものの、全体をとおして、江州・杭州・蘇州などの地域が選ばれていることからも、日本の山水の名所のなかでもとりわけ琵琶湖の水辺の景色が中国にも匹敵するような名所としてこの時期に新たに定着していく過程をここに見ることができるのではないだろうか。また、本詩歌合において慈円の和歌は志賀浦以外にもう一つ入選しているが、それは、「難波江の芦の枯葉の春風に空きみし露の袖にこぼるる」（六番）という難波の和歌である。慈円が四天王寺別当を務めたのは、本詩歌合よりも下る晩年の建保元年以降であるが、慈円は比叡山のみならず四天王寺の復興に尽力しており、火災で焼失した絵堂の再建に関与したことも知られている[37]。古くからの霊地と関わる日本の水辺の名所が、中国の名所とも重ね合わされ前景化されていく過程において、仏道とともに歌道を究め後鳥羽院歌壇のなかで活躍した慈円の存在はきわめて重要であろう。

以上、名所・歌枕をめぐる詩歌が後鳥羽院の時代において重視されるなかで、志賀浦に新たな価値が付与される過程について検討してきた。本稿を結ぶにあたり、特に絵画との関係から最後に検討しておきたいのは、元久詩歌合から二年後に行われた最勝四天王院の名所障子絵である。渡邉は、これまでの研究では屛風歌・障子歌が、「一一世紀で和歌史上の使命を終えた」と言われることが多かったが、「約一三〇年を経て一二世紀後半を迎えると、文治六年（一一九〇）の『女御入内屛風和歌』（九条兼実主催）を皮切りに、いくつかの大規模な屛風歌・障子歌が新古今時代を中心に作られている」と指摘している。このような屛風歌・障子歌の再来した時代のなかにあって、前代未聞の規模で名所・歌枕を描いた最四天王院の障子絵について、最後に見ておきたい。

後鳥羽院の御願寺として建てられた最勝四天王院の名所障子絵の成立経緯については、『明月記』の記載から仔細が明らかとなる。東は駿河、武蔵から陸奥、南は紀伊、西は播磨、因幡から肥前、北は丹後まで、一八の国から四六ヵ所の名所を選び、後鳥羽院自身をはじめ、藤原定家ら一〇人の歌人が一ヵ所一首ずつ、計四六〇首の歌が詠まれた。そのなかから一首が選ばれ、障子絵の色紙に描かれた、和歌と絵画による名所を建築空間のなかで一体化して表象した壮大なプロジェクトである(38)。和歌の選定、絵師への指示なども含め全体の構想は定家が行った。また、そこに詠まれた和歌と絵画によって表現された名所は後鳥羽院の領土意識の表出であることが先行研究によっても明らかにされている。最勝四天王院はもとは慈円の僧房の跡地に建立され(39)、慈円は御堂供養も催行していることから、最勝四天王院の成立に慈円が深く関与していると考えられている。

全国各地の名所を描き込むなか、近江の名所からは、古くから詠われてきた逢坂に加えてこの頃にわかに注目されるようになった志賀浦が選ばれたのは偶然ではないだろう。屏風歌・障子歌に限っていえば志賀浦は大嘗会屏風のために詠われた和歌二例しかないとされ、その一つは仁安元年（一一六六）の六条天皇の大嘗会の際の俊成による「照る月も光をそへて見ゆるかな玉よせかへす志賀の浦波」であった。[40]古くから大嘗会の際に詠まれてきた打出浜や唐崎ではなく、それらをも包括するような琵琶湖の湖岸の景色そのものが主題となっている点に留意すべきであろう。そして一〇人の歌人によって詠進された和歌のうち、後鳥羽院や定家の「志賀の浦や氷も幾重ゐる田鶴の霜の上毛に雪は降りつつ」などをおさえ、障子に貼るために選ばれたのは、言わずもがな慈円の次の和歌である。

志賀の浦やしばし時雨の雲ながら雪になりゆく山颪の風

最勝四天王院の名所障子絵は、和歌と絵画の双方によって名所を邸内の空間に構想するという点において、名所絵興隆の頂点のイベントとしてこれまでも注目されてきたが、このような名所意識は後鳥羽院画壇を支えた定家だけでなく、九条家出身の良経、慈円の関与によるところがきわめて大きかったと考えられるだろう。

最後に今後の展望も兼ね、詩歌の世界観を濃厚に受け継ぐ名所絵のその後について付言しておきたい。元久詩歌合や最勝四天王院名所障子絵などが企画され、後鳥羽院や定家、九条家の人々によって近江の名所が詩歌や絵画を通して固着していくなかで、少し時代は下るが、近江の名所のみを描く屏風が都で描かれることとなる。建長元年（一二四九）に定家の息である藤原為家から日吉社の禰宜・祝部成茂《はふりべのなりしげ》のために制作された七十賀屏風である。[41]為家の歌集に収められた和歌により、近江の名所が描かれたことがわかり、春は、打出浜（氷解）、粟津野（若葉）、長柄山（霞）、志賀花園（花）、当社行幸、志賀浦（帰雁）、夏は、辛崎（当社祭）、勝野原（夏草）、勢田橋（納涼）、秋は、真野入江（秋風）、八洲河（霧）、三津浜（擣衣）、冬は、方田浦（千鳥）が描かれていた。このような作品の存在からは、都と日吉社の交流が明らかになるとともに、後鳥羽院や定家、良経、慈円の次の世代に近江の名所が継承され、定着していく過程が窺われるのである。

結びにかえて

この時代の屏風歌・障子歌については、日本文学では多くの屏風や障子を詠った詩歌が残されていることから研究の蓄積があるが、絵画史においては、これらの詩歌とともに制作されたと考えられるこの時期に遡る屏風や障子が現存していないことから研究が困難な分野である。それゆえ本稿においても、残された詩歌や記録から手探りで考察を進めざるを得なかったため、かつてありし屏風絵や障子絵の姿を描出することはできていない。

しかしながら次のことは言えるだろう。名所は、後鳥羽院の時代、ことばと絵画の相互作用によって新たな領域へと進展していった。筆者は以前この時代に内裏を中心として頻繁に行われた名所歌合や名所和歌集の編纂が歌枕の絵画化を促したことを指摘したが(42)、本稿では、天皇を中心とする歌壇において名所和歌が反復されて詠まれ、カノン化し、屏風歌・障子歌が新たな局面を迎えた一二世紀前半に、「名所」そのものの価値が問い直されたことについて考察した。特に都を守護する霊地であった近江の山水は、新たな名所としての価値が九条家出身の慈円によって見出され、後鳥羽院歌壇においても再評価されていった可能性が浮き彫りになった。

頓阿（一二八九―一三七二）の私家集である『草庵集』には、近江の名所が「勧学院」の障子絵として描かれたことがわかる。

定海僧都、勧学院障子に、湖のあたり名所を絵にかきて人々に歌よませ侍りしに、志賀の唐崎の夏

御禊する夕をかけてさざ浪や志賀の浜松風ぞ吹く

定海僧都勧学院障子に、比良湊かきたる所

山陰の比良の湊に舟とめて月待程に小夜更けにけり

ここから明らかとなるのは「勧学院」の障子として「湖のあたり」つまり琵琶湖の名所を絵に描き、人々が詠んだことである。最勝四天王院のように和歌の時節と景物が先にあり、絵を見ることなく和歌を詠むのではなく、ここでは名所絵は人々に和歌を詠ませるためのメディアとなっている。頓阿は、延暦寺に籠り仏道修行を行っていた時期もあり、定海も延暦寺の僧と考えられることから、「勧学院」も場所は定かではないが比叡山にあったと考えるのが自然であろう(43)。慈円により勧学講が無動寺で始められた頃にはまだこのような名所絵がその講堂に描かれることはなかったかもしれないが、琵琶湖を見渡すことのできるこの地に慈円の頃から頻繁に詠われるようになった「湖のあたり」が、一世紀を経て比叡山において可視化されていたことを知ることができるのである。

（1）和歌と絵画の関係、特に「名所絵」を含むやまと絵にかんする美術史の分野における先駆的な先行研究としては、家永三郎『上代倭絵全史』（高桐書院、一九四六年）を嚆矢とし、井上研一郎「中世やまと絵考　和歌史料による

画題の検討」（『美術史学』二、一九七九年）、千野香織「名所絵の成立と展開」（『日本屛風絵集成　第十巻』講談社、一九八〇年）、「障屛画の意味と機能――南北朝・室町時代のやまと絵を中心に」（『日本美術全集　第十三巻』講談社、一九九三年）が挙げられる。

（2）屛風歌に関する研究は多いが、本稿では、田島智子『屛風歌の研究　論考編／資料編』（和泉書院、二〇〇七年）、渡邉裕美子『歌が権力の象徴になるとき――屛風歌・障子歌の世界』（角川学芸出版、二〇一一年）を参照した。

（3）井戸美里「共鳴する庭園と絵画――和歌が介在する風景」（井戸美里編『東アジアの庭園表象と建築・絵画』昭和堂、二〇一九年）。

（4）井戸美里「継承される歌枕――御所伝来「吉野図屛風」の景観描写をめぐって」（松岡心平編『中世に架ける橋』森話社、二〇二〇年）。

（5）赤瀬知子「『内裏名所百首』の享受と歌枕の固定化」（『文芸論叢』六一号、二〇〇三年）。

（6）前掲註（2）渡邉著、一九〇～一九三頁。

（7）三村晃功「比叡山――延暦寺と日吉大社」（『国文学　解釈と教材の研究』三七（七）、學燈社、一九九二年）。

（8）大嘗会に用いられる屛風絵と和歌については、秋山光和『平安時代世俗画の研究』（吉川弘文館、一九六四年）、藤田百合子「大嘗会屛風歌の性格をめぐって」（『国語と国文学』五五巻四号、一九七八年）、八木意知男『大嘗会本文の世界』（皇学館大学出版部、一九八九年）、前掲註（2）渡邉著第七章「天皇の御代を言祝ぐ――大嘗会屛風和歌」を参照した。

（9）前掲註（8）藤田論文。

（10）田島智子『屛風歌の研究　資料編』（和泉書院、二〇〇七年）二三七～二三九頁。

（11）粟田山荘障子絵については以下の研究を参照した。熊本守雄「恵慶集と江吏部集――粟田山荘障子絵と和歌と漢詩」（『恵慶集　校本と研究』桜楓社、一九七八年）、木戸裕子「粟田障子考」（『語文研究』七三、一九九二年）、近藤みゆき『古代後期和歌文学の研究』（風間書房、二〇〇五年）、前掲註（2）渡邉著。春に春日野、妹背山、うたたねの橋、瓶原、夏に布引滝、須磨浦、長柄橋、住吉、秋に嵯峨野、大井川、子恋森、冬に信太森、玉井などが漢詩に詠まれたことが『恵慶集』『江吏部集』より判明する。
(12)『江吏部集』に「粟田障子作、十五首中其四」とあることから一五題あったことが確認できるが、唐崎については『拾遺集』のみに掲載されている。
(13)『栄花物語』巻三「さま〴〵の喜び」「粟田といふ所にいみじうおかしき殿をえもいはず仕立て、そこに通はせ給て、御障子の絵には名ある所々をかゝせ給ひて、さべき人〳〵に哥よませ給」。
(14)前掲註(11)近藤著および前掲註(2)渡邉著。
(15)渡邉裕美子『最勝四天王院障子和歌全釈』（風間書房、二〇〇七年）二七二～二七三頁。
(16)廣田哲通「比叡山と文芸・点描」（『国文学　解釈と鑑賞』五八（三）、一九九三年）、永池健二編『梁塵秘抄詳解神分編』（八木書店、二〇一七年）。
(17)石川一『慈円法楽和歌論考』（勉誠出版、二〇一五年）。
(18)同右および石川一「慈円と日吉山王権現関連歌――自歌合・法楽百首を中心に」（荒井栄蔵・渡辺貞麿・寺川真知夫編『叡山の和歌と説話』世界思想社、一九九一年）、平田英夫「聖なる波の伝承――中世神祇歌の「ささ波」をめぐって」（『中世文学』四七、二〇〇二年）。
(19)植木朝子『梁塵秘抄』（筑摩書房、二〇一四年）。
(20)田口暢之「比叡山における歌合――平安後期の無動寺を中心に」（『日本文学』六八（七）、二〇一九年）。
(21)前掲註(17)石川著、二四八～二四九頁。
(22)石川一「慈円について」（久保田淳編　和歌文学大系　五八『拾玉集（上）』明治書院、二〇〇六年、五三六頁）。
(23)多賀宗準『慈円の研究』（吉川弘文館、一九八〇年）一〇一～一〇五頁、。
(24)多賀宗準『慈円』（吉川弘文館、一九八九年）六四～六六頁。「大乗院供養願文」（『門葉記』）。
(25)前掲註(17)石川著。さらに崑崙山は、『王子拾遺記』において「崑崙山者、西方曰須弥山、対七星之下、出碧海之中」とあり、崑崙山は須弥山と見なしうることから「仏教的宇宙観で宇宙の中心にある巨大な山」として問題ないとする。

(26)『諸国一見聖物語』に関する先行研究は、中倉千代子「『諸国一見聖物語』の成立——広本と略本の性格をめぐって」(『国語国文』五一—三、一九八二年)、中野真麻里「『諸国一見聖物語』」(『一乗拾玉集の研究』臨川書店、一九九八年)、小林直樹「『諸国一見聖物語における説話と風景』(河音能平・福田榮次郎編『延暦寺と中世社会』法藏館、二〇〇四年)を参照。

(27)堀川貴司『瀟湘八景　詩歌と絵画に見る日本化の諸相』(臨川書店、二〇〇二年)。

(28)前掲註(26)小林論文。

(29)「其ヨリ戒壇院ニ上リ、四方ヲ遠見スルニ、言語モ不レ及眺望也、湖水漫々ト湛、日月自影ヲ浸、北ニ望テ詠レハ、ホノカニ見ル竹生島、奥ノ島々ノ戸、アケノ朝露ニマキレテ見ユル船モ有リ、志賀ノ入江ノ浦浪ニ、釣シテ見ル船モ有リ、南ニ向テ詠レハ、長等ノ山ノ麓ナル唐崎ノ一松、大津、松本、粟津カ原、源氏ヲ書シ石山寺、勢多ノ唐橋ホノ見ヘテ、旅人ノ憂ヲソヘテヤ渡ルラン、山田、矢橋ヤ野路野々ノ末ノ三上山、是ハ富士カト思ハル、、雲霧重ナル山ノ峰、続キイツクト見ヘワカス、瀟湘ノ八、唯此山ニ顕レタリ、」

(30)前掲註(26)中倉論文では、十六景について、八景を詩と和歌でそれぞれ作ったと推測している。

(31)『翰林葫蘆集』所収。前掲註(26)堀川著、武顕「景徐周麟の作品における「水」に関する一考察」(『陸の水』九七号、二〇一二年)。

(32)田渕句美子「歌壇における慈円」(中世文学会編『中世文学研究は日本文化を解明できるか』笠間書院、二〇〇六年)二六一～二六三頁。しかし建保三年(一二一五)の頃、慈円と後鳥羽院のあいだに距離が生じたことが指摘されている。

(33)元久詩歌合については、『群書類従』所収本に従い、先行研究は下記の論考を参照した。田尻嘉信「名所歌小考——「元久詩歌合」臆断」(『国文学研究』四三、一九七一年)、斎藤純「元久詩歌合私見」(『解釈』二八—一一、一九八二年)、金原理「『元久詩歌合』と西湖図」(『詩歌の表現——平安朝韻文攷』九州大学出版会、二〇〇〇年)、堀川貴司「『元久詩歌合』について」(『詩のかたち・詩のこころ——中世日本漢文学研究【補訂版】』文学通信、二〇二三年)。

(34) 前掲註(33)田尻論文。ただし、現存本には欠落が多く、詩の作者を欠くもの、勝負の判を欠くものも二五番もあることから資料的には問題があることが指摘されている。
(35) 前掲註(33)堀川著。
(36) 前掲註(33)田尻論文、二八八頁。
(37) 石川温子「慈円再興の四天王寺聖霊院絵堂九品往生人についての試論――霊告との関わりから」（『大阪市立美術館紀要』二一、二〇二一年）。
(38) 最勝四天王院名所障子については、渡邉裕美子『最勝四天王院障子和歌全釈』（風間書房、二〇〇七年）をもとに、下記の先行研究を参照した。福山敏夫「最勝四天王院とその障子絵」（『日本建築史の研究』桑名文星堂、一九四三年）、久保田淳『藤原定家』（ちくま学芸文庫、一九九四年）、前掲註(6)渡邉著第九章、寺島恒世『後鳥羽院和歌論』（笠間書院、二〇一五年）、吉野朋美『後鳥羽院とその時代』（笠間書院、二〇一五年）。
(39) 最勝四天王院の建立は『承久記』に記されるように関東調伏を目指し、成就後には取り壊されたとされるが、渡邉は、鎌倉と良好な関係を保っていた慈円が積極的に関与していることからも、実際にはそれが目的ではなかったとの見解を示している。
(40) 前掲註(2)渡邉著、一九〇頁。
(41) 渡邉裕美子「藤原為家の「祝部成茂七十賀屏風歌」について」（『立正大学国語国文』五二号、二〇一三年）。
(42) 前掲註(4)井戸論文。
(43) 『草庵集』（和歌文学大系、明治書院）頭注。

【付記】 本研究はＪＳＰＳ科研費（２４Ｋ０３４４５「名所絵」の制作と受容の場に関する空間的研究――歌枕の視覚化をめぐって」）の助成を受けたものです。

Ⅱ

物語《ナラティヴ》——記憶がつくる名所

記憶風景の名所──『平家物語』にみる安元の大火（一一七七）の語り

林かおる

はじめに

『平家物語』第一巻中で語られる「名所」は、安元の大火（安元三／一一七七）の描写のなかに表れその存在と消失した風景を記憶し、想起させる。しかし、ここで燃えたとされる「名所」は、歴史、文学的にその焼亡の詳細を採録しているというよりは記憶や歴史に不協和を起こし干渉してくる。(1)この歴史的大火災は、一二世紀後半の戦乱と災害に象徴される乱世の到来を象徴するように平家物語の巻一末（覚一本、延慶本中）に描かれる。ところが、『平家物語』諸本や史料中に表れる「名所」の傷痕の記述にはかなりの齟齬がある。この記憶と語りに見られる差異は、死と破壊を直接的もしくは間接的に体験した生存者が語り継ごうとする物語や風景に、死者の声やそれぞれの被災者自身の体験がそのまま記憶され表現され得ない事を象徴していると言えよう。『平家物語』におけるこのような「名所」をめぐる記述の齟齬は、記憶と物語が一般化へと回収されることへの違和と分裂によることを考察するのが本稿の主旨である。

『平家物語』の第一巻は、大内裏の一部や公卿の邸宅等を含み平安京の約三分の一を灰燼と化したこの大火災の描写で巻末を結んでおり、朝廷と藤原諸家を中心に栄えた平安京と貴族政治の終焉を象徴しているようである。安元三年のこの大火災は平安期の貴族政治終局から中世武士政治への歴史の分岐点であるとみなされることがあるが、そもそも『平家物語』は、平安末期と鎌倉初期の残虐な戦乱と度重なる災害の、まさに動乱の時代と経験から生じたテクストである。この物語が、人々の生命が肉体的危機に晒され暴力と死が身近であった時代風景のなかから生じたものであることを覚えておきたい。それはある意味、『平家物語』の語りは、悲惨な戦禍や大災害を経て、死に直面した生き残りたちの体験が表象に変貌していく過程の語りであるということである。延暦一三年（七九四）の遷都以来栄えた平安京は、常に大火、洪水、地震、疫病、そして戦禍の厄災に晒されていた。特に頻度が高く、被害の大きかった火災後の都市の復興にとって、建物の再建や鎮魂のための御霊会等の政治、信仰的供養や儀式はさることながら、貴族日記や官庁の日誌に書き留めること、また物語のなかで語り伝えるという行為は、共同体を支える記憶とアイデンティーの（再）構築のうえで重要なものであった。同時に、記録すること、物語ること、もしくは記録しない、語らないこと、といった記録と語りの取捨選択行為は、記憶をめぐる文化や政治の権力闘争とは切り離せないことも覚えておく必要があるだろう。

このような動乱の時代に、安元の大火の傷痕として描かれる「名所」は、記憶行為によって分裂し、変化する「記憶風景」（memoryscape）という空間を彷彿とさせる。「記憶風景」とは、社会学者の直野章子が提起したように、支配的な歴史観に回収しきれない、想像力と記憶行為を媒介に分裂し、流動し続ける過去のイメージである。(2) 災害の語りのなかにあらわれた「記憶風景」の「名所」は、その分裂と齟齬をもって、周縁に追いやられ、不可視化された物語をも含有した平安京の存在も示唆している。『平家物語』中、「名所」は、災害時の記憶と死者や廃墟への追悼だけをとどめているのではない。描かれた「名所」の差異と違和は、忘却や書き換えを含んで流動変化する記憶であると同時に、描かれない「不在」の「名所」も「記憶風景」として、排斥や、体験と表象の齟齬を象徴していると考えられる。そこでさまざまな史料と『平家物語』諸本を読み比べてみることで、語りと記録の差異や齟齬のなかに、周縁の記憶や物語も読みとりたい。

一　『平家物語』というメディアとその冒頭の意義

現存している多数の古典と呼ばれるテクストに共通していることであるが、『平家物語』は口承、平曲、歌謡、諸本を含むさまざまなメディア形態からなる流動的かつ観念的な作品である。本稿では最も代表的な語り本系である覚一本、そして読み本系で有名な延慶本と長門本を扱うが、それぞれの文字、語りの記録のテクスト本文は、常に解釈された記憶を媒介する過程であり、我々もその再構築に参加している。そもそも語り得ない、再体験し得ない戦禍での死者の声と生存者の体験を読み語り継ごうという行為が不協和を起こすことによって媒介され翻訳されたものが『平家物語』というメディアである。周知のとおり、『平家物語』は中世以降読みと語り両様の享受が並行してなされていた。語り本、読み本どちらが古態かなどという論争とは別に、この論文では、さまざまな形態の語りと文体、さらに構成に違いがあり、時空を超えた異質多様で流動的な『平家物語』が同時に存在していたことに着目する。諸本、異本、混態の在り方自体が書写そして伝声の記憶風景の齟齬の連鎖を体現していると言えるからである。

先述のように、この歴史的大火は平安京の約三分の一を焼亡させ、大内裏まで延焼した。それまでに二度の火災に遭い、再建されてきた朝廷貴族政治の象徴である大極殿であったが、安元の大火後は、ついに再建されることはなかった。特に、一般的に流布している覚一本『平家物語』第一巻は、この衝撃的な大災害を語り、貴族と朝廷政治の終わりを想起させるようにして幕を閉じている。延慶本では安元の大火後の天台座主明雲の流罪の件が挿入されて巻を閉じており、その位置と意義にはもちろん多少の違いもあるが、両本とも安元の大火の様子を詳細に述べ、巻末を迎える。ここでは覚一本、長門本、延慶本『平家物語』またいくつかの歴史史料、日記を比較し、この大火で焼失したと記され語られた貴族の邸宅と史跡に焦点をあて、その差異と齟齬がいかに記憶の創造や語りのプロセスを浮き彫りにし、記憶風景の連鎖を生んでいるかを見ていく。『平家物語』諸本と他史料を見比べて、特に興味深いのは『平家物語』諸本のテクストだけにみられる「名所」という言葉である。焼亡した「名所」に平家物語が挙げるのは、主に平安京建立の初期からあると見られる貴族の邸宅、史跡であるが、その語り方と挙げられた「名所」名には類似性と齟齬が見られる。それぞれの諸本内で差異を持って語られる平安京の名所の流動性は、複数の記憶風景の混在を受容する、多義の『平家物語』というメディアが成立していった過程を彷彿とさせる。

よく知られている『平家物語』の覚一本の冒頭は、七五調の対句で次のように始まる。

祇園精舎の鐘の音、諸行無常の響きあり。
沙羅双樹の花の色、盛者必衰の理をあらはす。
おごれる人も久しからず、ただ春の夜の夢のごとし。
たけき者もつゐには滅びぬ。ひとへに風の前の塵に同じ。(3)

「諸行無常」「祇園精舎の鐘」といった、『涅槃経《ねはんぎょう》』や法然の『涅槃和讃』をもとにしたと思われる仏教語彙と詠嘆調の文体は、平家一門の滅びを主題として仏教的「無常観」を序章から一貫して表出していると解釈されることが多い。しかし、兵藤裕己（4）や高木信（5）が指摘するように、『平家物語』の冒頭の「無常観」は『涅槃経』等の偈文《げもん》からそのまま借用した万物に通じる無常観ではない。たとえば、釈迦の入滅前後を記した『涅槃経』の諸行無常偈においては「諸行無常」の後は「是正滅法《ぜしょうめっぽう》、生滅滅已《しょうめつめつい》、寂滅為楽《じゃくめついらく》」と続く。ここでの「諸行無常」とは、この世のものは無常であり生滅するのが真理であり、生滅無常を超越した涅槃こそが静寂の境地である、の意を表す。この無常であり生滅するものは「この世のすべてのもの」である。また法然の『涅槃和讃』には「跋提河《ばつだいが》の波の音、生者必死を唱へつつ、沙羅双樹の風の音、会者定離を調ぶなり。祇園の鐘も今更に、諸行無常と響かせり（6）」とある。『平家物語』の冒頭句と類似しているが、これも、生あるものはすべて滅びる、いわゆる生者必死、必滅を述べている。

これに対し、『平家物語』では「盛者必衰」と置き換えられ、諸行の無常から始まった冒頭は「盛者」という限定的な存在を対象としていく。そしてそれは、次に続く「おごれる人」「たけき者」と言った現世の人間にある栄枯盛衰を語るようにずらして表現されている（7）。その盛者必衰の対象の具体例としてテクストが挙げるのが、異朝からは「秦の趙高、漢の王莽、梁の周伊、唐の禄山」、本朝は「承平の将門、天慶の純友、康和の義親、平治の信頼（8）」といった王家、朝廷、いわゆる時の王権への反乱者である。よって『平家物語』の無常観は普遍的なすべての事象の変化を説くのではなく、語りの主語と対象が、スライドされながら多層をなす王権への反逆者をまず想起させ、「盛者必衰」の理が、平家一族を筆頭に一世を風靡しながらも敗者となっていった貴族や武士の一族にも繋がることを示している。このように、原始仏典に忠実であるならば

「生者必滅」であるべきところを「盛者必衰」とあえて書き換えられた齟齬のある『平家物語』語り始めが、「名所」の記憶の語られ方のズレや差異にも通じるものがあるのではないだろうか。王権を脅かす戦乱、災害の記憶を語り始める物語の冒頭は、そのテクストが安定した表象を拒み、重層する不協和な思想と流動的な記憶をとどめていることを暗示していると言える。

平安京における「藤原」貴族文化の盛者必衰

織りなされた記憶を想起させる冒頭の「盛者」という言葉が表象しているのは、平家一族のみではないことを確認したい。『平家物語』といえば平家一族の栄枯盛衰に焦点が当てられ、それまでずっと貴族政治の中枢をなしていた摂関家「藤原」の興亡はあまり重視されない。もちろん、藤原と言っても、四家のなかから最も栄えたのは北家であるがまたそれぞれ支流、分家がある。また皇室との血縁、姻戚関係も複雑であり養子や摂関家の内紛も煩雑で、一括りに藤原氏とするのには語弊がある。しかし、『平家物語』第一巻巻末で語られる安元の大火時に焼亡したとされる「名所」は、平氏、源氏を始めとする武家の登場によりいわゆる創造された共同体である括弧付きの「藤原摂関家」と彼らが体現してきた、こちらも括弧付きの「藤原貴族文化」と「平安京」の盛衰、また権力闘争で排除され取捨選択された多様な記憶の手法を示唆しているのではないか。また記憶風景としての燃えた「名所」は、華やかでノスタルジア的な平安京を想起するだけでなくそこから漏れ出た流動的な「藤原」家と彼らの驕慢や政治的暴力と抑圧をも記憶しようとする。先にみた滅びたたけき者の一人である「平治の信頼」はいうまでもなく後白河上皇の寵臣でありながら、平治元年（一一五九）の平治の乱で後白河を幽閉し一時時の実力者となるも平清盛に討たれて後に斬首となった藤原北家の藤原信頼である。摂関家の勢力が衰えた原因として、院政と武家の台頭、それらに伴う摂関家内部の勢力争いが挙げられるが、平治の乱、保元の乱、源平の乱を経て承久の乱へと鎌倉将軍家が武家政治を制定していくなかで、藤原摂関家主導で栄えた貴族政治と文化が衰退していく様相は『平家物語』の安元の大火の描写に象徴的に描かれている。平安京の隆盛を支えた「藤原」の朝廷と貴族文化の栄枯盛衰を明示し語り出された第一巻は、まさに平安京のなかでも「名所」と記された上流貴族の邸宅の集中した左京を中心に、内裏・大極殿を焼き尽くす安元の大火を語って結ぶ。そこでは炎上した「名所」に加えて、朝廷、摂関貴族政治の象徴である、大極殿の消失について、「今は世末になって、国の力も衰へたれば、その後は遂につくられず[9]」と述べて巻末を閉じる。この一節は、冒頭で強調された盛者必衰が「国」の興亡をも暗示しているかのごとく呼応している。その意味でも安元の大火の災害風景は国単位の藤原摂関、朝廷文化と政治の終焉と末法と乱世の到来を告げる出来事であり、『平家物語』がそのテクストのなかで消失した「名所」を含む空間、過去の記憶を記したその語りの意義は大きい。ここに共同体が後世に伝えようとする言説のなかで、ノスタルジアを誘う華やかなイメージの平安京だけではなく、漏れ出てしまう権力闘争と抑圧が繰り返された暴力的な平安京の記憶風景が垣間見える。

二　史料にみる安元の大火と「名所」の不在

安元の大火の記憶の描写で浮上してくる「名所」を詳しく見ていこう。最初に安元の大火の歴史的記述を当時のいわゆる歴史的史料である『皇代暦』、検非違使《けびいし》の日誌『清獬眼抄《せいかいがんしょう》』と九条兼実の『玉葉』から参照する。次に、『平家物語』の覚一本と長門本、延慶本での大火の描写を比較する。最後にそれら燃えたとされる「名所」や史跡の記述の差異と齟齬に注目し、それらが平安京に刻まれた、または排除された共同体の空間の言説と記憶風景をどう形成していったかを読む。

『皇代暦』によると、安元三年（一一七七）四月二八日の大火は、当時の平安京内左京[10]を中心とし、皇室の権威の象徴であった大極殿を含む平安京の約三分の一を焼尽する。[11]『皇代暦』『清獬眼抄』『玉葉』の他にも『愚昧記《ぐまいき》』『吉記《きっき》』『顕広王記《あきひろおうき》』『百錬抄《ひゃくれんしょう》』などの古記録や鴨長明の『方丈記』[12]からも被害の詳細内容を知ることができる。ほとんどの史料が、火災は四月二八日の亥の刻（夜一〇時頃）に発生し、火元は樋口富小路付近であるとする。五条と六条間の樋口富小路から出火した炎は、巽《たつみ》の風（南東風）に煽られて扇型を描いて北西方向に燃え広がり、翌日早朝寅刻、つまり約六時間後には大内裏の一部まで辿りつく。[13]

『清獬眼抄』の「大焼亡事」の項では、「安元三年丁酉四月廿八日丁酉天晴今日亥剋焼亡」[14]の一節に続いて、大内裏内外の焼けた朝廷の院名、寮名、門名などが焼亡した順に記載される。[15]次に優先して記載されたのは被害を受けた公卿たちの邸宅とその住所である。ちなみに、原文には、現在使われるフルネームでの通称と生没年はないが参照に付け加えた。その順に、「関白殿御所」（藤原基房：一一四四―一二三一）、「内大臣御所」（平重盛：一一三八―一一七九）、「大納言實定卿」（藤原実定：一一三九―一一九二）、「大納言實国卿」（藤原実国：一一四〇―一一八三）、「大納言隆季卿」（藤原隆季：一一二七―一一八五）、「二位中将兼房卿」（藤原兼房：一一五三年―一二一七）、「大納言邦綱卿」（藤原邦綱：一一二二―一一八一）、「中納言資長卿」（藤原資長：一一一九―一一九五）、「別富中納言忠親卿」（藤原忠親：一一三一―一一九五）、「中納言雅頼卿」（源雅頼：一一二七―一一九〇）、「藤中納言實綱」（藤原実綱：一一二八―一一八一）、「右大弁三位俊経卿」（藤原俊経：一一一三―一一九一）、「藤三位俊盛卿」（藤原俊盛：一一二〇―没年不詳）。「已十三家也」として締めくくられる。これらの公卿の邸宅は、五条から大内裏が接する二条のあいだの最も栄えた地域に集中しており、平重盛と源雅頼を除いた一一人が藤原氏で、彼らの邸宅である。ここには『平家物語』に見られる公卿の邸宅、その他の史跡を名所として載せるような記述は見られない。

九条兼実の『玉葉』も『清獬眼抄』と同じ流れで焼亡した朝廷の施設、公卿家の邸宅を記述する[16]。しかし兼実の一番の懸念は有職《ゆうそく》故実《こじつ》書や日記、家伝などの文書が消失されてしまったことのようで、翌四月廿九日条は、燃えた内裏内の官庁、邸宅で管理保存されていた文書の被害を記録するのに費やされる。

　文庫六両の内、三両は全し。その残りに於ては引出すと雖も、輪破れ消失し了んぬと云々。又隆職文書多く以って焼け了んぬ。官中の文書払底か。凡そ実定、隆季、資長、忠親、雅頼、俊経皆文書に富む家なり。今悉くこの災に遇ふ。わが朝の衰滅、その期已に至るか。悲しむべし悲しむべし[17]。

当時の重要な書類、日記、記録は藤原各家で保存されており、これらの邸宅の焼亡はすなわち藤原家所蔵文書の消失であり、文書の破壊は「我朝衰滅」であると嘆く。これも「安元の大火」が多義の「栄枯盛衰」を象徴する興味深い例である。しかし、『清獬眼抄』と同じく、『玉葉』には平家のなかで見られる「名所」や史跡に関しての言及はない。

三　『平家物語』の錯綜する「名所」

他の史料や公家日記が建築物の焼亡で最重視するのが朝廷の建物や施設である大極殿、朱雀門、大学寮、民部省などの被害であるのと対照的に、覚一本、長門本『平家物語』で最初に語るのが昔今の「名所」である。「名所」という言葉は安元の大火を記録した歴史史料、古記録には一切見られないが、覚一本を含めた、延慶本、長門本、源平盛衰記などの『平家物語』諸本では、被災のリストやそれらの棟数に齟齬と差異が見られるものの、すべての語りのなかに「名所」という言葉が使われる。ここでは長門本「樋口富小路焼亡事」段、延慶本内の「京中多焼失スル事」、そして覚一本「内裏炎上」の章段を見ていきたい。安元の大火に関する語り出しは、ここで見るすべての系本がまず日付と時間、火元は樋口富小路であると述べ、辰巳《たつみ》の風に煽られて京中が多く焼けた、と語る点でほぼ相違はなく、この記述は歴史史料等と同じ順序である。長門本と覚一本で特に注目したいのはその後被災した「名所」の庭園、邸宅名を何より先に挙げていくことである。他の史料がまず重要視する大内裏、朝廷関係の建物、施設や当時の公卿の邸宅や家伝、日記などの文書ではなく、『平家物語』は「名所」の破壊を嘆くテクストであり、物語の語りによる安元の大火の被災の記憶の取捨選択はこの語りの順序にも見られよう。『平家物語』では、平安京という空間と火災の記憶を語り継ぐために、昔今の「名所」が最初に想起されなければならなかったのである。

では、覚一本『平家物語』本文を見ていこう。

同四月廿八日、亥剋ばかり、樋口富小路より火出てきて、辰巳の風はげしう吹きければ、京中おほく焼けにけり。大きなる車輪の如くなるほむらが、三町五町を隔てて、戌亥の方へすぢかへとびこえ飛び越え焼けゆけば、おそろしなンどもおろかなり。或は具平親王の千種殿、或は北野の天神の紅梅殿、橘逸勢のはひ松殿、鬼殿、高松殿、鴨居殿、東三条、冬嗣のおとどの閑院殿、昭宣公の堀河殿、是を始めて昔今の名所卅余箇所、公卿の家だにも十六箇所まで焼けにけり(18)。

覚一本テクストは九箇所の「名所」を名指し、これを始めとして三〇余箇所が焼亡したと語る。延慶本では名指しされる「名所」が増え、貴族の邸宅のみでなく朝廷の建物、施設が付け加えられ、リストは一層細かく、長くなる。

廿八日、亥時計ニ、樋口富小路ヨリ、火出来ル。折節辰巳ノ風ハゲシク吹テ。京中多ク焼ニケリ。終ニハ内裏ニ吹付テ、朱雀門ヨリ始メテ、応天門、会昌門、大極殿、豊楽院、所司八省、大学寮、真言院、勧学院、穀蔵院、冬嗣の大臣ノ閑院殿、惟喬御子ノ小野宮、管丞相ノ紅梅殿、梅殿、桃殿、良明大臣ノ高松殿、具平親王ノ秋ヲ好シ千種殿、三代ノ御門ノ誕生シ給ヒシ京極殿、忠仁公ノ染殿、清和院ノ、貞仁公故一条院、山吹サキシ故二条院、昭宣公ノ堀河殿、萱御殿、高陽院、寛平法皇ノ亭子院、永頼ノ三位ノ山ノ井殿、紫雲立シ公任ノ大納言ノ四条ノ宮、神泉園ノ東三条、鬼殿、松殿、鳩井殿、橘ノ逸勢、五条ノ后ノ東五条、融ノ大臣ノ河原院、加様ノ名所三十余ケ所、公卿ノ家ダニモ十六ケ所焼ニケリ。(19)

最後に、長門本を参照する。長門本はよく延慶本と兄弟本と呼ばれ、読み本系とされているが、「名所」リストは簡素であり、庭園と貴族邸宅のみを挙げる点ではより覚一本に近い。

廿四日、亥の刻ばかりに、ひぐちとみの小路より、火出来けるが、たつみの風激しく吹きて、京中おほく焼けにけり。昭宣公の堀河殿、忠仁公の閑院殿、冬嗣のおとどのそめ殿、良相公の西三条、具平親王の千種殿、高明親王（寛平法皇）の亭子院、北野天神の紅梅殿、神泉苑、鴨居殿をはじめとして、名所廿一ケ所、公卿の家十七ケ所、焼けにけり。(21)

ここで挙げられる「名所」が指す邸宅、庭園の記述はじつは簡単に災害記録と位置付けられるような自明なものではない。第一に、覚一本、長門本はこの「名所」は一例であることを断っている。前述のように、覚一本は「是を始めて昔今の名所卅余箇所」、長門本でもこれらの名所をはじめとして廿一ケ所が焼けたという。ここではテクストには不在の「名所」の存在を仄めかし、記憶の選択を暗示する。第二に、邸宅の修飾や説明の仕方に一貫性がない。覚一本の描写からだけでも、鬼殿、高松殿、鴨居殿、東三条などと、ある建物はそのまま記載される一方で、北野の天神の紅梅殿、冬嗣のおとどの閑院殿、とすでに死没している過去の所有者、ここでは菅原道真（八四五―九〇三）と藤原冬嗣（七七五―八二六）を名指し、その邸宅の来歴と多層な過去の瞬間と人物の記憶を想起させている。またこれらの人物は同時代の人物という訳でもなく、ある特定の時代や出来事と関わった人物の名前とも限らない。

さらにここで語られる人物は、それぞれの邸宅の居住者であった記録はあるが、所有者であるとは限らず、まして、邸宅の創建者とも言えず、名前と邸宅が複雑に重層している例もある。たとえば覚一本と延慶本のいうところの「冬嗣のおとどの閑院殿」は左京三条に藤原冬嗣が建てた邸宅であり、冬嗣は閑院の大臣と呼ばれた記録が多く残っている。しかし、長門本では閑院は「忠仁公」の閑院とされ、冬嗣は「冬嗣大臣のそめ殿」として染殿に関連づけて名指される。忠仁公とは冬嗣の次男の藤原良房（八〇四―八七二）であるが、後に娘である藤原明子、通称染殿后の里邸として有名になった染殿の創建者としても、通称染殿の大臣と呼ばれている。よって延慶本で「忠仁公ノ染殿」と記されるのは納得がいくが、なぜか長門本の染殿は父、冬嗣の名を呼び起こすのである。管見の限り、冬嗣が染殿を所有したことはなく、居住した記録も残っていないようである。これらを誤記などということは容易い。しかし、誤記、齟齬、思い違いは殊更に災異の記憶の創造のうえで欠かせない一部であり、まさに「記憶風景」の本質なのである。加えて、延慶本と覚一本で語られる東三条は早くは藤原良房の邸宅として用いられており、『二中歴《にちゅうれき》』にも「良房公家又は兼家公家

（後略[22]）」とある。東三条の記載は良房や、後に述べるように、通称「東三条殿」と呼ばれる藤原兼家の名を挙げても良いにも関わらず、『平家物語』ではこれをしない。また、延慶本と覚一本の名所リストは承和の変（承和九／八四二）で藤原良房と対立し、排斥され、後に怨霊になったとされる橘逸勢の名前をあえて持ち出し、その邸宅であった蛟松《はいまつ》殿を良房の邸宅と並べる。この複雑な『平家物語』の火災の語りの「名所」録は選ばれた名前と邸宅を結びつけた記憶と、同時に選ばれなかった「名所」の邸宅、連想されない不在の所有者、居住者を暗示し、排他された死者をも想起して再記憶しようとした語りのなかに表れる空間なのである。

　また既知のように、平安京は条坊制に基づいており、被災地の範囲と程度を示すのには、大路、小路、通りの名を挙げた方がその被害範囲はわかりやすい。現に『玉葉』[23]では街路名を記載し被災地域を示し[24]、『清獬眼抄』は条坊制の街路のみでなく町割までも含めて区切りした挿図まで残している。しかし、『平家物語』は「名所」や、すでに死没していた過去の人物を語って激甚な被害とその被災空間を描出する。これは当時これらの「名所」の焼失がそれだけで被害の深刻さ、またそれまで平安京のアイデンティティを共有してきた過去の人物たちとそれらの集合的記憶の喪失をすべて喚起し得たと言えよう。そしてここで描き残される「名所」は、記憶は地点でなく、空間を示す指標となりうることを呈し、その名所性をさらに書き換え、再生して、「記憶風景」として過去の複雑な人物名と焼亡を多層化しながら語り継いでいくのである。

四　「名所」――災害の記憶風景から

ここまで、「名所」を焼亡したもの、として論を進めてきたが、じつは実際に被災したかどうかにも齟齬がある。「名所」の所在を『清獬眼抄』の挿図や前述の日記や史料から見た被災地区とともに簡単に地図化したものが図1である。特に延慶本に書かれた邸宅などで、所在地が明確でなかったもの、また同名で呼ばれる複数の邸宅が存在し、明確に定義できなかった場合は省いてある。大変興味深いことに、図で見ると焼亡したと語られたいくつかの「名所」が、実際は大火の火災範囲外であることが一目瞭然である。既述のように、他史料には「名所」の言葉も建物も触れられておらず、焼失如何に関わらず「名所」を語ることは『平家物語』特有のものである。特に文学史上で、また文学のなかでもよく描かれて有名な染殿、高陽の院、亭子の院などは明らかに火災範囲外である。なぜ『平家物語』は他の史料が記載する当時の公卿の邸宅、庭園を載せるのではなく、「名所」を挙げ、しかも実際に被災していない場所を焼失したと語るのだろうか。ここに、「名所」という言葉の意義があるのではないか。

平安後期から鎌倉初期にかけて成った藤原資隆撰と言われる故実書『簾中抄《れんちゅうしょう》』内「名所　名ある所々なり」の項では、神泉苑を筆頭に四〇数箇所の建造物、庭園を挙げる。諸本の「名所」描写の仕方に多少の違いはあるが[25]、ほぼすべてが『簾中抄』の名所リストと重複している[26]。『簾中抄』を参照している前引の『二中歴』は「名家歴　掌中一本云名所歴簾中同」としてほぼ同様の邸宅名を所在地とともに挙げている。『平家物語』と当時の故実書の関連に関してはさらに詳しい研究が待たれるが、このインターテクスチュアリティーからまずは平安末期から鎌倉初期、中期にかけて少なくとも知識者のあいだでは平安京内の「名所」とは、有名な貴族邸宅や隣接する庭園を指す認識があったと言える。また、「名所」はここでも建造物だけを指すのではなく特定の人物名を付記して説明されており、『二中歴』にはあえて「所」ではなく、さらに概念的で長い歴史、歴史上人物の系譜を含む「家」を使い「名家」と記されている。ここからもこの文脈で使われる「名所」はたんなる点ではなく空間であり、時空と取捨選択を経た多層の風景であるといえよう。

同時に、一般的に文学史でいう「名所《などころ》」とは、有名な土地であり「歌枕」と同義に使われることが多い。鎌倉初期、建保三年（一二一五）に順徳天皇と藤原定家編纂の日本各地の名所を歌枕とした和歌を集めた『内裏名所百首』からも歌枕と名所は同義で使われていたことがわかる。名所は和歌や文学の典拠となり、レトリックとして、何層、幾重にも渡る追懐を織り込んで叙情性が発揮できるようになっている。まさに共同体的想像力、集合的記憶を想起させる詩的装置である。口承でも語られ、詠嘆調に書きとどめられた『平家物語』の安元の大火の描写は、たんに実際に被害にあった史跡、邸宅の記録ではない。「名所」という言葉を使うことによって、その空間、場所、家系に何層にも重なる隠喩を示唆し共同体的想像力、記憶を語っているのである。しかし、平家一族の盛者必滅を語ったはずの『平家物語』において、その昔今の「名所」には平家一族の邸宅は一切含まれない。平一門中、一六人が公卿となり、三〇人以上が殿上人となった当時の平家の邸宅は勿論平安京内に存在していた。有名なのは平清盛の鴨川東岸東の広大な六波羅第であるが、それ以外にも八条大路北の西八条殿がある。六波羅第のほかに平一門の邸宅は八条大路の清盛邸を中心に六条大路以南に集中していたため、六条と五条通にある樋口富小路を火元として北西に延焼していった今回の大火の被災を免れた邸宅が多いことは確かであろう。だが『清獬眼抄』にあるように、当時五条坊門万里小路西角に位置した内大臣・平重盛の邸宅は焼失している。にもかかわらず、『平家物語』は重盛の邸宅を

寛一本

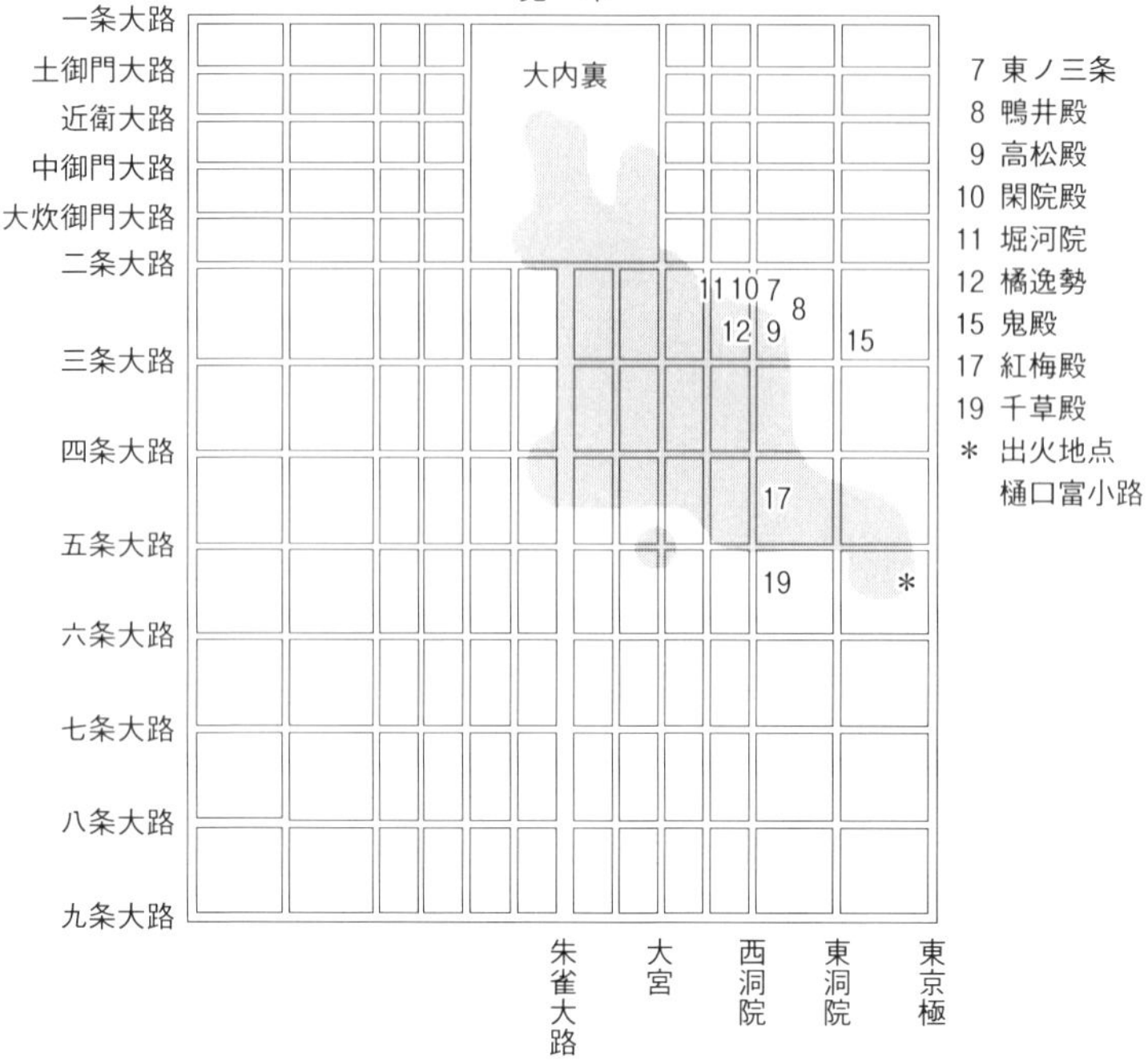
一条大路
土御門大路
近衛大路
中御門大路
大炊御門大路
二条大路
三条大路
四条大路
五条大路
六条大路
七条大路
八条大路
九条大路
大内裏
11 10 7
8
12 9
15
17
19
*
朱雀大路
大宮
西洞院
東洞院
東京極
7 東ノ三条
8 鴨井殿
9 高松殿
10 閑院殿
11 堀河院
12 橘逸勢
15 鬼殿
17 紅梅殿
19 千草殿
* 出火地点
樋口富小路

長門本

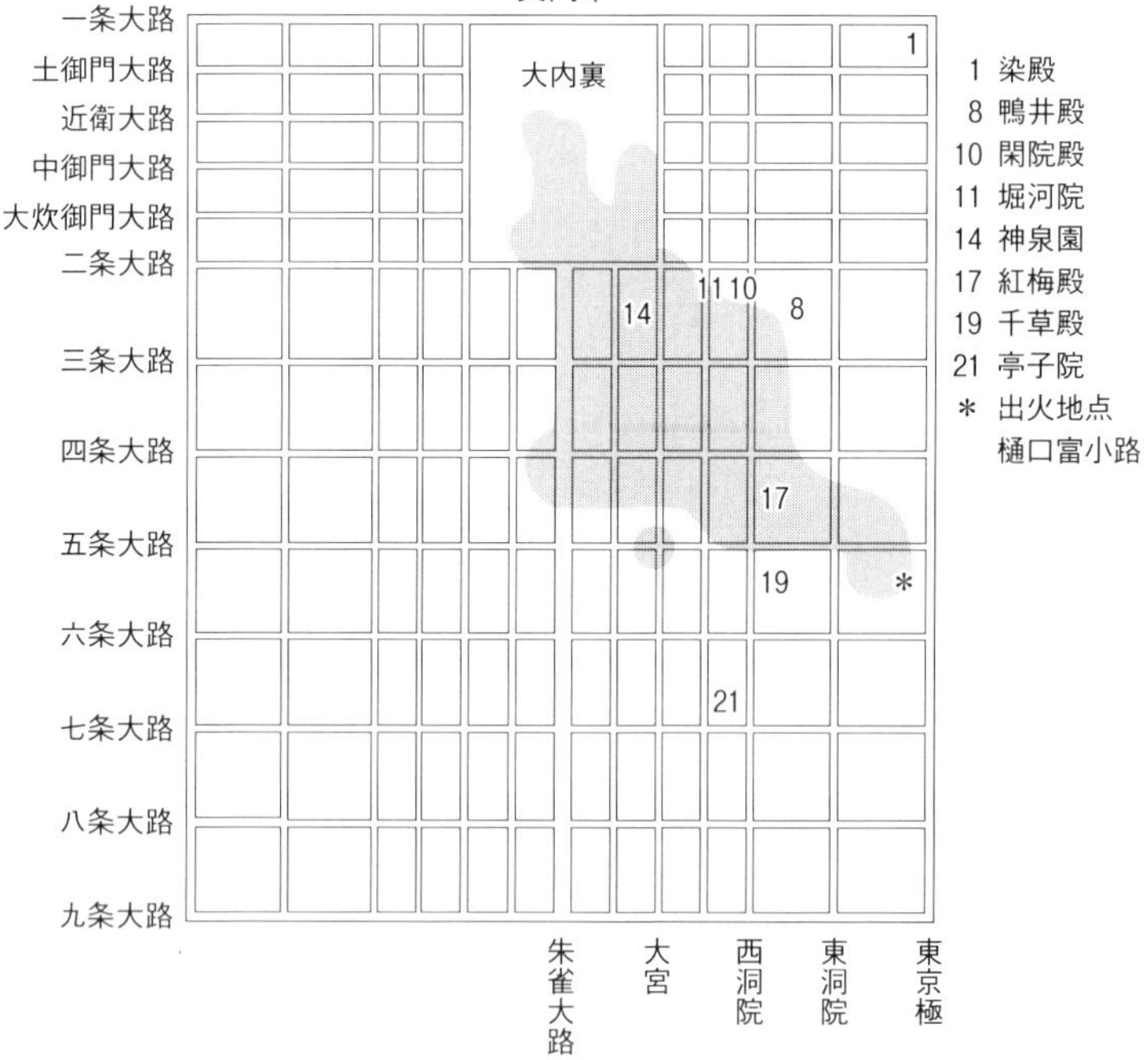
一条大路
土御門大路
近衛大路
中御門大路
大炊御門大路
二条大路
三条大路
四条大路
五条大路
六条大路
七条大路
八条大路
九条大路
大内裏
1
14
11 10
8
17
19
*
21
朱雀大路
大宮
西洞院
東洞院
東京極
1 染殿
8 鴨井殿
10 閑院殿
11 堀河院
14 神泉園
17 紅梅殿
19 千草殿
21 亭子院
* 出火地点
樋口富小路

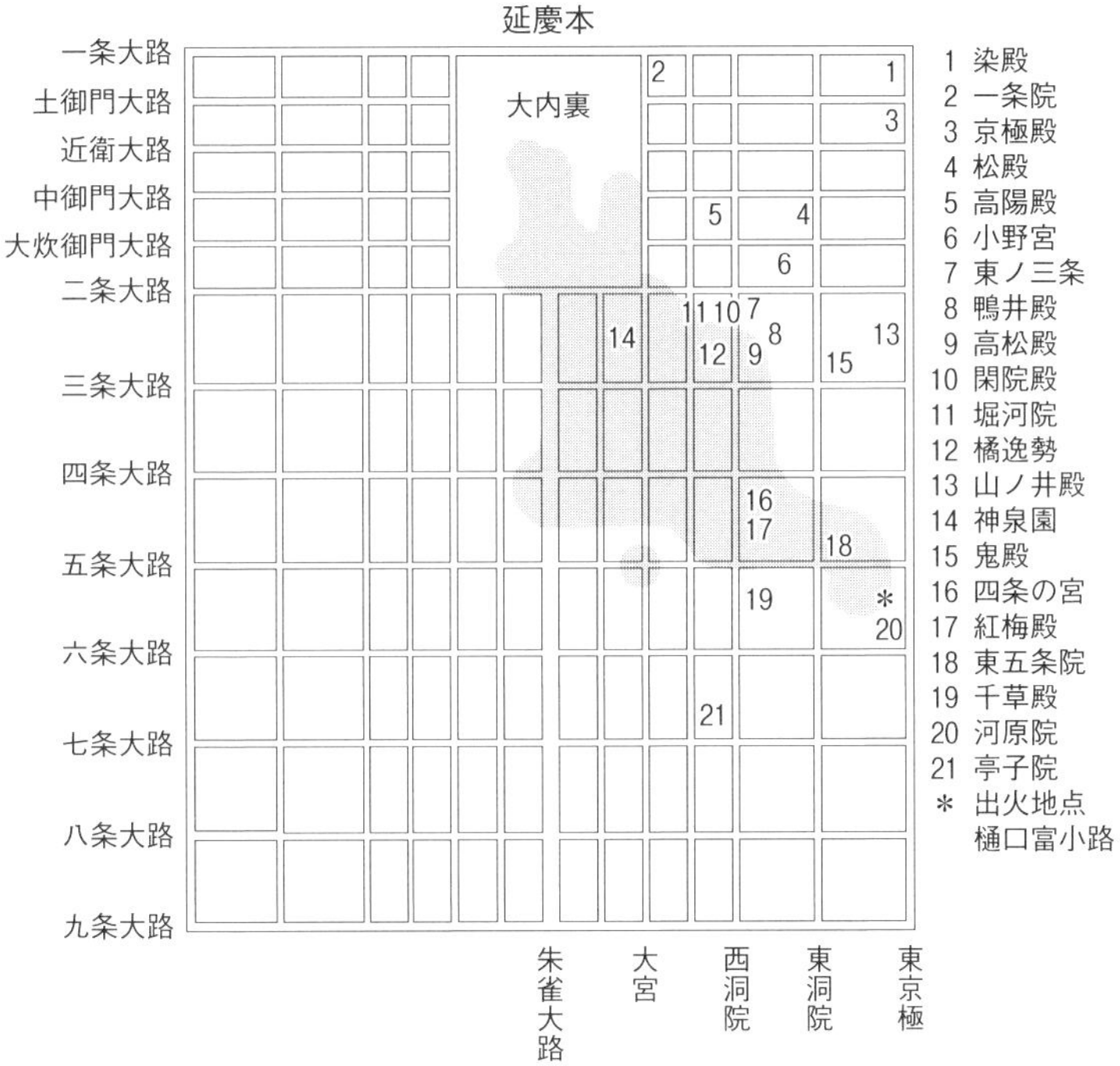

図１　各史料に基づく安元の大火火災範囲と「名所」の所在

「名所」とは呼ばず、被害を名指しで語ることはないのである。この平一門の邸宅の不在、排除の意義は大きい。繰り返しになるが、『平家物語』が語る焼失した「名所」は、実際の罹災の有無に関係なく書き換えられてその差異をも記憶しようとする。ここでは平一家は、平安京と安元の大火の共同の記憶から忘却、書き換え、または排除されており、「名所」に含まれない平邸の焼失は不在の「記憶風景」として刻まれている。

多層化した「名所」が語るもの

では、焼けたとされるが、明らかに被災範囲外にある「名所」には何が含まれているのか。まず、諸本『平家物語』に挙げられる多くの「名所」は平安京建立当初から建てられたものであり、藤原摂関文化と何らかの関わりがある。延慶本の明らかに火災の範囲外に位置する亭子の院（延慶本図を参照のこと）は平安初中期の文化、文学を語るうえで特に重要な空間であり、シンボルともいえる邸宅である。洗練された贅沢な建造物で知られた亭子の院では、よく朝廷主催の歌合、行事、儀式などが開かれた。もともとは宇多天皇（八六七—九三一）の譲位後の邸宅、所有地であったが、関白藤原基経の娘で宇多天皇女御であった藤原温子、別名東七条后の御所となりサロンとしても知られている。延喜一一年（九一一）には亭子院酒合戦が、延喜一三年三月には文学史上有名な亭子院歌合もここで開かれている。華やかなイメージの反面、天皇親政を行ったことで知られる宇多天皇の治世は、阿衡事件をはじめ政治的問題も多く、藤原氏との確執でも知られる。延喜元年の昌泰の変では菅原道真が失脚、太宰府へ左遷され横死する。歴史、文学上、怨霊として清涼殿落雷事件等天変地異を引き起こす菅原道真の邸宅紅梅殿は、すべての『平家物語』諸本において「名所」として書き留められている。また、たんに邸宅名を述べるだけでなく、覚一本、長門本は御霊として祀られた「北野天神の紅梅殿」、延慶本では「菅丞相の紅梅殿」と道真をあえて喚起する。菅原道真の事件は藤原時平の讒言によるものとされているが、実際は天皇家、藤原家を筆頭に当時の関係者の政略と親族関係が複雑に入り組んだ政争である。「名所」である紅梅殿は、藤原摂関家と天皇家の政治的策略や権力闘争、また菅原道真の栄枯盛衰をも想起させるかのように安元の大火の災害の語りのなかに登場しているのである。

次に、覚一本、延慶本内で被災した「名所」として挙げられる東三条殿を再度見ていく。藤原摂関当主の邸宅として、藤原家の栄華と権力を象徴する邸宅の一つが、この東三条殿である。前引の『二中歴』内名家歴の項で「良房公家又兼家公家或説重明親王家又白河又染殿」(27)、とあり、早くは藤原良房や藤原兼家（九二九―九九〇）の邸宅で、後には里内裏《さとだいり》としても使われていた(28)。東三条殿は常に藤原北家の摂関家当主が伝領していったが、一条天皇を東三条殿で産み(29)、その後も東三条殿を愛用し、女性で初めて院号（女院　東三条院）を与えられた兼家女藤原詮子が所有した例もある。それによって、東三条殿はさらに皇室の行事、儀式が正式に催される場となり、藤原家の栄華と権勢を代表する特権的な邸宅となる。

しかし、東三条殿は藤原家の驕りと僭越を象徴する建造物でもあった。『大鏡』の兼家の項に、

> 東三条殿の西対を清涼殿づくりに、御しつらいはじめて住まわせたまふなどをあまりなることにひともうすめりし。なほただ人にならせたまひぬれば（中略）さようの御身持ちにひさしうはもたせたまはぬとも定めもうすめりき(30)。

と描かれ、東三条殿と兼家の傲慢さは世間の非難の的ともなっていたとする。『大鏡』はまず兼家が摂政として、また太政大臣として天下を治めた栄華を讃えた後、東三条院の栄華と兼家への批判の両方を述べて、

兼家の傲慢さ、臣下としての身をわきまえず栄えたことが栄華と政権を縮めるであろうとする。この訓告は、『平家物語』の冒頭の盛者必滅の諌めとまさに反響しあい、安元の大火で焼失したと語られる東三条殿は、火災の被害での必滅だけでなく、過去に辿っての藤原の奢りと栄枯盛衰をも象徴する。また東三条殿は藤原忠通と藤原忠実・頼長父子の藤氏長者の地位と邸宅の権利をめぐっての内紛の場所となっている。保元元年（一一五六）には後白河天皇側と崇徳上皇側に分かれた朝廷を巻き込んで保元の乱の勃発の要因となり、その中心舞台となった東三条殿は政権争いからの戦乱と貴族政治の終焉が近いことをも象徴しているのである。

図で見ても、南北二町を跨ぐ東三条殿は、安元の大火で被災したかどうかの判断はつきにくい位置にある。しかし、実際に火災の範囲にあったかどうかはどうでもよい。じつは『陰陽頭阿部泰親朝臣記《おんようのかみあべのやすちかあそんき》』にあるとおり、東三条殿は安元の大火よりも一〇年前、仁安元年（一一六六）一二月に火災に見舞われ既に焼亡していた[31]。それ以前にも何度も焼失、再建を繰り返した東三条殿であったが、仁安元年の罹災以降再建された記録はない。『平家物語』が安元の大火の文脈で語る「名所」東三条殿は、すでに焼失した盛者必滅の残影の記憶である。ここから、『平家物語』のテクストにおいて、過去の藤原の邸宅に起こった災害の記憶も引き受け、組み入れることによって、新しい多層の共同体の記憶を創造する過程が窺える。東三条殿の「名所」を描くその記憶と語りは、体験者や語り手たちの個人の被害の体験がそのまま記憶され表現され得ない違和と差異を媒介した「記憶風景」である。特に『平家物語』第一巻は、平安京の藤原摂関貴族文化の象徴的な死、書き換えられていく記憶と「記憶風景」、また語りの創生の雑音が響き合いながらその巻を閉じるのである。

結びにかえて

『平家物語』は安元の大火という災害の文脈中、語ることと語らないことで想起される「名所」と災害の様相が幾重にも重なった独自の平安京を表象している。存在する「名所」、排斥された「名所」、そして空間の歴史と記憶がさらに言説としての記憶風景を想像させ、共同体で喪に服し、祝い、語り継ぎ、それぞれの読者の記憶や体験で書き換えられる物語を創造し続ける。実際に安元の大火で罹災したか否かは別として、乱世の到来を予見するかのような安元の大火という災害の記憶の語りのなかで、喚起される藤原貴族文化は華やかなものばかりではない。傲慢で暴力的な政策も包含した平安京の貴族文化が、平家物語のテーマである盛者必衰と反響し合いながら、隠蔽されず共同体の災害の記憶として変化しながら語り継がれる過程こそが『平家物語』の語る記憶風景としての「名所」である。

本稿では歴史史料と比較しながら『平家物語』諸本で語られた「名所」がある意味共同体の記憶の物語として構築されていくなかで、統一的、また集合的に共有されることを拒む差異のあるレトリックであることを指摘しながら論を進めた。なぜならば、災害を語るという共同体の記憶の創生の過程で、華やかでノスタルジックなイメージに同化する「名所」として括られてしまった邸宅、空間が死者、敗者の歴史や物語を周縁化し、包み隠してしまうことに危機感を感じたからでもある。一面的に語られてしまう「名所」は、暴力的で不調和を含み、多面的かつ、多角的視点から語られるべき物語や再現できない死者を飼いならし、共同体の文化のなかに取りこもうとする危険な同化の作業である。

政治的敗者で怨霊と呼ばれた菅原道真の紅梅殿、また橘逸勢の蚊松殿を「名所」と語る『平家物語』テクストの文脈のなかで同時に「名所」と呼ばれる河原院、鬼殿[32]、染殿であるが、これらは、じつは凶事が記録されている「悪所」としても知られている空間である。『今昔物語集』などの説話だけでなく、故実書の『拾芥抄』には河原院、鬼殿、染殿、山井殿などには「悪所」と付記が加えられていながらも「名所」項に組み込まれている。「悪所」をも「名所」と名付けることは、憑かれた過去の空間を飼いならして鎮圧征服する行為であるとも言えよう。同時に、今回指摘し、分析した歴史史料と『平家物語』の諸本で見た記憶の空間の「名所」の差異や罹災の齟齬は、モザイクのように揺れ変化し続ける戦禍や災害のみでなく、政争の暴力の記憶と浄化された「名所」として飾られ記憶されることの相克を表す「記憶風景」として不協和な雑音を発し続ける。

（1）死者の言葉を言表として残すことの問題点と、それが歴史的実戦への意図的な干渉であることは酒井直樹「戦後日本における死と詩的言語」（『日本思想という問題　翻訳と主体』岩波書店、一九九七年、二五三〜二八一頁）に詳しい。

（2）直野章子「ヒロシマの記憶風景　国民の創作と不気味な時空間」（『社会学評論』第六〇巻四号、二〇一〇年、五〇〇〜五一六頁）。日本における歴史学、人文・社会科学における広い分野での「記憶」研究の流行は一九八〇年代から九〇年代にかけて進められたピエール・ノラの「記憶の場」プロジェクトによって引き起こされた（ピエール・ノラ『記憶の場』全三巻、岩波書店、二〇〇二〜三年）。戦後の歴史記述と記憶をめぐる日本国内外での日本研究はテッサ・モーリス・スズキ、リサ・ヨネヤマを参照。文学、思想研究では特にポストモダン、ポストコロニアル研究の延長線上でも記憶と語りとが結び付けられながら研究が進められた。ポール・リクールの『記憶、歴史、忘却』やジャック・デリダの『マルクスの亡霊たち』『アーカイヴの病』等が忘却と喪の作業に関し独自の議論を展開した。Ricoeur, Paul. *Memory, History, Forgetting*. Chicago : University of Chicago Press, 2004. Jacques Derrida and Peggy Kamuf. *Specters of Marx : The State of the Debt the Work of Mourning and the New International.* Routledge. 1994. Derrida Jacques and Eric Prenowitz. *Archive Fever: A Freudian Impression.* University of Chicago Press 1996. 日本の歴史文学研究の文脈では、記憶研究はカタカナで表記される「ヒロシマ」、「ナガサキ」、また日本の植民地支配暴力の記憶と語りのなかで考察されることが多かった。二〇一一年東北大地震災害後には、その甚大な津波、地震被害と福島第一原子力発電所事故が「フクシマ」、「3・11」と呼ばれ「ヒロシマ」、「ナガサキ」を想起しながら多層に重なり合った記憶と災害文学の研究が盛んとなる。そしてキャシー・カールス、エレイン・スカリーらのトラウマ研究が再注目を浴びるようになった。Caruth, Cathy. *Trauma: Explorations in Memory.* Baltimore: Johns Hopkins University. Press. 1996. Scarry, Elaine. *The Body in Pain: The Making and Unmaking of the World.* New York: Oxford University Press. 1985.

（3）『新編日本古典文学全集』四五（小学館、二〇一四年）一九頁。

（4）兵藤裕己『平家物語の読み方』（ちくま学芸文庫、二〇一一年）一八～三一頁。

（5）高木信『平家物語　装置としての古典』（春風社、二〇〇七年）二九～三〇頁。

（6）法然『釈迦如来涅槃和讃』（大村屋総兵衛、一九〇四年）。

（7）中世期に「盛者必衰」という言葉が使われるのは『平家物語』のみではなく、『仁王教』、『和漢朗詠集』、『愚管抄』などでもみられる慣用句としてあったことを断っておく。

（8）『新編日本古典文学全集』四五（小学館、二〇一四年）一九頁。

（9）『新編日本古典文学全集』四五（小学館、二〇一四年）九二頁。

（10）当時の平安京では朱雀大路を挟んで東は「左京」、西は「右京」と呼ばれていた。つまり内裏から南を向き、左側の地域である。

（11）『改訂史跡集覧』一八（近藤出版部、一九三六年）二一〇頁。

（12）『新日本古典文学体系』三九（岩波書店、一九八九年）四～六頁。災害から三五年後に書かれたとされる鴨長明の『方丈記』のみ火災の発生時刻を戌の時ばかり、と記すが、ここは火災後即記録されたであろう検非違使の記録

『清獬眼抄』、またわざわざ使者を送り詳細に火災の様子を報告させた三条実房の日記『愚昧記』、『百錬抄』などに同じ。

(13) 『顕広王記』によると二八条日には「自亥時及戌刻、炎煙散、餘炎遂及禁中」とある。『続史料大成』第二一巻（臨川書店、一九六七年）一九頁。

(14) 『清獬眼抄』には、平安京内の被災域を示した挿図も添えられていて興味深い。『続群書類従』七輯（続群書類従完成会、一九四〇年）六一九頁。

(15) 安元の大火のさらに詳しい災害の実態と経緯については『清獬眼抄』以外にも『愚昧記』をはじめとしていくつかの日記、記録を比較検証した片平博文の『貴族日記が描く京の災害』（思文閣出版、二〇二〇年）六四～八六頁、また『平家物語』中の安元の大火による内裏炎上と都市の伝承について考察している谷口廣之「平家物語内裏炎上の深層――日吉神火と熒惑入太微」（『同志社国文学』三八、一九九三年）五六～七二頁を参照。

(16) 兼実は『清獬眼抄』の一三家に「源大納言　定房」を加え公卿一四人としている（九条兼実『玉葉』第二、国書刊行会、一九〇七年、三六～三七）。

(17) 『玉葉』巻第二四『訓読玉葉』第三巻（『訓読玉葉』高科書店、一九八九年）一九八頁。

(18) 『新編日本古典文学全集』四五（小学館、二〇一四年）九一頁。

(19) 『平家物語長門本・延慶本対照本文』（勉誠出版、二〇一一年）一〇四～一〇五頁。

(20) 長門本は火災の時間は亥の刻ばかり、と語るが、日付は廿四日とずらされており、興味深い（『平家物語長門本・延慶本対照本文』勉誠出版、二〇一一年、一〇四頁）。

(21) 『平家物語長門本・延慶本対照本文』（勉誠出版、二〇一一年）一〇四頁。

(22) 『改訂史籍集覧』一三（近藤出版部、一九〇二年）一八六頁。

(23) 「凡東富小路、南六条、西朱雀以西、北大内、伴以焼亡、古来未有如此之事云々。」（九条兼実『玉葉』一九〇七年、三六）。

(24) たとえば、関白　錦小路大宮、二位大納言　三条西洞院、別当　三条堀川といったように、役職に加えて街路名

を記す（『玉葉』巻第二四『訓読玉葉』第三巻（『訓読玉葉』高科書店、一九八九年）一九七頁）。

(25) 例として、「紅梅殿　菅原の御家」、「ちくさ殿　六条坊門西洞院中務宮の家」等、まずは名所が挙げられ、その後注として所在地、また著名な所有者、居住者の名前が後付けされている。（『改訂史籍集覧』二三、近藤出版部、一九〇二年、七一〜七二頁）。

(26) 延慶本のみに表れる鳩井殿は含まれていない（前掲書）。

(27) 『改訂史籍集覧』二三（近藤出版部、一九〇二年）一八六頁。

(28) 太田静六『寝殿造の研究』（吉川弘文館、一九八七年）を参照。

(29) 『大鏡　日本古典文学体系』二一（岩波書店、一九六〇年）五四頁。

(30) 『新編日本古典文学全集』三四（小学館、一九九六年）二三九頁。

(31) 「子時東三条殿焼亡、火災通夜不滅及翌日、抑東宮自去十六日渡此第（後略）」（『陰陽頭阿部泰親朝臣記』仁安元年一二月廿四条、内閣文庫本蔵）。

(32) 『今昔物語集』には三条東洞院鬼殿霊語第一とし題した説話が含まれる（『新編日本古典文学全集』三八（小学館、二〇〇二年）二五頁。

「最後の」札所——坂東三十三所と那古寺

岩本　馨

はじめに

名所とは、何によって名所となるのだろうか。

たとえば圧倒的な景観美がそこにあれば、文人たちは詩や歌を作り、あるいは紀行文を著し、それによってその地の名は拡がっていくであろう。しかし名所とはそのように初めから約束された場所にのみ生まれるわけではない。「伊勢物語」の舞台とされたことで宇津ノ谷峠はたんなる峠道から歌枕「宇津の山」となったように(1)、作品や作者の知名度が場所に由緒を与える場合もあったし、あるいは近世に歌枕「壺の碑《いしぶみ》」と混同されたことで文人たちを惹き付けた多賀城碑のように、ある種の錯誤がはからずも名所を創出することすらあった。

本稿で取り上げる南房の那古寺《なごじ》（館山市、口絵2）もまた、人々の錯誤によって特別な意味を与えられた名所の一つである。鏡ケ浦に面したこの寺院は景観の美しさでも知られるが、しかし同寺をよりいっそう特徴づけているのは、坂東三十三所の三十三番札所（巡礼霊場）、すなわち巡礼の「最後の」札所となっているという点である。それは関東地方一円に跨がる大巡礼を歩ききった結願《けちがん》の地としてのイメージを我々に与える。三十三所巡礼において三十三の札所はフラットな関係を建前としているはずであるが、それでも終点である三十三番は起点である一番杉本寺（鎌倉市）とともに、やはり特別な位置を占めていたと言わねばならない。ところが不可解なことがある。諸史料を見る限り、現実に行われてきた坂東三十三所巡礼では、那古寺は最後に訪れる札所ではなかったのである。南房周辺の出身者でもなければ、巡礼者にとっては那古寺を訪れた後にもまだ続きの札所が残っていた。この番付と実際の巡礼順との齟齬は、後で見るように人々の錯誤によってもたらされたものであったと考えられる。

なぜ「最後の」札所とされた那古寺が現実の巡礼では最後ではなかったのか。また「最後の」札所とされたことが那古寺をどのような名所に変えていったのか。本稿ではこの謎について検討しながら、名所というものが生成されていく過程について考えていきたい。

一　坂東三十三所の成立

（1）三十三所巡礼の成立

観音菩薩を本尊とする三十三所の札所を順番に拝する、いわゆる三十三所巡礼の嚆矢は西国三十三所である。文献史料としては、三井寺の「寺門高僧記」の行尊伝と覚忠伝にそれぞれ収録される巡礼記が早いもので、このうち後者の応保元年（一一六一）正月の三十三所巡礼が確度の高い最も古い記録と見なせる。(2)この覚忠の巡礼の番付（札所の巡拝順）を現行のものと比べると、三十三の札所の顔ぶれと、熊野那智山（青岸渡寺）を一番としている点については共通しているものの、経路は若干異なっており、三井寺末寺であった山城宇治の御室戸山（三室戸寺）を三十三番としている。詳細なルートは不明なものの、近畿地方を一巡する総距離一〇〇〇キロメートル前後に及ぶ長大な巡礼であったと考えられる。

覚忠の巡礼を皮切りに、三十三所巡礼は三井寺関係者から観音菩薩を信仰する人々へと弘まっていったものと推測される。それはやがて地方への三十三所巡礼の移植へと繋がっていく。その最初の例と考えられるのが本稿で取り上げる坂東三十三所巡礼である。

（2）坂東三十三所の成立時期

坂東三十三所は関八州一円に跨がる、西国三十三所に比肩する規模の大巡礼である。その史料上の初見として、すでに戦前の段階で『埼玉県史』が、磐城棚倉都々《つつ》古別《こわけ》神社所蔵十一面観音木像の墨書銘を紹介している[3]。ここには天福二年（一二三四）七月一九日付で「成弁修行三十三所観音霊地之□、於八溝山観音堂上院参籠三百ヶ日……[4]」との記載が見られ、成弁という僧が三十三所観音霊場を修行し、八溝山《やみぞさん》観音堂で三〇〇日間の参籠を行ったことが分かる。この八溝山観音堂とは現在の坂東二十一番札所の八溝山日輪寺のことと考えられるので、成弁の修行した三十三所も坂東三十三所を指していると考えてよい。したがって坂東三十三所の成立の下限は天福二年であることが通説となっている。

では上限はどのあたりになるだろうか。鶴岡静夫は源頼朝を重要視して、①建久六年（一一九五）に上洛したさいに清水寺などの霊地を巡礼するなど、頼朝自身も観音を信仰していたこと、②坂東一円に跨がる巡礼ネットワークの形成には鎌倉幕府の成立が前提となったはずであること、③巡礼が鎌倉の杉本寺を一番としてまず相模国に始まることから、巡礼の制定者は鎌倉や相模国と関わりの深い人物であると考えられること、④頼朝は特に武蔵・相模の札所と連帯的・個別的に関わりが深かったこと、などの理由から、坂東三十三所の成立は彼のときにその遠因がつくられたとし、その後息子の三代将軍実朝の時代に最終的に実現したのではないかと推測している。[5] また齋藤慎一は政治史的な観点から坂東三十三所の構成寺院を分析し、鎌倉幕府と鎌倉御家人とが領域支配のための装置として札所を位置付けていた可能性を指摘している。[6] これも鎌倉幕府草創期の成立とする鶴岡の所説と整合する。

また三十三所の移入ということでは、三井寺との関係も重要である。[7] 頼朝は寿永元年（一一八二）に鶴岡八幡宮の別当として三井寺から円暁（頼朝の従弟）を招聘しており、以後尊暁・定暁・公暁・慶幸と、承久二年（一二二〇）まで三井寺系の別当が続いている。先述のとおり三十三所巡礼は三井寺を発祥とするので、鶴岡八幡宮を介して巡礼の思想が鎌倉幕府に伝わった可能性は高いと考えられる。[8]

二　坂東三十三所の順路

（1）　坂東三十三所の番付

このように鎌倉時代の源氏将軍期の成立と推測される坂東三十三所であるが、それ以後の巡礼の様相を伝える史料は極めて乏しい。三十三所の番付の判明する最も古い史料は元禄一四年（一七〇一）五月付で杉本寺観音院から板行された『坂東三十三所道記』[9] であり、ここに記される番付は現行の三十三所と全く共通する（表1）。西国三十三所の構成寺院が覚忠の時代から不変であること、また現行の坂東三十三所の諸寺院の想定成立年代を考え合わせると、三十三の寺院の顔ぶれ自体は成立段階のものを継承しているであろうと思われるが、番付については検討の余地がある。

図1は現行の番付にしたがって札所を繋いだものである。これによると、一番が鎌倉の杉本寺、最後の三十三番が房総半島最南端の那古寺となっており、那古から海を六浦に渡れば鎌倉はすぐで、ここだけを見ると関東地方の周回ルートが成り立っているように解釈できる。

(2)　現行番付の謎

ところが巡礼の前半部分にはどうしても合理的に解釈できない箇所がある。すなわち、一番から相模国の札所を巡り、武蔵国に入って十一番の吉見観音（安楽寺）までの行程は自然であるが、十二番から十四番ま

表1　『坂東三十三所道記』の番付（現行の番付）

番	札所名	現行寺院名	所在国
1	杉本	杉本寺	相模国
2	岩殿	岩殿寺	相模国
3	田代	安養院	相模国
4	長谷	長谷寺	相模国
5	飯泉	勝福寺	相模国
6	飯山	長谷寺	相模国
7	金目	光明寺	相模国
8	星谷	星谷寺	相模国
9	慈光寺	慈光寺	武蔵国
10	比企岩殿	正法寺	武蔵国
11	吉見	安楽寺	武蔵国
12	慈恩寺	慈恩寺	武蔵国
13	浅草	浅草寺	武蔵国
14	弘明寺	弘明寺	武蔵国
15	白岩	長谷寺	上野国
16	水澤	水澤寺	上野国
17	出流	満願寺	下野国
18	中禅寺	中禅寺	下野国
19	大谷	大谷寺	下野国
20	西明寺	西明寺	下野国
21	八溝	日輪寺	常陸国
22	佐竹寺	佐竹寺	常陸国
23	佐白	正福寺	常陸国
24	雨引	楽法寺	常陸国
25	大御堂	大御堂	常陸国
26	清瀧	清瀧寺	常陸国
27	飯沼	円福寺	下総国
28	滑河	龍正院	下総国
29	千葉寺	千葉寺	下総国
30	高倉	高蔵寺	上総国
31	笠森	笠森寺	上総国
32	清水	清水寺	上総国
33	那古寺	那古寺	安房国

ではなぜか南下する方向に札所が並んでおり、一度起点である鎌倉へと引き返し、そこから再び遠路北上して上野国の白岩観音（長谷寺）に向かうような順路になっているのである。

この順路の不自然さについてはすでに先行研究でも指摘がなされている。たとえば鶴岡静夫は、「順番を正しく守って参詣する順拝は必ずしも行われず、むしろ順序をあまり気にせず、交通の便利などに従ってめぐり歩く巡拝が実際には多く行われたのであろう」[10]（傍点原文）としているし、また清水谷孝尚は、この順路は坂東三十三所が区間巡礼されていたことの反映ではないかと解釈している[11]。

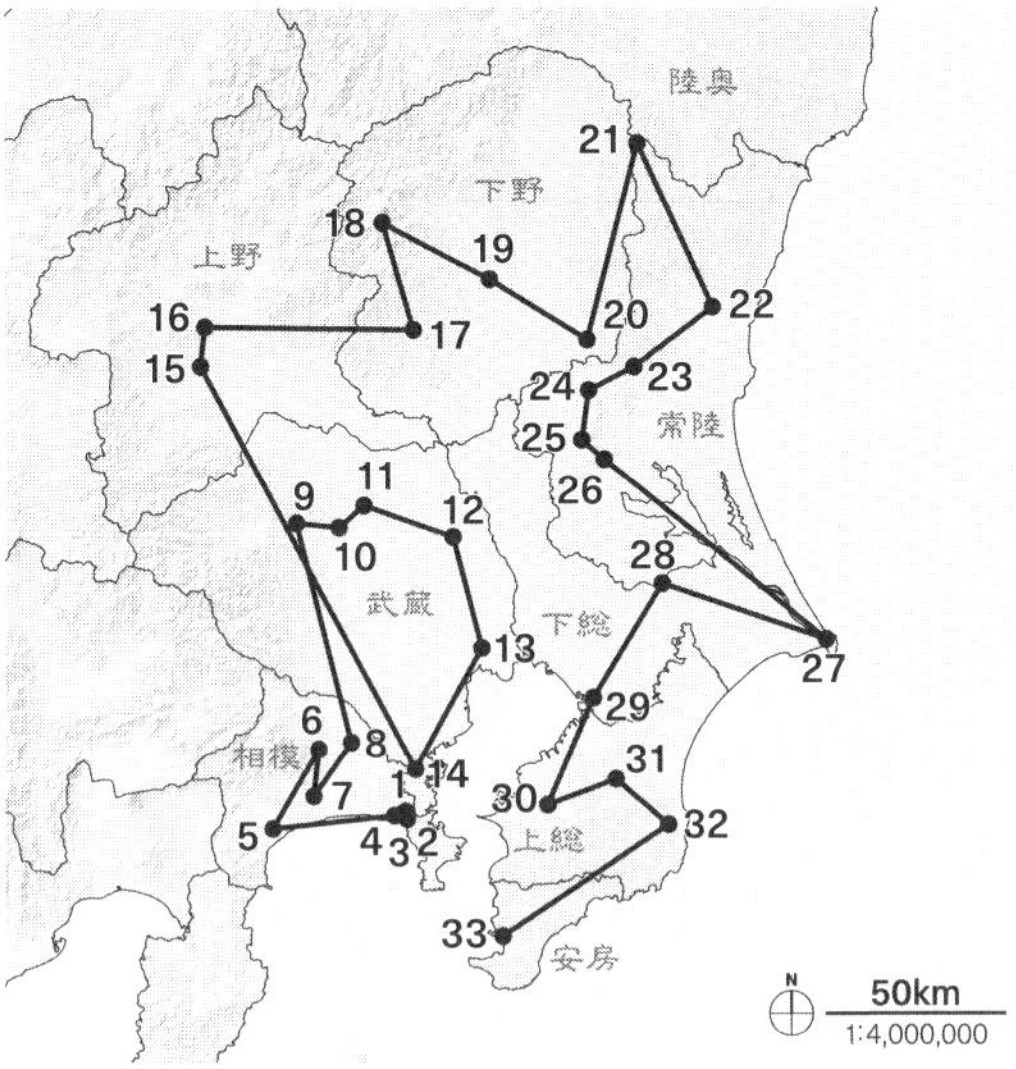

図１　現行の番付順に廻った場合の経路
（国土地理院地図を加工して作成）

かつて田中智彦は近世の西国三十三所について、巡礼者が番付どおりのルート（基本的経路）に必ずしも縛られてはおらず、それぞれの都合に応じて適宜巡拝順を入れ替えたルートを選んでいたことを指摘し、それを発展的経路と名づけた[12]。坂東三十三所に関しても同様に巡拝順の入れ替えや区間巡礼などが行われていた可能性は否定できない。しかし発展的経路とはあくまで基本的経路があってこそのバリエーションである。西国三十三所の場合は番付どおりに辿ることに不自然さはなく、実際にそのように辿った例も確認できるのに対し、坂東三十三所については著者が調べた限り、番付どおりに廻った巡礼記は一つとして見当たらない[13]。誰一人守らないような経路を基本的経路と見なすことには躊躇せざるを得ないのである。

（3）　番付の記載順の意味

ではこの番付の存在をどのように解釈すればよいのか。手がかりとなるのは現時点での史料上初見である『坂東三十三所道記』の記載方法である。これを見ると、「三十三所之次第」と題したうえで、「○さがみの国八ヶ寺」「○むさしの国六ヶ寺」の順で「○あはの国一ヶ寺」まで三十三所が番号付きで列挙されている。すなわちこの番付は国ごとにグルーピングされたかたちになっていることが分かる。

ここで想起されるのは、高山寺文書のうちの「観音卅三所日記」[14]の存在である。同史料では「大和国四所」をはじめとして丹波国まで三十三所が国別に列挙されている。戸田芳実はこれを西国三十三所の区間巡礼を示すものと解釈したが[15]、むしろ重要なのは「寺門高僧記」行尊伝所収の巡礼記の番付を国別に並び替えると「観音卅三所日記」の記載順に一致するという点である[16]。

これが坂東三十三所の番付の謎を解く鍵とならないだろうか。すなわち、『坂東三十三所道記』以後現在まで伝わる札所一覧は、「観音卅三所日記」同様、「本来の番付」を国別に並び替えた結果であると考えるのである。

（4）「本来の番付」の復元

だとすれば、坂東三十三所の「本来の番付」はどのように復元できるであろうか。先述したとおり、現行

表2　坂東三十三所の「本来の番付」復元案

番	現行	札所名	所在国
1	1	杉本	相模国
2	2	岩殿	相模国
3	3	田代	相模国
4	4	長谷	相模国
5	5	飯泉	相模国
6	6	飯山	相模国
7	7	金目	相模国
8	8	星谷	相模国
9	9	慈光寺	武蔵国
10	10	比企岩殿	武蔵国
11	11	吉見	武蔵国
12	15	白岩	上野国
13	16	水澤	上野国
14	17	出流	下野国
15	18	中禅寺	下野国
16	19	大谷	下野国
17	20	西明寺	下野国
18	21	八溝	陸奥国
19	22	佐竹寺	常陸国
20	23	佐白	常陸国
21	24	雨引	常陸国
22	25	大御堂	常陸国
23	26	清瀧	常陸国
24	27	飯沼	下総国
25	28	滑河	下総国
26	29	千葉寺	下総国
27	30	高倉	上総国
28	31	笠森	上総国
29	32	清水	上総国
30	33	那古寺	安房国
31	12	慈恩寺	武蔵国
32	13	浅草	武蔵国
33	14	弘明寺	武蔵国

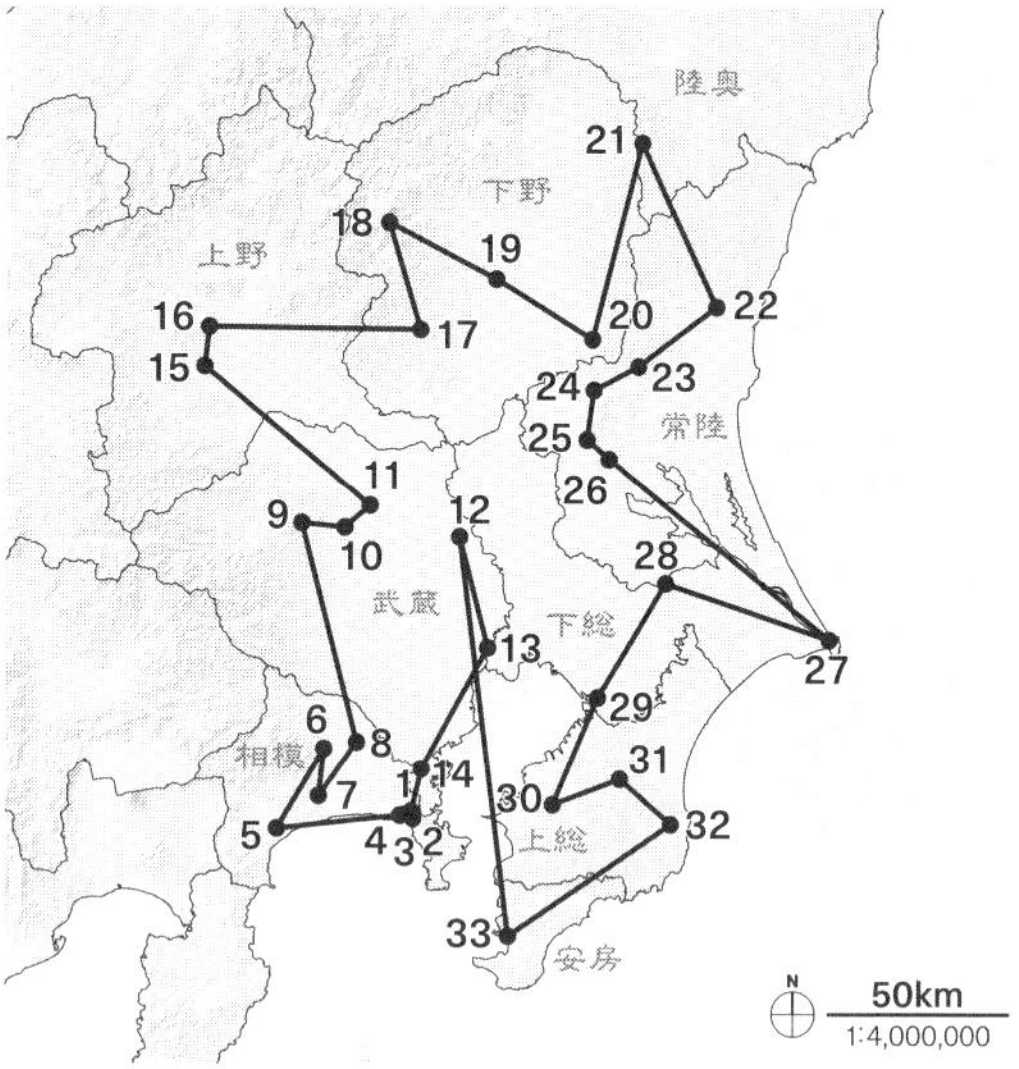

図2　坂東三十三所の「本来の番付」による経路復元案（国土地理院地図を加工して作成）

の番付で最も不自然な箇所は武蔵国にあり、八番から十一番までは北上しているのに対し、十二番から十四番までは南に逆戻りするかたちになっている。これを連続した経路と考えず、十二番から十四番については房総の札所を廻った後の最終盤の経路であると考えてはどうか。これにもとづき復元した「本来の番付」が表2および図2となる。十一番の吉見観音（埼玉県吉見町）からはそのまま北上して上野国の白岩観音（高崎市）に出て、ここから那古寺までは現行の順番どおりに巡り、北上して現行十二番の慈恩寺（さいたま市）を打ち、南下して現行十

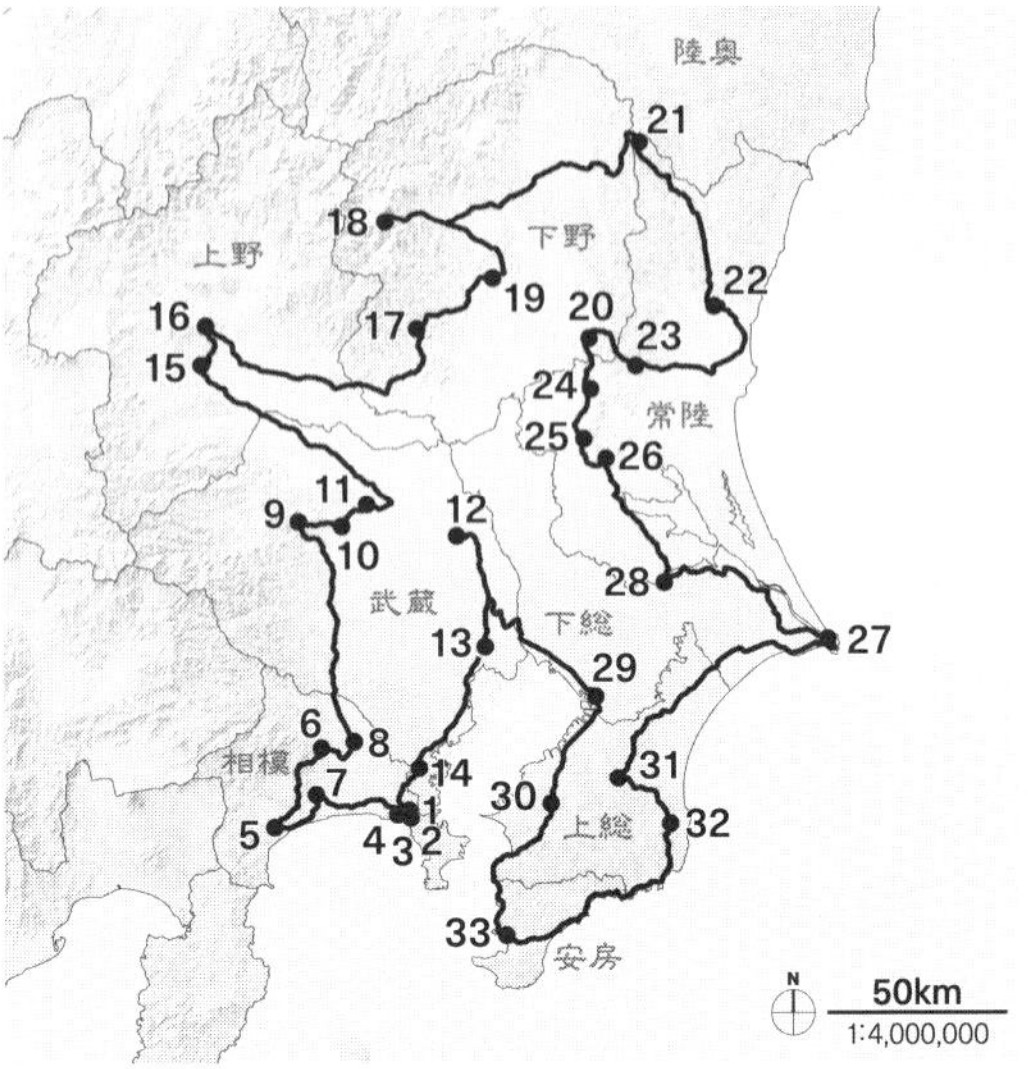

図3　『諸国道中金の草鞋』による坂東巡礼路
（国土地理院地図を加工して作成）

三番の浅草寺（台東区）、現行十四番の弘明寺《ぐみょうじ》（横浜市）を廻れば鎌倉まではほど近く、これで坂東を一巡したことになる。この復元番付を国別に並び替えれば[17]現行の番付と一致することから、順路についての大きな謎は解けたと言えよう。すなわち、坂東三十三所は坂東を一周するルートが本来のものであったのが、いつの頃からかそれを国別に整理した一覧表が作られ、そちらの方が坂東三十三所の番付として後世に伝わった、ということになろうか。

　近世の巡礼記を見る限りでは、当時すでにこの番付の意味は誰にも分からなくなっていたようで、番号順に巡るのはあまりに不合理であるため、それぞれに都合がよいルートを取っていたと考えられる。たとえば図3は文化一四年（一八一七）に十返舎一九がまとめた案内書『諸国道中金の草鞋』[18]第一〇巻に記載される巡礼路を図化したものである。同書は江戸の人々を主として対象とした案内であるため、江戸の日本橋を起点／終点とした円環ルートになっている。これは先に復元した「本来の番付」のルート（図2）とよく似ており、特に問題の武蔵国内の巡拝順は全く一致していることが分かる。

　以上の点を踏まえるならば、坂東巡礼では一番から三十三番までの観念的な順序（現行の番付）と、現実に巡礼を行うときの実践的な順序（「本来の番付」あるいはその類似経路）との二重化が起きている点が、西国巡礼との大きな差異として指摘できる。そしてそのことによる最も大きな影響を受けたのが、「本来の番付」では三十番目の札所であったはずが、国別に整理された結果として「最後の」札所となった、安房国の那古寺であった。

三　那古寺の場所性

（1）那古寺の景観

那古寺は現在の館山市、鏡ヶ浦を望む那古山の中腹に位置する真言宗智山派の寺院である。歴代の書上では開山祖を行基菩薩としているが[(19)]、史実ではなかろう。なお同史料は中興祖を正治二年（一二〇〇）示寂の秀圓としており、おそらくは彼が実質的な初代住職であったと考えられる。

現在の那古寺の観音堂（図4）は標高二〇メートルほどの段丘上にあり、観音堂から海岸線までは直線距離で六〇〇メートルほど離れている（図5）。しかし一七世紀以前の景観はこれとは大きく異なっていた。

一八世紀後半に日本各地を巡歴した文人百《もも》井《い》塘《とう》雨《う》は、その紀行「笈埃《きゅうあい》随筆」において那古寺を訪れたときのことを次のように記している。

　或年房州那古寺に詣す。坂東三十三所の観音在せり。前は房総の海上なり。西は伊豆岬目近く、東海の眺望限なし。しばらく舞台に靠り遊覧しけるに、傍に所の老人参り合せて互に物語りける中、老人云、我幼きころは、常に此観音の舞台に毎日遊びし。其時は此舞台の下まで浪打寄て、釣する舟などの直下

図4　現在の那古寺観音堂
（筆者撮影）

図5　那古寺観音堂からの海への眺望
（筆者撮影）

に見えて面白き事なりしに、いつの程にか斯のごとく陸に成りて、浜伝ひと成り、樹木も生出て大に気色変れり。見給へ。海へは十町計り隔たりぬといふ。[20]

現存する那古寺の観音堂は宝暦八年（一七五八）の再建であり、塘雨が目にしたのもこの堂であったと推察されるが、堂の前の舞台から房総の海と伊豆半島が望めたことも現在と変わらない。ここで彼は地元の古老と出会って話を聞くが、かつては舞台の直下まで来ていた海が「いつの程にか」陸化し、大きく景色が変貌してしまったという。

この古老の証言には裏付けがある。元禄一六年（一七〇三）一一月二三日未明に発生した大地震（元禄地震）は房総半島沿岸に大津波をもたらすとともに、大規模な地殻変動を引き起こした。館山一帯では海岸の土地が四～五メートルほど隆起したとされ、海岸線は遠ざかった[21]。この隆起をふまえて大地震前の海岸線を推定すると、古老の証言どおりに観音の舞台の近くまで海が来ていたことが分かる（図6）。

この百井塘雨の旅よりも三〇〇年以上前の文明一八年（一四八六）、那古観音を訪れた聖護院門跡の道興は、

なごの浦の霧のたえまにながむれば夏も入日を洗ふ白波[22]

という歌を詠んでいる。これは「新古今和歌集」巻第一所収の後徳大寺左大臣（藤原実定）の歌、

なごの海の霞のまより眺むれば入り日をあらふ沖つ白浪[23]

をふまえたものである。後者の「なごの海」は那古ではなく、大阪市の住吉大社西方の海を指す。音と立地の共通性から住之江の風景のイメージが重ねられたのであろう。

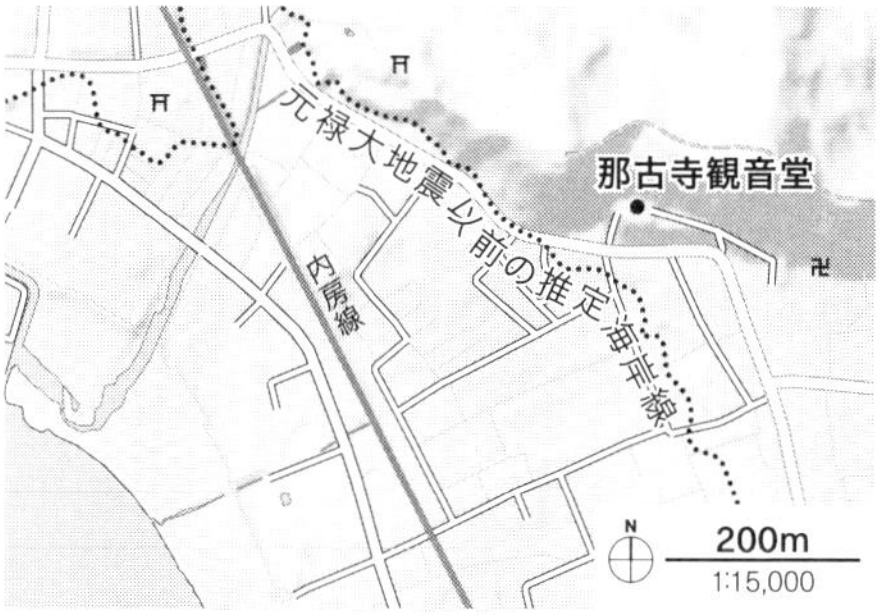

図6　元禄大地震前の推定海岸線（国土地理院地図を加工して作成）

（2）　那古寺と補陀落

そして入日を洗う海のダイナミックなイメージは補陀落浄土のイメージとも結びつけられる。那古寺の山号を補陀落山という。いつからの名称なのか、また現実に補陀落渡海が行われていたのかどうかは不明であるが、これに関連して以下のような興味深い史料が残っている。

乍恐返答書を以申上候御事

一、房州那古寺観音免高百九石余、那古寺領ニ而御座候、同村之内石川六左衛門様御知行と双方田畠入組申候、芝浜之儀は先規より境ニ小川御座候、此小川より北の芝浜は観音領那古寺之蓮台場ニ而御座候、（中略）小川ゟ北えは先規通り観音領分と被為　仰付、則境にぼん木御立被為成候御事、

一、三ヶ年以前五月十五日ニ彼蓮台場を六左衛門様御内兵左衛門殿と申人御出候而、新田ニ可被成由ニ而、人足大勢被仰付切立申処を、那古寺ゟ断仕候へば、則人足をあげ、御普請御やめ被成候儀かくれ無御座候、然処ニ当春、那古寺領ニは芝浜は一円無之由申懸ケ、剰代々久敷蓮台場え火葬・土葬も出させ申間敷由、名主ゟ断申候、加様成我儘を申儀、何共迷惑仕候御事、

（二条略）

一、那古寺領之もの、鰯をほし、船之出入自由ニ仕ルと申儀は、先規より船を持来申候所を、此度六左衛門様之仰ニ而候と申、江戸往行・観音参詣・諸国之順礼等、方々え之往行之船を新法ニおさへ申候、（以下略）[24]

この史料は寛文一一年（一六七一）六月に那古寺領の名主・年寄が奉行所（勘定奉行所か）に宛てた返答書で、那古村内の「芝浜」をめぐる旗本石川六左衛門領との争論について、自らの権利の正当性を主張したものである。ここで注目されるのは、元禄地震以前の那古寺領の芝浜は蓮台場、すなわち火葬・土葬を行う葬送の地であったということ、またこの浜辺は船着場でもあり、江戸への往来や観音参詣・諸国巡礼などの船が行き交っていたことである。死者を送り、巡礼者を送る海という風景が補陀落渡海のイメージと重ね合わされたのではないだろうか。

（3）那智・那古と和泉式部

そして那古寺が「最後の」札所とされたことはさらなるイメージの連鎖を生む。明和八年（一七七一）に僧亮盛がまとめた『坂東三十三所観音霊場記』[26]のうち、那古寺の項における註記には、

> 西国の札所の第一を那智と言ひ、坂東の終を那呉《ママ》と言ふ、各〳〵大悲者の名くる所にして、名義は聖意料り叵《難》し（引用者により書き下し）

とある。那智と那古という響きの類似、そして西国巡礼の起点と坂東巡礼の「終点」という対比をもとに両者が関連づけられているのである。

図7　和泉式部供養塚
（筆者撮影）

連想はなおも展開する。現在、那古寺観音堂裏手の山を登ると、頂上付近に和泉式部供養塚と呼ばれる石塔がある（図7）。寛政五年（一七九三）五月付の「安房国平郡那古村明細帳」[27]の那古寺の境内諸堂の書上には「和泉式部廟」の記載が見えることから、遅くとも一八世紀末までには那古寺と和泉式部とが関連づけられていたことが分かる。

むろん、実在した和泉式部が那古寺を訪れていたわけではない。媒介になったのはおそらくは熊野比丘尼であろう。「風雅和歌集」巻一九に収録される、熊野権現が和泉式部に夢のなかで告げたとされる歌、

> もとよりも塵にまじはる神なれば月の障も何かくるしき[28]

によって知られるとおり、熊野権現が女性の月経を厭わないとの言説は、和泉式部を登場人物として、女人救済を説く熊野比丘尼によって弘まった。そして徳田和夫の指摘によれば、熊野那智山と補陀落渡海を描く那智参詣曼荼羅諸本に、和泉式部とみられる貴女が描かれているという[29]。すなわち熊野比丘尼を介して和泉式部と那智山が結びつき、そして補陀落信仰と観音巡礼を介して那智山と那古寺が結びつく、この二重の連想の結果として和泉式部のイメージが那古寺に仮託されていったのではあるまいか。

和泉式部は近代になってから那古寺への観光コンテンツとしていっそう注目されたようで、明治三三年（一九〇〇）には供養塚拝殿の新築計画が持ちあがり、あわせて掛茶屋なども設けて塚周辺を鏡ヶ浦の眺望スポットとして整備しようという提案もなされた[30]。これは実現には至らなかったが、先駆けて前年の明治三二年に整備されたとみられる小式部内侍供養塚と紫式部供養塚は現在も残っている。前者は母と娘、後者は式部つながりの連想によるものと考えられ、和泉式部を手がかりに古典文学ゆかりの地としての観光振興が企図されたものといえる。

四　那古と鎌倉

（1）源頼朝と那古寺・鶴谷八幡宮

そしてもう一つ、那古寺が「最後の」札所とされたことで想起されるイメージとして、鎌倉の存在も無視することはできない。最初の札所が鎌倉にあり、「最後の」札所が那古にあるという図式は、必然的に那古寺に鎌倉との関係性を意識させることになる。

鎌倉との関係でまず想起されるのは源頼朝であろう。那古寺の縁起書抜には以下のような一節が見える。

一、治承ノコロ、源右衛門佐殿相州石橋山ヲ落サセ玉フ、同四年庚子八月十三日鶴ガ谷八幡宮此社ハ即当寺別当ニテ支配仕事ニ候ニ参籠シ、ソレヨリ当山観世音ニ参籠シ玉テ通夜《終宵》朝敵退治ノ祈願アル、暁夢ニ数句ノ経文ヲ授リ玉フ此経文ヲ今ノ夢授経ノコト、申伝侍ル由、外ノ記ニ見タリ即御仏赦又仏舎利ヲ献ジ玉フ、是ヨリ御運開カセ玉フ後、御感アマリ堂塔修理・伽藍数七宇・仏供料数百町寄セ玉ヘリ云々、(31)

石橋山の戦いから落ちのびた頼朝（源右衛門佐殿）は、鶴谷《つるがや》八幡宮と那古観音に参籠し、終夜朝敵退治を祈願したところ、夢に経文を授かって武運が開けた。これに感謝して頼朝は那古寺に七堂を造立し、寺領も寄進したという。頼朝が海上を安房に逃れて再起し、勢力を拡大して鎌倉に入り、ついには幕府を開いたという経緯は史実であるが、那古寺の縁起ではそれが那古の観音と八幡宮の力によるものとして説明されているのである。

　ここでいう鶴谷八幡宮とは那古寺の南南東二・四キロメートルほどのところに立地する神社であり、別当寺である那古寺の管理下にあった。鎌倉の鶴岡八幡宮と対をなすような名称であり、実際南北朝時代には鶴岡の末社となっていたようである。(32)下って天保四年（一八三三）成立の地誌「房総志料続篇」にも「里人曰、頼朝公鶴が岡八幡宮を此所に移し、鶴ヶ谷八幡宮と申し奉ると」(33)との記述が見えるように、鶴谷八幡宮を鶴岡八幡宮との関係で捉える見方はその後も根強く存在したとみられる。

（2）安房国札巡礼

那古寺と鎌倉との関係は縁起のみならず、安房国の地域巡礼である安房国札《くにふだ》巡礼にも見られる。安房国札

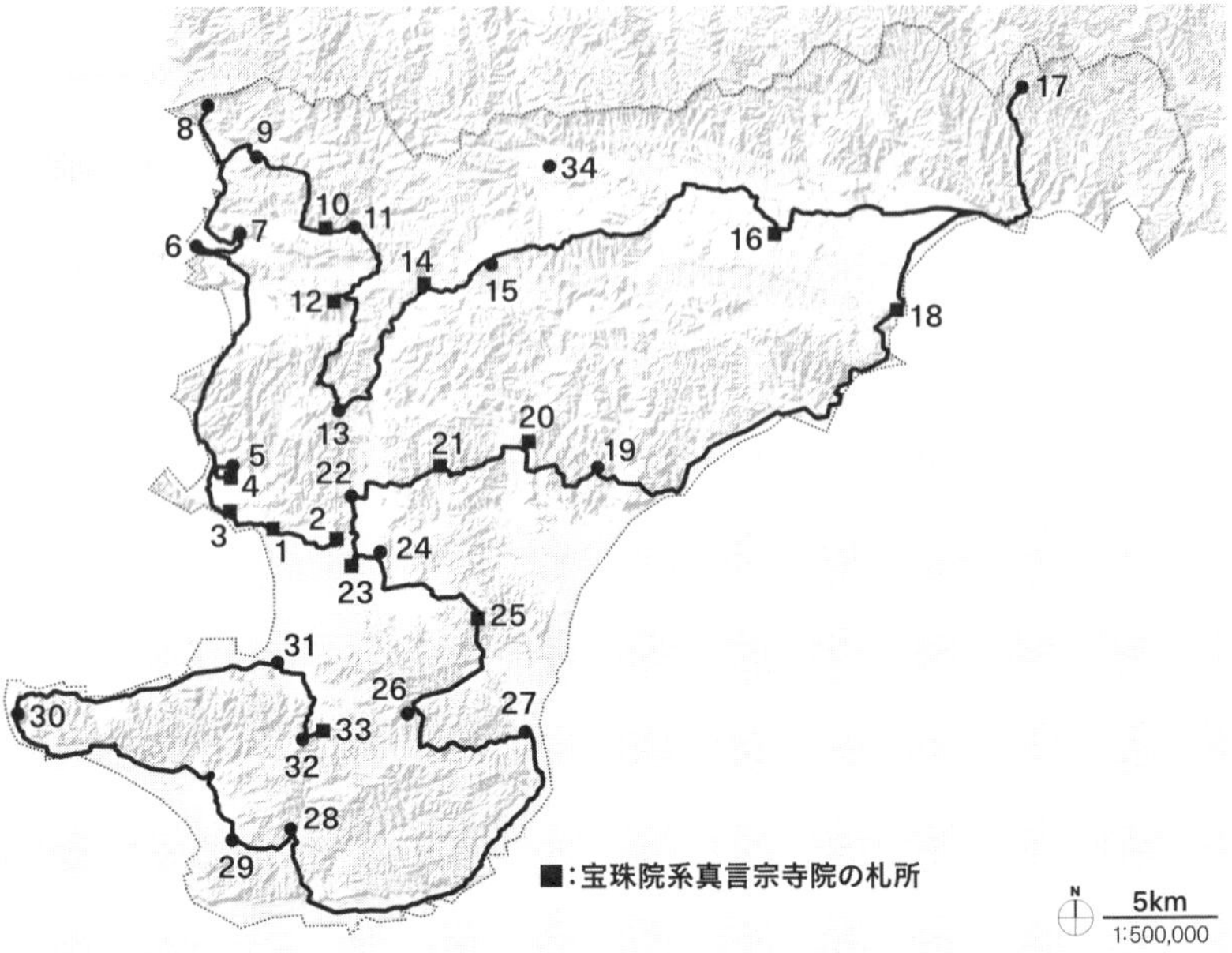

図8　安房国札三十三所の巡礼路
（国土地理院地図を加工して作成）

巡礼とは、那古寺を起点として安房国を時計回りに一巡するような経路をとる観音巡礼である（図8）。札所数は現在は三十四所となっているが、三十四番の大山滝本堂（鴨川市）は三十三番までの経路とは大きく離れた位置にあることから、この巡礼は成立時点では三十三所で、後に一箇所追加されたとみられる。

塚田芳雄は延宝四年（一六七六）刊の『房州順礼縁起』なる史料を紹介しているが、札所一覧のうち三十四番と、末尾の延宝四年の年記には追刻された形跡が見られるという(34)。塚田が指摘するように、三十三所から三十四所への追加は秩父三十四所の影響によるものと考えられるが、その秩父三十四所に江戸からの巡礼者が増加していくのは一八世紀に入るころからであり(35)、このことを踏まえると安房国札三十三所は一七世紀後半頃までに成立し、一八世紀に札所の追加がなされたものと推測できる。

ここでは成立時点での構造を見るため、三十三所の構成について検討したい。表3は三十三所の番付を示したものであるが、三十三所のうち七割強の二十四所が真言宗寺院となっており、他宗派を圧倒している。このうち那古寺も含め十五所は府中村（南房総市）の宝珠院の系統の真言宗寺院（表中太字）であることが注目される。おそらく国札巡礼の成立には一番札所の那古寺およびその本寺宝珠院の関与があったのであろう。

そのうえでさらに興味深いのは（当時）「最後の札所」とされた三十三番観音院（館山市）である。この札所は宝珠院の門徒であったが、その山号を杉本山という。これは明らかに鎌倉の一番札所である杉本寺を意

表3　安房国札三十三所（のち三十四所）の番付

番	札所名	宗派	所在地
1	**那古寺**	真言宗	平郡那古村
2	**秀満院（新御堂）**	真言宗	平郡亀ヶ原村
3	**大福寺**	真言宗	平郡船形村
4	**真勝寺**	真言宗	平郡西青木村
5	興禅寺	臨済宗	平郡原村
6	長谷寺	臨済宗	平郡勝山村
7	大寧寺	臨済宗	平郡下佐久間村
8	日本寺	曹洞宗	平郡元名村
9	真福寺	曹洞宗	平郡大帷子村
10	**往生寺密厳院**	真言宗	平郡佐久間中村
11	金銅寺	真言宗	平郡佐久間中村
12	**福満寺（富山）**	真言宗	平郡合戸村
13	長谷寺	真言宗	平郡下滝田村
14	**神照寺（天神宮）**	真言宗	平郡平久里中村
15	椙福寺	本山修験	平郡平久里村
16	**石間寺**	真言宗	長狭郡下小原村
17	清澄寺	真言宗	長狭郡清澄村
18	**石見堂**	真言宗	長狭郡磯村
19	普門寺	日蓮宗	朝夷郡中三原村
20	**石堂寺**	天台宗	朝夷郡石堂村
21	**光明寺**	真言宗	安房郡山名村
22	勧修院	真言宗	安房郡滝田村
23	**宝珠院西光院（尼寺）**	真言宗	安房郡府中村
24	大通寺	曹洞宗	安房郡本織村
25	**真野寺**	真言宗	朝夷郡久保村
26	小松寺	真言宗	朝夷郡大貫村
27	住吉寺（中島山）	真言宗	朝夷郡南朝夷村
28	松野尾寺	真言宗	安房郡神余村
29	金蓮院	真言宗	安房郡犬石村
30	観音寺（養老寺）	真言宗	安房郡洲崎村
31	**長福寺（北下観音堂）**	真言宗	安房郡館山中町
32	小網寺	真言宗	安房郡出野尾村
33	**観音院（杉本）**	真言宗	安房郡西長田村

ゴシックは宝珠院系真言宗寺院を示す。

識したものといってよい。
すなわち、坂東三十三所が杉本寺を一番、那古寺を三十三番としているのに対して、安房国札三十三所では那古寺を一番、杉本観音を三十三番と、あたかも逆に辿るような設定になっているのである。このように国札巡礼にも那古と鎌倉とを対とするような構造が見られ、これはおそらく那古寺による「最後の」札所としての自己演出の一環として理解できるのではないだろうか。

おわりに

巡礼の空間とは通常、三十三所（あるいは八十八所など）を繋ぐ巡礼道の空間と、個別の札所境内の空間という二つのレベルで考えることができる。ところが坂東三十三所の場合、本稿で論じたような「本来の番付」の忘却によって、三つのレベルが発生することになる。すなわち、第一が観念的な三十三所（現行の番付）の空間というレベル、第二が具体的な巡礼実践のさいの巡礼道というレベル、そして第三が個別の札所空間というレベルである。

第一のレベルでは番付が意味を持って、鎌倉から那古へという流れが巡礼者に意識されるが、実際に番付順に札所を繋いだときの順路の矛盾は想定されない。一方で第二のレベルでは実際に歩くときの効率性が重視されるため、この場合那古寺は巡礼の通過点（鎌倉から始めた場合は三十番目、江戸日本橋から始めた場合は二十九番目）として巡られることになる。興味深いのは第三のレベルで、こちらは第二のレベルと同様に具体的な巡礼実践と密接な関係があるにもかかわらず、那古寺においてはむしろ「最後の」札所としての特質が前面に出されて演出されることになる。

那古寺の場合、鏡ヶ浦を望む段丘上という立地環境は名所としてのポテンシャルをそもそも有していたとも言えるが、しかしそれだけでは十分条件ではなかった。本来は鎌倉から那古寺を経て鎌倉に戻ってくる坂東一巡のルートを示していたはずの番付が、文献として遺されなかったために忘れられ、一方で「本来の番付」を国別に整理した番付の方が後世に伝えられていく。この錯誤によって那古寺は幸運にも三十三番、すなわち「最後の」札所として認識され、そのことによってさまざまな物語が連想され（図9）、名所として成長していくことになる。

名所とはたんに環境によってのみ成り立つものではなく、それを根拠づける物語の存在を必要とする。そしてそれは時に意図せざる錯誤によって生み出されることもあった。「最後の」札所というフィクションは、名所の可能性と危うさをわれわれに示してくれている。

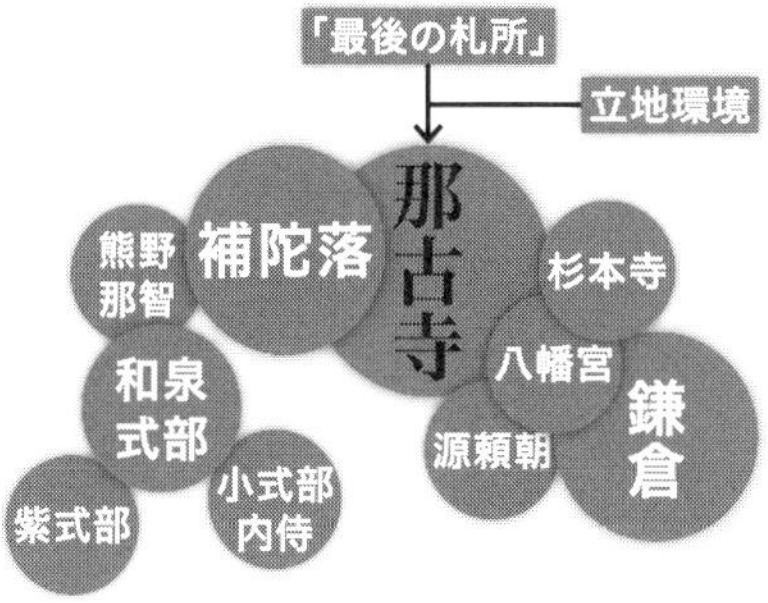

図9　那古寺をめぐる物語の連鎖

（1）　この過程については、高橋慎一朗「移動する歌人」（高橋・千葉敏之編『移動者の中世――史料の機能、日本とヨーロッパ』東京大学出版会、二〇一七年）に詳しい。

（2）　速水侑『観音信仰』（塙書房、一九七〇年）第三章第二節参照。なお行尊は覚忠よりも六三歳年長であり、行尊伝所載の巡礼記が事実であればこれが最古の記録ということになるが、速水はこの信憑性に疑問を呈している。筆者もこの見解に従う。詳しくは拙稿「いくつもの巡礼道

――西国三十三所のイデア」（前註高橋・千葉編書）参照。
(3)『埼玉県史』第三巻（埼玉県、一九三三年）三四一～三四二頁。
(4)『福島県史』第七巻（福島県、一九六六年）九五五頁。
(5) 鶴岡静夫『関東古代寺院の研究』（弘文堂、一九六九年）第五章参照。
(6) 齋藤慎一「東国武士と中世坂東三十三所」（峰岸純夫監修・埼玉県立嵐山史跡の博物館編『東国武士と中世寺院』高志書院、二〇〇八年）。
(7) すでに速水侑は、「西国三十三所巡礼の形成に関係深かった三井寺と源氏が親密であったことも、西国の巡礼の風習を容易に関東の地に移す要因となったろう」と指摘している（速水『平安仏教と末法思想』吉川弘文館、二〇〇六年、一〇三頁）。
(8) なお八幡宮の四代目別当公暁は実朝の暗殺犯としての方が有名であるが、実朝が三十三所巡礼を実現した中心人物であったとすれば実に皮肉な巡り合わせである。
(9) 矢口丹波記念文庫所蔵本（坂東順礼紀）が新日本古典籍総合データベースより閲覧可能。
(10) 前註(5)鶴岡書、四七〇頁。
(11) 清水谷孝尚『巡礼と御詠歌――観音信仰へのひとつの道標』（朱鷺書房、一九九二年）一〇〇～一〇三頁。
(12) 田中智彦「愛宕越えと東国の巡礼者――西国巡礼路の復元」（『人文地理』第三九巻第六号、一九八七年）、のち田中『聖地を巡る人と道』（岩田書院、二〇〇四年）に再録、同書四二頁。
(13) 先述の『坂東三十三所道記』では律儀に番号順を前提とした道法が記されているが、極めて大廻りになり、実際に通しで巡礼した人がこのような経路を利用したとは到底考えられない。
(14)『高山寺古文書』（東京大学出版会、一九七五年）三〇八～三一二頁。
(15) 戸田芳実・田中智彦「西国巡礼の歴史と信仰」（速水侑編『観音信仰事典』戎光祥出版、二〇〇一年）三四二頁。
(16) ただし「観音卅三所日記」では記載者の勘違いなのか、御室戸は大和国の項の末尾に配置されている。
(17) なお現行二十一番の八溝山は中世には陸奥国白河郡であったが、文禄検地以降は常陸国久慈郡となっている。この点は「本来の番付」の復元には影響はない。
(18) 早稲田大学図書館逍遙文庫所蔵、早稲田大学古典籍総合データベースにて閲覧可。
(19) 『観音巡礼と那古寺』（館山市立博物館、二〇〇六年）一五頁。
(20) 百井塘雨「笈埃随筆」巻之四（『日本随筆大成』第二期巻六、日本随筆大成刊行会、一九二八年）三七二頁。
(21) 『地震と津波』（千葉県立安房博物館、二〇〇三年）一五頁。
(22) 「廻国雑記」（『群書類従』第一八輯　日記部・紀行部、群書類従完成会、一九二八年）六八八頁。ただし引用のさい濁点を補った。
(23) 松下大三郎・渡辺文雄共編『国歌大観　歌集』（角川書店、一九五一年）一七三頁。
(24) 「乍恐返答書を以申上候御事（芝浜境界等の儀に付）」（寛文一一年六月、那古寺文書〔県史収集複製資料、千葉県文書館所蔵〕、冊子番号（財）近世 P1236、資料番号 K002）。
(25) 境とされる小川は現存し、県道三〇二号線がこの川を跨いだ北側には「芝崎」というバス停がある。
(26) 埼玉県立図書館デジタルライブラリーにて閲覧可。
(27) 「安房国平郡那古村明細帳」（寛政五年八月、那古寺文書、冊子番号（財）近世 P16285、資料番号 J142-5）。
(28) 前註(23)書、五三一頁。
(29) 徳田和夫「熊野詣での和泉式部――文字伝承から絵画表現へ」（『國文學――解釈と教材の研究』第四〇巻第一二号、一九九五年）。
(30) 前註(19)書、二四頁。
(31) 「安房国補陀洛山千手観音縁起抜書」（寛政八年二月一四日、那古寺文書、冊子番号（財）近世 P16268、資料番号文1-49-5）。
(32) 貞治五年（一三六六）九月二十九日足利基氏御教書写（鶴岡神主家伝文書）（『神奈川県史』資料編三、神奈川県、一九七五年）五〇四頁。
(33) 『房総叢書』第六巻（紀元二千六百年記念房総叢書刊行会、一九四一年）二六二頁。

（34）　塚田芳雄「安房国三十四所の成立を推理する」（『館山と文化財』第二一号、一九八八年）。なお掲載書では「塚田芳男」とあるが誤植と思われる。塚田は「房州順礼縁起」を某所の図書館で閲覧したようであるが、その所蔵館を論文ではあえて伏せており、筆者は未だその存在を確かめ得ていない。

（35）　拙稿「秩父三十四所の空間とその変容」（『建築史学』第四五号、二〇〇五年九月）四九頁。

Ⅲ　風俗――営みがつくる名所

浅間大社蔵富士曼荼羅図の位置づけ――名所風俗図の成立をめぐって

並木誠士

はじめに

富士山は古来さまざまな絵画の主題になっている。

歌枕として認識されていた富士は、平安時代には、現存はしないものの屏風をはじめとするさまざまな絵画形式で描かれたと思われる。有名な『伊勢物語』の東下りでも、在原業平かとされる主人公一行が眺める富士は欠くことのできない景物になっている。旅という点では、《一遍聖絵》第六巻（清浄光寺）には、印象的な富士の姿とともに小さく一遍の姿が描かれ、大いなる山としての富士のイメージが強調されている。そのほかにも《聖徳太子絵伝》（東京国立博物館）、《遊行上人縁起絵》（真光寺）など富士を描いている絵画は多い。

名所の絵画化を考えるときに最重要の文献ともいえる藤原定家『明月記』の承元元年（一二〇七）五月の一連の記事は、後鳥羽上皇の御願寺である最勝四天王院の障子絵に関する記録であるが、定家プロデュースともいえるこの障子絵にも、やはり、富士が清見ヶ関とともに描かれていた。意外なことにここでは、富士は夏の情景で描かれていたようだ[1]。

それに加えて、富士山信仰にもとづく一連の絵画が中世以降描かれることになる。いずれも、ご神体としての富士山を大きく捉えて印象的な画面をつくりあげている。また、近世には、《富士三保松原図屛風》（静岡県立美術館）のような三保松原はいうまでもなく、天橋立や松島などの名所と富士山を組み合わせて六曲一双の屛風を構成している例が多い。これは、いわゆる名所風俗図と呼ばれるジャンルで、富士山だけではなく多くの名所がこの形式で描かれている。

本論では、富士山信仰を背景に制作された富士山本宮浅間大社所蔵の重要文化財《絹本著色富士曼荼羅図》（図1および口絵3、以下、本図とする）を対象として、この作品の絵画史的な位置づけを行い、筆者問題

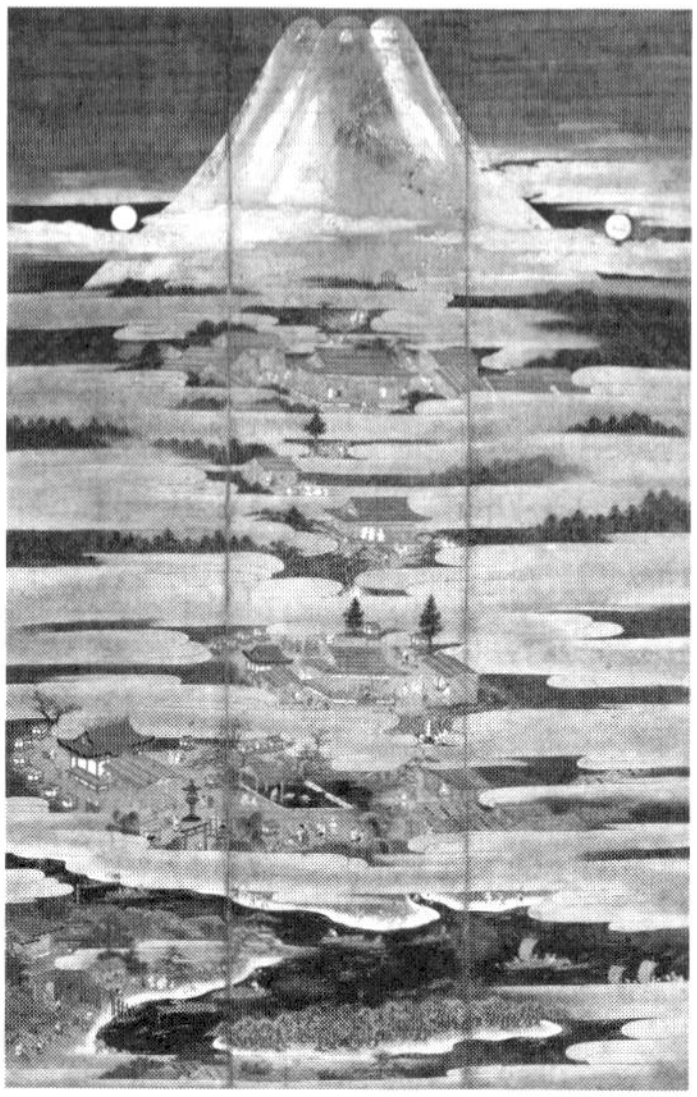

図1　絹本著色富士曼荼羅図
（富士山本宮浅間大社蔵）

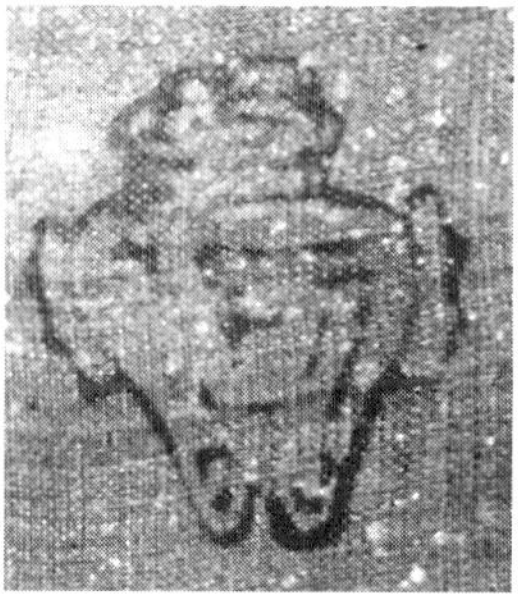

図2　「元信」朱文壺印

を検討するとともに、富士山＝名所とそこに集う人々の様子を描き込む本図のあり方が、ジャンルとしての名所風俗図の成立とかかわる点を指摘したい。

以下、第一節で作品の概要を記したのち、第二節では研究史をたどる。第三節では本図の美術史上の位置づけを試みる。本図を位置づけるにあたっては、まず、本図の画面右下に捺されている「元信」印（朱文壺印、図2）にあらためて注目して、狩野元信論の視座から本図の位置を考察し、そのうえで、本図を手がかりに名所風俗図の成立について考えてみたい。

一　作品の概要

本図はこれまで「富士参詣曼荼羅（図）」と称されることが多く、展覧会などにもこの名称で出品されることがある(2)。このことは、参詣曼荼羅とは何かという問題をわれわれに突きつけることになるが、その問題は後述することとして、ここでは一九七七年六月一一日の重要文化財指定に際して登録された「絹本著色富士曼荼羅図」という名称をいちおうの正式名称と考えておきたい(3)。

また、本図は現在富士山本宮浅間大社の所蔵であるが、浅間大社の有に帰する前に複数の人の手を経ている。この伝来については、高橋真作により簡潔にまとめられており、そのうえで、大正時代末から本図を所蔵していた江口家に伝わる書状から、元来は浅間大社の所蔵であった可能性が示唆されている(4)。

材質は絹本で、質の良い顔料で描かれている。寸法は一八〇・二センチ×一一七・八センチ。縦長に用いた絹三枚を横に継いでいる。二〇一七年度から修理を行い二〇二〇年度に修理が完了している。

静岡県富士山世界遺産センター『富士山表口の歴史と信仰――浅間大社と興法寺』（二〇二一年）を手がかりに、まずは、何が描かれているのかを見てゆきたい。なお、画中の建物等の比定には、米屋優「富士参詣曼荼羅を読み解く」（『別冊歴史読本　図説富士山百科　富士山の歴史と自然を探る』新人物往来社、二〇〇二年）および上記『富士山表口の歴史と信仰――浅間大社と興法寺』を参考にした。

画面を見て印象的なのは、なんといっても上部に見える富士山の頂上である。顔料が剝落してはいるものの、雪を抱いた情景であることはわかる。そして、富士山を認識すると同時に、画面下部の半島が三保の松原であることも容易に理解することができるだろう。その中間にひろがるのが富士山本宮浅間大社の境内だ。つまり、本図は画面下部の三保の松原から垂直に富士の頂上までを描き出しているのだ。大爆発をおこした富士山を鎮めるために浅間大神を祀ったのが、本図を所蔵する現在の富士山本宮浅間大社の由来であり、富士山がご神体となっている。画面の上部に山を描き、その下に聖域を描く構成は鎌倉時代に成立する宮曼荼羅の形式に則っている。そして、富士山信仰を前提に考えれば、すでに多くの解説で指摘されているように、本図は、画面の下部から上部に向かい、俗界から聖の世界への展開が表現されていることになる。

それでは、もう少し具体的に画面の下から順に見てゆこう。

三保の松原の左に関所があり、これが清見ヶ関である（図3）。その左には清見寺の塔が見える。そのうえには富士川が駿河湾に流れ込んでいる。駿河湾には、おそらくは旅の客を乗せた帆をかけた舟が三艘、荷を運ぶ小舟が六艘あって、小舟のうちの一艘は、大きな帆掛け舟に船体を寄せており、帆掛け舟の客に茶を提供している様子である。これから富士参詣に行く人や富士を眺めに訪れた人と、その人たち相手の商いも含めて、この地でさまざまな生業を営む土地の人々とが描かれている。湾岸にもここここに人が描かれてい

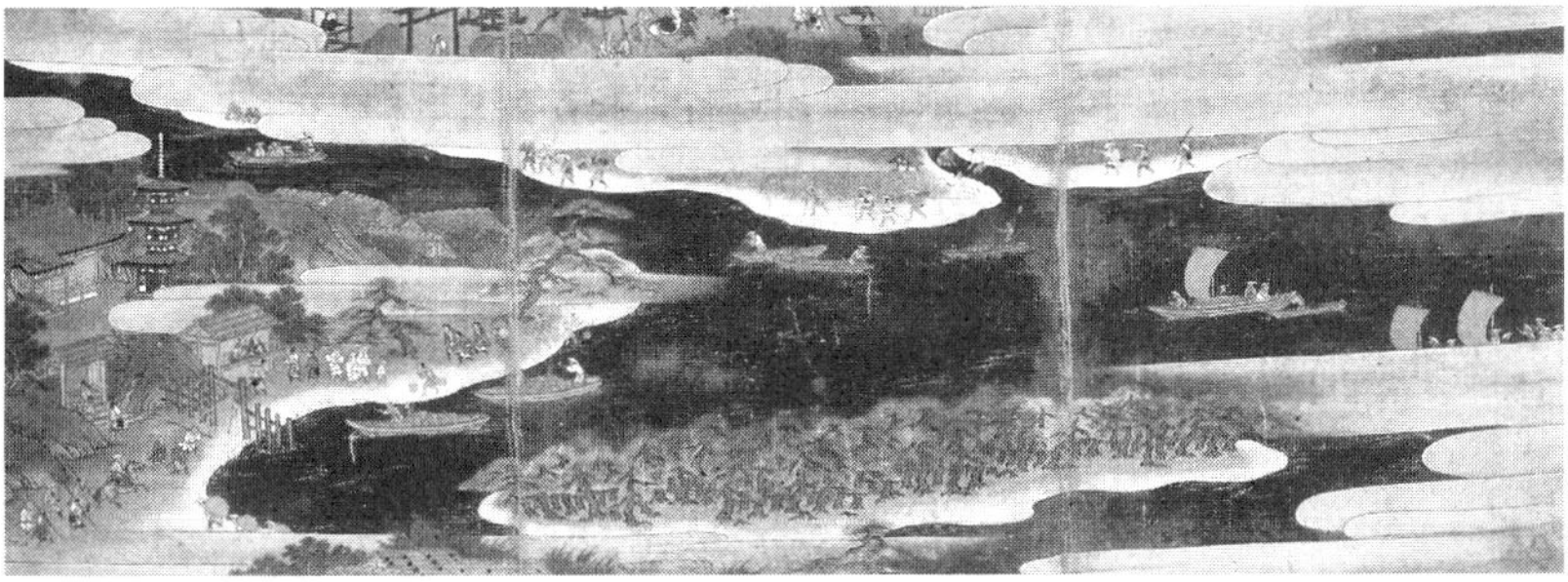

図3　清見ヶ関および三保松原

る。これらの人々もやはり富士を訪れた人と土地の人にわけられるようだ。

画面左下には、騎馬人物を中心にして清見ヶ関に向かう一行七名とその一行からわかれるように左手清見寺の境内に入ろうとする二人が描かれる。これらの人物は俗体で描かれている。地理的にいえば、西から富士山に向かった一行ということになるだろう。さらに、その右手には、画面最下部の江尻の町並みと比定されているあたりから来る、蓑を負った三人の人物がいる。関の柵の横には番人がひとり立っている。その先には関銭を取る建物があり、なかには僧形と俗体の二人の人物がいる。また、関の前には三人、さらに白装束を纏った四人連れがいる。関と反対方向からは、僧形の四人連れや荷を担いだ人々が歩んでいる。岸辺にはちょうど米俵を積んだ舟が着いたところのようだ。また、富士川のさきの潤井川の河口には水浴びをしている人々がいる。富士川の東岸にも旅人の姿が見える。

富士川の流れに沿って霞が左上の方へ段階的に重なり、そこから大宮口の入り口に位置する浅間大社の境内がひろがる（図4）。鳥居は一基のみ描かれるが左右にある小規模の建物が阿弥陀堂と薬師堂であるとすれば、これは二ノ鳥居かと思われる。それに続くのがおそらく拝殿と本

図4 浅間大社の境内

図5 山頂付近

殿であろう。画面ほぼ中央右手には湧玉池があり、その右手は本宮の堂者坊になっている。ここには、俗体の人々も描かれているが、白装束を纏った人の姿も見える。湧玉池では水垢離をしている人がいる。

浅間大社境内の周囲には社や宮が見られる。本殿のうしろにたなびく霞は右に行くにしたがって徐々に低くなり、その霞のうえの部分が興法寺のエリアである。

興法寺の大日堂のまわりには僧形あるいは行者姿の多くの人が集まり、神楽殿では神楽舞が行われている。ここに来ると白装束の人が増えている。大日堂を中心とする興法寺のエリアからさらに右斜めうえにあがると、中宮八幡宮や劔王子があるエリアへと続いている。劔王子とそのうえの中宮八幡堂とのあいだには大きく矢立の杉が描かれて、いままさに矢立の神事が行われているところである。このあたりになると人々はいずれも白装束姿で描かれている。そのうえが御室大日堂で、周囲の土地は狭く、人々も建物のまわりに貼り付くように描かれている。この表現によっても山道が険しくなってきていることが視覚的に示されている。

　そして、ここからは急な角度で右へ左へと折れながら、道はうえへと進んでいく（図5）。御室大日堂のあたりまでは左右に木が繁っているが、この木群れの上部にたなびく霞よりうえには木が生えておらず、雪に覆われているような山肌が見える。そして、このあたりから霞が柔らかく彩色された瑞雲へと姿を変えて、山稜の左右には、右に日輪、左に月輪が配される。ここから稜線は急角度になり山頂に続く。松明を手にした行者たちも急角度のジグザグで頂上まで続いている。そして、三つにわかれた山頂にはそれぞれ一尊ずつ本地仏が描かれ、散華も舞っている。

　このような富士山頂への展開は、当然ではあるが信仰の深まりを象徴している。本図は、この信仰の深まりを富士山の高さに重ね合わせるように印象的にあらわしている。そして、それをさらに視覚的に印象づけるのが、画面に重層的にたなびいている「すやり霞」である。この霞の画中での役割やその効果については第三節で詳述するが、重層する霞が、富士山の高さとともに信仰の深まりを象徴的に表現していることは明らかである。

　これまで画面の現状をもとに何が描かれているかを見てきたが、本図には完成後に加筆修正された部分があることが指摘されている。もっともわかりやすいのは、富士山の頂上部分の角度を拡げている点であろう。現状では、あらたに描き加えられている部分が剥落をしたことにより、下に描かれていた当初の稜線が見える状態になっている。太宰治の『富嶽百景』の冒頭の一文を引くまでもなく、絵画のなかの富士は一様に鋭角であり、その点では修正前の本図にもさほど違和感はないのかもしれないが、それでもやはり気なったということであろうか。加えて、次節で詳述するように、近年の研究で完成後に加筆された人物がいることが指摘されている。(5) たしかに、人物の描線をみると、太く筆圧の強いものと、細く弱々しさを感じるものとの二種類がある。地の部分との関係などから太い描線の人物が当初であり、細い方が加筆されたものであることは明らかである。

一般に、剝落した部分を補う補筆は多く目にするが、いったん完成した作品に、明確な意図をもって人物など重要なモティーフを加筆する例はさほど多くない。そのため、この加筆行為にはなんらかの意図があることは明らかであり、その行為の意味を論じることも必要になってくる。特に、本図は山頂の本地仏も加筆であり、日月についても加筆の可能性が示唆されている。(6) この点は、本図の使用法や機能に関わる重要な問題であり、本図理解のためには解決すべき課題である。しかし、現時点で筆者にはそれを考察できる準備はない。そのため、本論では、制作から完成に至るまでに特殊な事情があったことは認め、加筆された部分を考慮に入れつつも、制作当初の状態を対象として分析することにしたい。

二　研究史

本図の研究が本格的に行われるようになったのは、二〇〇〇年代になってからである。それまでは、先述した加筆の事実も注目されず、「元信」印を有する狩野元信（一四七六—一五五九）周辺の作品として扱われている。おもな論考をあげれば、辻惟雄『戦国時代狩野派の研究』（吉川弘文館、一九九四年）では、《二尊院縁起》（二尊院）の人物表現や霞の描写との近似を指摘したうえで「天文末年、ないしはそれをあまりへだたらない時期の元信派の本格的な制作」[7]としており、また、京都国立博物館で開催された『室町時代の狩野派』（一九九六年）における解説（山本英男）では「元信工房による現存唯一の参詣曼荼羅図の遺品」「諸場面はすやり霞によって巧みに分節されるとともに、諸景物はまことに精細な筆遣いをもって描き出されている」「画面中下段あたりの景観描写や人物表現には「洛中洛外図屏風」（筆者註：国立歴史民俗博物館蔵、以下、歴博A本とする）のそれと気脈を通わせるものがあり、先端部分の丸い特徴的なすやり霞もまた、元信様絵巻類の中に見出すことができる」というように、画面右下の「元信」印の存在を受けて、狩野元信筆と断定はしないものの「元信工房」による制作で、参詣曼荼羅の一作例としている。

本図の研究に大きな画期をつくったのが、前述の米屋優「富士参詣曼茶羅を読み解く」である。ここでは「画面右下に捺された「元信」朱文壺印は後捺の可能性があるとしても、人物描写や霞の形態などから狩野元信またはその工房の制作であることは研究者の意見の一致するところである」として「元信工房」説を踏襲しつつ、修正や加筆された箇所について丁寧に指摘をしたうえで「これら大幅な追加、描き直しが完成直後に行われたとしたら、画家に対して強く変更を促すことのできた注文主の存在がうかがわれる。それは、画家よりも富士にくわしい人物であろう」としている。それまで漠然と、富士山上部の山稜が描き直されている点などが指摘されていたが、人物について、具体的かつ詳細に修正・加筆箇所を指摘した点で米屋論文の功績は大きい。加えて、加筆を指示した注文主の存在という指摘もまた重要であった。具体的な注文主像を示したわけではないが、制作された段階からさほど時を隔たらない時期の加筆に権力者＝注文主が積極的に関与したことを示唆して、以後の研究の大きな枠組みを示した。

大高康正「富士参詣曼荼羅試論――富士山本宮浅間大社所蔵・国指定本を対象に」（『参詣曼荼羅の研究』第六章、岩田書院、二〇一二年）は、参詣曼荼羅研究の一環として本図を分析し、また、加筆を踏まえてその特徴的なあり方を「参詣曼荼羅として、早い段階の形式であったと位置づける。一六世紀前半に一度作成され、再度一六世紀の中頃に図像の追加が行われたものとみたい」としている。さらに「駿河国以西、西国方面からの富士参詣者を意識した作品であったが、そこに駿河国以東、東国方面からの富士参詣者を意識したルートが、人物図像の追加によって加味されたと判断できよう」としている。また、制作の中心になったのは富士山興法寺の衆徒を想定しており、『静岡県史　資料編七』所収の『日海記』（海長寺）の永正元年（一五〇四）の記事を引いて、この年に当時二八歳の元信（あるいは高齢の父狩野正信）が駿河に来て本図の制作に関わった可能性を提示している。

美術史学会第五七回全国大会（二〇〇四年、慶應義塾大学）で口頭発表「狩野元信印「富士参詣曼荼羅」についてを行った高橋真作は、その論を発展させて「狩野元信印「富士曼荼羅図」の画家と注文主」（『國華』一四四八、二〇一六年）を発表した。ここで高橋は、本図のすやり霞が狩野元信絵巻に使用される霞と同質であるとして、制作者について「中央画家による地方景観を描いた作であり、また実景のなかに絵巻物の絵画言語を効果的に盛り込んだ本図は、漢画系出身の元信工房による地方への進出、そして大和絵分野への新たな接近を物語っている」として、さらに画中の霞を用いた斜め構図を分析して狩野元信の関与を示唆し、そのうえで筆者を狩野元信「側近」とする。すこし長くなるが引用しよう。

本図は、元信自身の構想・図案のもと、元信の側近とよぶべき画家によって描かれたものと考えられる。これにより本図を、現存大画面細画大和絵作例中における最たる元信関与作として位置付けることができるだろう。この時代の工房制作の様態に鑑みるならば「狩野元信筆」の表記を用いることも許されよう。伝統的な大和絵風景画たる宮曼荼羅の構成を踏襲しつつ、絵巻物の造形語彙であるすやり霞を効果的に活用し、大画面に明確な時間軸構造を現出させる本図は、元信とその工房による大和絵領域への新たな挑戦として捉えることができるだろう

これは、元信筆者説を事実上主張しているといってよいだろう。また、注文主としては、富士村山修験関係や浅間社の社人をあげつつ、駿河の戦国大名今川義元（一五一九―六〇）を上位発注者として想定している。また、加筆部分については、狩野秀頼をはじめとする同時代の狩野派工房の絵師を候補にあげている。

つづいて発表されたのが泉万里「元信印「富士曼荼羅図」と富士参詣の諸相」（『美術史学』三九、二〇一八年）である。泉は、オリジナルと別筆を詳細に比較検討し、米屋が指摘した塗りなおし、描き足しに一部を除き賛意を示したうえで、「別筆人物は、いったん完成した本図に時間をおいて後から狩野派ではない絵師によって加えられたものと考える方が自然だろう」「富士山が大きくされた時期は、制作途中ではなく、三尊もふくめ人物が加えられたのと同時であったと考える」として、オリジナルな部分は「狩野派のなかでも筆力のある絵師」を想定している。泉が想定するのは狩野永徳であり、永禄二年（一五五九）頃の永徳一〇代後半の若書き説を提示したうえで、「元信本人や同世代の狩野派絵師の作例に本図と比較しうるものを得られない状況では、永徳に先駆けて、同水準の人物表現を完成させていた優秀な絵師が存在していた可能性を排除できない。つまり、筆者問題を解決するための判断材料は、現時点ではそろわない」と慎重な態度を示している。

この泉論文を受けるかたちで、さきの高橋真作が「狩野元信印「富士曼荼羅図」の構造と機能」（『造形の

ポエティカ　日本美術史を巡る新たな地平』青簡舎、二〇二一年、所収）を出した。ここで高橋は、本図の構造を分析し、「観者の離接的な一覧のもとでは、像は全的に把握され、範列的作用によって超時間性をもたらし、礼拝装置＝イコン機能を獲得する。一方、観者の近接的な巡覧のもとでは、像は個的に把握され、統辞的作用によって順時間性をもたらし、絵解き装置＝ナラディヴ機能を獲得する」としたうえで、「そうした近接と離接の視点の往還と反復によって、空間と時間が相対化されるのである」と論ずる。そして、「加筆に際して行われたのは、礼拝装置と絵解き装置双方の機能を増幅させる「わかりやすさ」であろう。発注者が求めたのはこの点だったと思われる」として、「元信が目指した高度な暗示的絵画表現は、ここにおいて減退してしまった」と述べている。

以上のように、本図の研究史においては、筆者を漠然と狩野元信あるいは元信工房とする段階から、加筆というある意味二段階制作の可能性が指摘されることにより、注文主と制作の背景についての関心がひろがったことがわかる。また、元信の関与を積極的に認める立場といったん元信から離れて絵師の比定を考える立場とがある。そこにおいても、当初の完成時点での制作が狩野派の絵師によるという点では異論がないようである。

以下では、これらの先行研究を踏まえて、本図の位置づけを試みたい。

二　本図の位置づけ

本節では、本図を、まず狩野元信論の視座から検討し、そのうえで名所をテーマとする本書の文脈に合わせて、信仰対象である富士を描く視点と名所としての富士を描く視点の交錯のなかに本図を捉えていきたい。

本図を狩野元信論の視座から捉える、あるいは捉え直すことの理由の第一は、先述したように、すべての先行研究で狩野派絵師の関与について言及されていること、および、「元信」印の存在により、まず手はじめに狩野元信との関係を考えることの妥当性とによる。それに加えて、前章で紹介した、近年の本図に関する専論のひとつである「高橋（二〇一六）」において、本論筆者がかつて元信絵巻について論じた構図法についての分析を引用して立論していることから、あらためて筆者自身の視点から本図を検討するというのが第二の理由である。(8)

筆者自身は、本図について簡単に言及したことがある。(9)そこでは、近世初期に流行する風俗画の成立に《酒飯論絵巻》（現文化庁、「並木（一九九九）」時点では個人蔵）が大きく関与した可能性を論証する過程で本図に言及し、歴博A本との比較も踏まえ、「「元信」印を積極的に評価して、富士参詣曼荼羅（筆者註、本図を指す）を元信にきわめて近い作品と考えるべきである」とした。

制作状況を示す文書、記録が存在しない本図においては、右下隅の「元信」印が、本図の絵師を特定する重要な手がかりであるはずである。しかし、研究史を見てもわかるように、その作業はそれほど簡単ではない。たしかに、「元信」印には基準印の他にも多くの印影があり、しかもその多くは偽印の可能性がきわめて高い。また、狩野派内で、元信以外の絵師が「元信」印を捺す例があることも知られている。加えて、本図が絹本であるために絹のズレにより印影が明確ではない。泉も摘するように、本図と比較すべき元信の基準作――大画面掛軸・絹本着色・細画――が現存しないことも事実である。さらに、後述するように、本図と近いあり方を示す一連の宮曼荼羅・参詣曼荼羅において、絵師が押印している例がきわめて少ないことも指摘しておく必要がある。

ここでは、「元信」印をいったん措いておいて、本図の絵師について考察してゆく。

（1）霞の存在──狩野元信論

本図において絵師の属性を想像させる絵画的要素とは、なんといっても重層する霞であろう。本図を見た際に、まず観者の眼にとまるのは、主題である富士山を除けば、画面を重層的に覆って富士山の高さを視覚的に強調しているすやり霞であることはいうまでもない。

本図のような大画面掛軸形式の絵画でこのようなすやり霞が印象的な作例としては、《親鸞聖人絵伝》（本願寺）のような一連の祖師絵伝をあげることができる。しかし、掛軸形式の祖師絵伝に見られる霞の用法は、絵巻形式で横長に描かれた画面を縦に積み重ねた際の上下の区切りとしての界線的な役割と見るべきだろう。つまり、縦長の画面を水辺に区切ってゆくためにすやり霞が用いられていることになる。換言すれば、霞はストーリーおよび描かれた場との有機的な関係を有していないことになる。

一連の狩野派絵巻にも同様のすやり霞が認められる。具体的には、《釈迦堂縁起》（清凉寺）、《酒呑童子絵巻》（サントリー美術館）、《酒飯論絵巻》（文化庁）、あるいは一六世紀後半の元信次世代の絵師による元信様式の絵巻として《二尊院縁起》（二尊院）、《北野天神縁起》（神奈川県立歴史博物館）などをあげることができる[10]。大永四年（一五二四）に元信の《釈迦堂縁起》の強い影響下で制作された掃部助藤原久国（生没年不詳）の《真如堂縁起》（真正極楽寺）にも同様の霞が認められるが、《真如堂縁起》の霞は、描法自体は近似するものの水平に展開する《釈迦堂縁起》とは異なり、霞自体が斜めに傾いたり、形状がくずれたりしている点が指摘できる。また、一七世紀の作例で元信絵巻の霞を踏襲していると考えられる作品としては、狩野探幽（一六〇二―七四）の《東照宮縁起》（東照宮）があげられ、元信以降の狩野派絵巻でも水平にたなびくすやり霞が継承されている様子がわかる。さらに、大画面掛幅形式の作例になるが、同じ探幽の《義朝最期・頼朝先考供養図》（大御堂寺）では、特に「義朝最期図」で画面に水平にたなびく霞が繁用されている(11)。

ただし、《釈迦堂縁起》における霞は、先稿でも指摘したように、ただ水平にたなびいているだけではなく、ストーリーの展開をあらわすために重要な役割を果たしている。本紙の縦一杯に重ねられて場面の転換を図る場合もあるが、重要なのは画面の上下いずれかに重ねて配されることにより画面を上下いずれかに限定し、それにより生み出される斜め方向への展開、つまり、右下から左上、右上から左下というような展開により観者の視線を巧みに誘導している点である。

すでに指摘したことだが、その構図について代表的な事例をあらためて紹介しておく。まず、第一巻の「四門出遊」の場面では、絵巻としての横への連続性を分断しないでストーリーを展開させるために、霞を画面の上半分、下半分に交互に配置することにより画面を下半分、上半分に配して、ストーリーを斜め方向にテンポ良く展開する手法がとられる。つまり、ここでは王子が門外にでて、それぞれ老人、病人、死人と出会い、最後にバラモンの僧と出会うという、場面が異なるものの一連の内容である「四門出遊」という説話を、完全に分断することなく、あたかも「読点」を打つように分節化して表現している。絵巻において、詞書を挟むことにより展開に区切りを入れる場合を「段落」、連続する画面を霞や山などで左右に区切ることを「句点」にたとえるとすれば、元信絵巻の場合は霞の配置により斜めの位置に場面を配することによって、「読点」を巧みに使っているといえるだろう。さらに、第二巻の鳩摩羅琰が瑞像を背負ってヒマラヤを

図6　《釈迦堂縁起》巻三部分

越える場面（図6）にみられるように、画面の右下に近景、左上に遠景を置いて斜めの方向性で時間と距離の遠近を対比させてストーリー表現に奥行き感をもたらす表現をとる構図にも、霞が重要な役割を果たしている。このように、霞を活用して斜め方向へ視線を誘導する表現を「斜め構図」と呼ぶことにする。

以上のほかにも、《釈迦堂縁起》では、斜め構図が場面の分節化、テンポの良い展開、画面の奥行き感の表出などに役立っている。加えて、下から上を仰ぎ見るという、具体的な上下関係により生まれる眼差しにも用いられている。そして、斜めの方向性をいかしたこの構図法は、元信の関与が確実な《酒飯論絵巻》でも認められる。

上記のような、元信絵巻に認められる斜め構図は、元信の中国絵画学習に由来すると考えるべきであり、それこそが元信による「和漢の融合」のあらわれであることもすでに指摘した(12)。簡単に再述すれば、周文（生没年不詳）、小栗宗湛（生没年不詳）、さらに元信の父である狩野正信（一四三四？―一五三〇？）と室町将軍家周辺でおもに水墨画を制作した絵師たちは、「筆様」制作という手法のもとに中国絵画に倣って制作しており、その過程で馬遠・夏珪らの南宋時代の絵画に特徴的な「辺角の景」をも形態的に模倣していった。いうまでもなく、「辺角の景」は一片の景物を画面の片隅に配し、それ以外の部分を大きな余白とする表現であるが、その「辺角の景」を、背景にある思想ではなく「カタチ」として踏襲してゆく過程で、画面下部のコーナーの近景と対角線方向にある遠景という斜めの方向が浮かびあがることとなる。このように対角線の位置に近景と遠景を対置する構図は、徐々に室町時代の絵師に会得されていったと考えられる。その最も直接的な反映は、《竹斎読書図》（東京国立博物館）、《江山夕陽図》（根津美術館）のような伝周文筆の詩画軸山水図に見られ、さらに、六曲一双形式で左右隻それぞれの右端、左端に近景をおいて両隻の中央部分を遠景とする屏風形式に展開する。伝周文筆《山水図屏風》（東京国立博物館）、伝周文筆《山水図屏風》（太山寺）などはその典型であり、狩野元信の花押を有する《花鳥図屏風》（個人蔵）でも同様の構図法がとられる。その構図方法の特徴的な点については、すでに辻惟雄、武田恒夫などにより早くから指摘されている(13)。元信の場合、この周文以来の蓄積を消化・吸収して、絵巻のような、やまと絵由来の絵画形式も含めて、より広範に活用した点に特徴があると考えることができる。筆者も、絵巻作品だけでなく《観瀑図屏風》（東京国立博物館）、《文殊普賢菩薩像》（妙顕寺）などの作品を分析する際に、画面に斜めの方向性を読み取ることにより、これらの作品が元信の制作であることを論じた(14)。

このようにして形成された元信の構図意識の根幹をなすともいえる斜め構図を、「すやり霞」という構成要素により画面に明確に設定することが、元信絵巻における重要な点である。しかし、そのような斜め構図は後続の絵師によってかならずしも継承されたわけではなく、先述した《二尊院縁起》《北野天神縁起》などでは、霞の形状は共通するものの、絵巻における霞の繁用という形式面の踏襲に終わっていることも合わせて指摘した。このことは、たんに霞の形状が類似するという形態的な側面だけではなく、斜め構図の自覚的採用という機能的側面が理解されているかどうかという点が筆者問題にとっては重要になってくることを示している。このような点を踏まえて、あらためて本図の構図を確認したい。

高橋も指摘するところであるが、本図においては、俗から聖への上昇が、斜め構図を巧みに組み合わせることにより生み出されるジグザグ構図で表現されている。いうまでもなく、霞だけが斜め構図を構成しているのではなく、建物の配置や樹木のあり方もそれを助けており、それは《釈迦堂縁起》でも同様であったが、何よりも霞の働きが大きいことは明らかである。そこでは、《釈迦堂縁起》などのように霞を意識的に配することにより、視線が斜めに誘導されて上方へ向かう。重層した霞による俗から聖への上昇は、最終的には霞が瑞雲に変わることにより完結する。すやり霞を用いるなかで、瑞雲を効果的に配する表現も《釈迦堂縁起》に通じる。また、本図の霞はたんに斜め構図を生み出すだけではなく、建物や樹林の前後にたなびくことにより、奥行き感をも生み出している。さらに、画面全体を見たときの霞の配置に注目すると、霞と霞のあいだが、下から上に徐々に狭くなっていることにより、次第に急峻になる富士山の様子が視覚的にあらわされており、効果的に機能していることがわかる。この点は、同じ掛軸形式の大画面であっても《親鸞聖人絵伝》（本願寺）などにおける霞の使用とは明らかに異なる。

以上のように本図においては、絵師がすやり霞の配置とそれにより生み出される斜めの方向性の効果について自覚的であることがわかる。さらに、紙本と絹本の相違はあるが、《釈迦堂縁起》の霞と本図の霞は、薄い墨線で下書きをして、そのうえに群青をのせ、さらに霞の輪郭線を胡粉で白くなぞるという描法や形状ともに近い表現になっている。このことは、本図の当初段階では狩野元信が制作に関与した可能性がきわめて高いことを示している。先行論文が指摘するように本地仏や日月が後補であったとしても、すやり霞を多用する本図の基本的な構造が最初の段階で確定しており、それで一旦は完成していたことは明らかである。

したがって、加筆の前の原富士曼荼羅図を狩野元信筆と考えることができるだろう。

（2） 参詣曼荼羅としての位置

前項で紹介したように、本図のすやり霞は元信絵巻との関わりで解釈可能なものではあるが、本図の霞の存在は絵巻との関係だけで説明できるものではない。先行研究でも触れられているように、本図を考えるときに宮曼荼羅と呼ばれる作品群と参詣曼荼羅と呼ばれる一群の作品の存在を考えないわけにはいかないだろう。すでに各所で論じられていることではあるが、ここで参詣曼荼羅としての位置を考えておこう。

宮曼荼羅とは一三世紀には確立をした神道美術の一種で、神社の社殿を中心とする境内とそのご神体となる山、そして、社殿に祀られた神の本地仏から構成される作品群で、神聖な場としての境内を静謐な表現であらわす点に特徴がある。一方の参詣曼荼羅は、一六世紀以降に多く見られる作品群で、社寺の境内を描写の対象とするが、そこに参詣者を多く描き込む点に特徴がある。絹本に破綻なく謹直に描かれることが多い宮曼荼羅に対して、参詣曼荼羅は多くが紙本で、使用されている顔料の質なども含めてラフな印象の画面が多い。描かれる寺社を荘厳するために日輪、月輪を描くことが多いのも参詣曼荼羅の特徴である。宮曼荼羅と参詣曼荼羅とを簡単に結びつけることはできないものの、参詣曼荼羅が描かれるようになることと、宮曼荼羅が衰退することが軌を一にしていることは明らかである。信仰の対象としての社寺の表現という点だけでみれば、境内の聖性を強調する宮曼荼羅に対して、その世俗的な繁栄を強調するのが参詣曼荼羅であるというように、宮曼荼羅から参詣曼荼羅への移行を、聖から俗への展開として考えることは可能である。

上記のことを確認したうえで本図を見ると、富士山というご神体とその麓にひろがる境内を絹本に描いており、そこに参詣者を含む俗人を多く描くという構成は、宮曼茶羅と参詣曼茶羅の両要素を兼ね備えているといえる。日月が後補であるかどうかはともかく、宮曼茶羅と参詣曼茶羅の過渡的な位置に本図を位置づけておくことはできるだろう。

さらに、あらためて本図を見たとき、本図で用いられている霞が、その起源として、多くの宮曼茶羅において、霊地の表現として境内にたなびいている霞に通じることは疑問の余地がない。宮曼茶羅で使用される霞は、画中の建物などの位置関係を示すための霞というよりはむしろ、淡く消えるような霞の描写により霊地としての静謐な気分を醸し出すために用いられている。宮曼茶羅とは形式が異なるが、屛風形式に描かれた霊地の表現として注目される《高野山水屛風》（京都国立博物館）の霞も同様である。一四世紀には成立したと考えられる《高野山水屛風》では、霞は、わずかに輪郭線を墨と場合によっては胡粉で書くが、「線」として意識させるものではない。そうではあるが、明確に背後のものを覆っており、しかも霞の前に建物や樹木を描くことにより、前後関係を示すようにも機能している。明確なかたちをとらない霞もあるが、かたちをとるもののなかには、尖端が丸くなったすやり霞状の霞も描かれている。このような霊地表現の伝統に見ることができる霞の存在が、本図において霞を活用するひとつの契機になったことは明らかであろう。したがって、本図の霞の存在を考える際には、元信絵巻の霞に形状が似ている点を指摘するだけではなく、宮曼茶羅における霊地表現の系譜をも指摘しておく必要がある。

そのうえで、本図において重要なのは参詣者が描き込まれている点である。宮曼茶羅は霊地の表現として土地の聖性を強調しつつ、そこに必要なピースとして社人や参詣者を描くことはある。それが、少しずつ増幅されてゆくことにより、霊地に俗的要素が加わってゆくのである。その点でいえば、本図に見られる画面下部の小舟の人々などは、境内を訪れた参詣者ではなく、そのさらに外縁に位置する土地の人々であるという点で、霊地を訪れる参詣者をその周辺で支える存在であり、より俗的な要素の強い存在である。図式的にいえば、三保から社殿、さらにご神体としての富士山というように、場が俗から聖へと展開するのと並行して、その土地の生活者としての俗人、さらに霊地を訪れた俗体の参詣者、より信仰の厚い白装束の参詣者というように、人物においても俗から聖への展開が明確にあらわされている。このように俗人が多くなってゆく展開は、霊地が、霊地としての意味を残しながら次第に俗的な要素を強めてゆくことを意味している。それは、霊地としての名所が、多くの人々が集う場として、やがて遊山の対象となってゆくことと重ね合わされる。そして、そのような方向性は、やがて、清水寺の参詣曼荼羅が画中に桜やさらには五条橋での義経と弁慶のエピソードなどを描き込むような、より遊山的要素を強めてゆく方向性に重なってゆくのである。

以上の点から考えれば、本図は富士山と浅間神社の境内を描くにあたり、宮曼荼羅の方式に倣いつつ、そこで用いられている霞を、絵巻表現で獲得したすやり霞の用法を援用して描き出したものであり、さらに宮曼荼羅のかたちを借りて、そこに俗から聖への展開を意識的に組み込んだことにより、聖域を俗化して参詣曼荼羅に結びつく過渡的な様相を示しているということがわかる。このことを確認したうえで、先稿[15]も含め、多くの論者が本図との関係を指摘している洛中洛外図歴博A本との関係を見てゆきたい。

（3）洛中洛外図歴博A本との比較

研究史でも紹介したように、これまでの議論では「元信」印を有する本図と歴博A本の人物描写、樹木表現などを比較して歴博A本が狩野派の制作であるとし、また、別の場ではそれゆえに本図も狩野派の制作であるとする議論が多かった。ここでは、そのような同語反復的な議論にならないように気をつけながら、あらためて本図と歴博A本との関係を考えてみたい。

歴博A本が現存する最古の洛中洛外図であり、制作年代がおよそ一五二〇年代後半であることについては大かたの研究者の考えが一致している。歴博A本の最大の問題は、絵師の属性の解明であろう。つまり、この歴博A本が狩野派の絵師の手になるのか、土佐派の絵師の手になるのかということである。残念ながら、歴博A本には、落款印章をはじめ、筆者を推測させるような情報がない。したがって、様式的に判断する必要があるが、一五二〇年前後の大画面細画の作例が現存しないために、比較検討をすることができない。それゆえに、一六世紀の大画面細画としての数少ない作例である本図と歴博A本とを比較することになるのだろう。(16)

歴博A本の絵師を考えるために、まず、洛中洛外図の成立を考えるうえで最重要の資料である、三条西実隆(一四五五—一五三七)の日記『実隆公記』の永正三年(一五〇六)一二月二二日の記事を見てみよう。周知のものではあるが、ここに再掲すれば、

甘露寺中納言来、越前朝倉屛風新調、一双画京中、土佐刑部大輔新図、尤珍重之物也、一見有興

であり、越前朝倉氏が発注した土佐光信筆の「京中図」といえる一双屛風が存在したこと、しかも、それがこの時点では「珍重」なものであったことが記されている。

もちろん、この京中図は現存しないが、この記録により、現在われわれが洛中洛外図と考えるような作品が土佐光信によって一六世紀初頭に描かれたこと、それが当時まだ珍しかったことが明らかになる。しかし、このことは歴博A本が土佐派の絵師の手になることを意味してはいない。少なくとも、この『実隆公記』の

記事から歴博A本＝土佐派という図式を導き出すことはできない[17]。

一方で、洛中洛外図の初期の作例を見ると、明確に土佐派の作とされる作品はないものの、《洛中洛外図》（国立歴民俗博物館、歴博B本）、《洛中洛外図》（［伝国の杜］米沢市上杉博物館、上杉本）、《洛中洛外図（模本）》（東京国立博物館）など狩野派の絵師の手になる作品が複数点現存している。そして、その構図は基本的には歴博A本を踏襲している。さらに、洛中洛外図から派生した可能性のある「安土山図屛風」（現存せず）、《聚楽第図》（三井記念美術館）、《祇園祭礼図》（出光美術館）なども狩野派の絵師の手になると考えてよい。このように、一六世紀に制作された洛中洛外図系の作品群の存在を考えれば、その最初期例に位置づけられる歴博A本を狩野派の絵師が描いたと考えることにもそれほど無理があるわけではないことがわかるだろう。

そして、土佐光信が描いた「京中図」と歴博A本のあいだを埋める可能性がある事柄として、一五世紀から一六世紀初頭における、狩野派絵師の土佐派学習という例をあげることができる。

元信の父である狩野正信は、明応五年（一四九六）に日野富子の肖像制作を依頼された際に、土佐光信が描いた嘉楽門院像を手本とするようにいわれている[18]。実際、この年の五月二六日には、三条西実隆が正信に、伏見の般舟三昧院に行き嘉楽門院を見るように指示し、正信はさっそく翌日嘉楽門院を写しに行っている。これは、漢画を専門としていた狩野正信によるやまと絵への接近という点で興味深い出来事であるが、同時に、土佐派絵師が確立をした絵画の「型」を、狩野派絵師が学習・踏襲する事例としても興味深い。この場合の「型」とは、女性肖像画を描く際の構図や着衣の描法などを考えるべきだろう。つまり、先述した筆様制作に近いことが対やまと絵においても行われていたことになる。

「京中図」が「珍重」といわれたように、洛中洛外図は一六世紀前半においては新しい主題であった。同様に女性肖像画も一五世紀後半に登場した新しい主題である。つまり、女性肖像画をまず土佐光信が手がけて、その初発的な作例を「型」として踏襲して狩野正信が日野富子像を描いたということになる。この例から考えれば、洛中洛外図という新しい主題も、まず土佐派の光信が描き、それを学習するかたちで狩野派の絵師が描くという可能性は十分に考えられる。そのことは、後続の洛中洛外図の多くが狩野派絵師の作例であることからも支持される。そして、歴博A本が制作された一五二〇年代の狩野派絵師といえば、やはり元信を中心に考えるべきだろう。

以上は実証的に証明できるものではないが、当時の状況を考えれば歴博A本は元信周辺の制作と考える可能性が十分にあることを示しており、同時に、歴博A本が土佐派の手になると考えるよりは時代に整合する考えなのではないだろうか。なお、《釈迦堂縁起》が一五一五年（永正一二）頃、《酒飯論絵巻》《酒呑童子絵巻》は一五二〇年代の制作と考えられ、絵巻という細画的作例がいずれも歴博A本と近い時期の制作であるということも指摘しておく必要があるだろう。さらに、小島道裕「洛中洛外図屏風（歴博甲本）はなぜ描かれたか」では、歴博A本が、細川高国（一四八四―一五三一）が狩野元信に命じて描かせた屏風であると結論づけている点も加えておきたい(19)。

では、上述のような歴博A本が元信周辺の制作になる可能性を踏まえて、あらためて、歴博A本と本図の表現の関係について考えてみたい。なお、ここでは、あくまでも当初の描写と考える部分を対象とする。

本図と歴博A本の個々の人物表現を比較すると、きわめて近似するものの、同筆とはいい切れない表現も多い。特に、本図の人物の多くは、着衣の輪郭線がしっかりとした描線で、波状にくねる傾向があるが、歴博A本の人物には、より直線的な線の組合せが多く、そのような波状の着衣表現は認められない。したがって、人物表現だけを比較すると別人の手になる可能性が高い。しかし、二人の人物の組合せや馬の描写などには共通するかたちや描法を認めることができる。したがって、両者の制作の場がきわめて近いことは十分に考えられる。

以上のような歴博A本と本図の表現の近さは、斜め構図と並ぶ狩野元信の絵画上の特質である風俗画への接近という観点から本図を考えるべきであることをも示している。

（4） 風俗表現

現在、われわれが風俗画としてくくっている作品群はおおよそ一六世紀前半には登場したと考えてよいだろう[20]。ここで風俗画の特質を簡単にまとめれば、絵師が、制作時期と同時代に生きる人々の様相（当世風俗）を描写の対象としていること、そして、その人々の着衣、持物、あるいは行動が詳細・克明にあらわされていることとなるだろう。

一般に風俗画の成立について語る際には、洛中洛外図から語ることが通例になっている。たしかに、洛中洛外図が歴博A本以来、風俗画的な要素を強めてゆくことは事実であるし、京都のまちの人々の様子を活写した《洛中洛外図（上杉本）》以降、形式化する以前の洛中洛外図には「風俗」画と呼ぶにふさわしい作品が多く存在し、また、京都のまちを舞台とした四条河原図、祇園祭礼図など、そこから派生したと考えることが可能な作品が複数制作されていることを視野に入れれば、洛中洛外図を風俗画の母体と考えることは妥当であろう。

前項で論じたように、洛中洛外図の原型である「京中図」の段階こそ土佐派の絵師の手になるものの、それを元信周辺で歴博A本として描くようになって以降、洛中洛外図を狩野派の絵師がつぎつぎと手がけてゆく[21]。

一方で、狩野元信筆《釈迦堂縁起》の巻五、宮中および清凉寺の場面は、寺社縁起に当世風俗を自覚的に描き込んだ早い時期の例である。つまり、主題の描写と、それを支える周縁部分の風俗描写が共存している作例である。おそらくその影響は元信絵巻の強い影響下にある《真如堂縁起》にも及んでいる。また、《酒飯論絵巻》は、宗教的な背景を踏まえた主題が明確に設定されているにもかかわらず、詞書で示されるその内容とは乖離して画面には当世風俗が積極的に取り込まれている。《酒飯論絵巻》の場合は、主題を語る詞書とは別に、絵画が独自の世界を獲得しつつある作例であり、画面上では同時代の風俗描写が優先されている作例と考えることができ、そこに風俗画成立に結びつく要素を指摘することが可能である[22]。いうまでもなく、洛中洛外図においても、京都のまちを描くことが目的である画面のなかに添景としての風俗表現が入り、やがてそちらの比重が増してくることにより、各種風俗画が成立をすることになる。

しかし、《酒飯論絵巻》の存在を考えても、洛中洛外図だけで風俗画の成立が語れるわけではないことも明らかである。それよりは、洛中洛外図の成立も含めて、縁起絵巻をも視野にいれて、さまざまな主題をあらわす絵画のなかに風俗表現が入り込んでくる状況を大枠として考えておく必要があるだろう。これまでにあげた作品から考えて、それは、だいたい一六世紀初頭から一五二〇年代までのことではないだろうか。つまり、この時期に、本来の主題とは別に風俗表現についての関心が高まり、それを意図的に画面に取り入れる絵師が登場してきたと指摘することができる。そして、それを狩野元信とその周辺に求めることができることは明らかである。したがって、本図において、画面を見たときに印象づけられる俗界での風俗表現が意図的に組み込まれたことは、やはり狩野元信周辺で行われたと考えてよいだろう。

礼拝の対象であり、信仰の対象である絵画は、画中に描かれた当世風俗の人々の存在により観者を引きつける。《釈迦堂縁起》の場合、絵解というプログラムのなかで、観者を画面に引き入れる同時代風俗の存在が有効であった(23)。本図の場合も、絵解をされた可能性も含めて、やはり観者を画中に引き入れて、俗から聖へと向かわせるために、この風俗表現が設定されたと考えてよいだろう。画中に描かれる俗な人々の存在は、一連の那智参詣曼荼羅、清水寺参詣曼荼羅などで鑑賞者に境内を案内するかのように描かれる画中人物に先駆ける存在ともいえるだろう。

以上のように、本図は、霊山としての富士を扱う宮曼荼羅としての機能を果たしつつ、そこに、狩野元信の絵画制作における個性のひとつである同時代風俗の描き込みを行った作品として位置づけることができる。そして、それは結果として、宮曼荼羅の形式を基本的には踏襲しつつ、その場（富士山）に当世風俗の人々を描きこみ、その人々を通して観者を画面のなかに引き入れていく構造をつくり出している。

加えて、参詣曼荼羅の場合、境内を巡回するような構図をとることが重視されているとすれば、本図は宮曼荼羅的な構成を残しつつ、富士山を下から眺める眼差しを、俗から聖への移行として絵画化しているといえるだろう。

おわりに——名所風俗図としての位置

本図の制作にあたっては、まず、霊地としての富士山本宮浅間大社とそのご神体としての富士山を描くことが求められたことは明らかである。そこで絵師は、先行する宮曼荼羅の構図法に倣って構図を組立てることになる。それに加えて、霊地にたなびく霞を絵巻制作の経験から習得していた描法で描くことにより、画面下部から上部に向かう俗から聖への推移や富士山の高さの強調に活用することができた。俗から聖へという重層的な構成にすることにより、本図は聖域を表現する宮曼荼羅系の画面に「俗」が入り込む道筋をつくったといえる。つまり、本図における風俗表現は、明確に「俗」（これから聖を目指す人、日常生活をしている人）として設定されており、同時に、それが徐々に聖域に昇華してゆく構造を示しているといえるだろう。このような表現をとったことにより、霊地は参詣者の集う名所としての性格を強く示すようになってくる。そして、それは、名所の表現を、たんなる景観描写で終わらせるのではなく、人々が集う場として描く、いわゆる名所風俗図の成立と本図の存在を結びつけることができる可能性をも示している。

「霊地名所」という語があるように、参詣という行為を考えれば霊地は人々が集う名所として認識されるようになることは容易に想定できる。本図に見られた加筆が、泉が指摘するように当初の完成からさほど時を隔てない時期の加筆であるとすれば、それは参詣曼荼羅としての機能、名所風俗図としての機能を増幅させるための改変（加筆）であったと考えてよいだろう。

多くの論者が指摘するように、狩野元信を筆者と想定して本図を論じるためには、比較すべき大画面、絹本、細画、着色、掛軸形式の絵画が現存しないことは決定的である。そのことは論者も十分に承知をしている。本論は、そのことを踏まえたうえでなお「元信」印の存在から出発して元信画の特質という点から可能性を考えてみた。

富士山は、世界遺産に認定される際に、文化と自然の両方を兼ね備えているということで複合遺産として記述されている。このことが象徴するように、富士山にはつねにその美しい姿を愛でる眼差しと霊山として遙拝する眼差しとが交錯している。本図においても、そのことは指摘することができる。それを実現したのが元信といってよいだろう。その点で、むしろ、本図を一六世紀前半の狩野元信による大画面、絹本、細画、着色、掛軸形式の貴重な作例であると考えるべきである。本論は、狩野元信論の視座から考えた《富士曼荼羅図》論である。

（1）鈴木廣之『名所風俗画』（『日本の美術』四九一、至文堂、二〇〇七年）

（2）米屋優「富士参詣曼荼羅を読み解く」（『別冊歴史読本　図説富士山百科　富士山の歴史と自然を探る』新人物往来社、二〇〇二年）では、本図の伝来を紹介し「富士曼荼羅」という名称を、大正時代に本図を一時所蔵していた日本画家の下條桂谷（一八四二―一九二〇）の命名によるとしたうえで、「神体山たる富士山の描き方、社殿の俯瞰的な描き方などは、宮曼荼羅として『富士曼荼羅』と名づけるにふさわしいようにも思われる」としている。

（3）文化庁の国指定文化財データベースの解説文には「近世盛行する参詣曼荼羅の先駆的作例としても重要である」とある。

（4）高橋真作「狩野元信印「富士曼荼羅図」の画家と注文主」（『國華』一四四八、二〇一六年）

（5）人物の加筆については第二節に記すように、米屋優「富士参詣曼荼羅を読み解く」（『別冊歴史読本　図説富士山百科　富士山の歴史と自然を探る』新人物往来社、二〇〇二年）以降、多くの論者が指摘している。

（6）泉万里「元信印「富士曼荼羅図」と富士参詣の諸相」（『美術史学』三九、二〇一八年）

（7）辻が比較対象とする《二尊院縁起》は、元信様式を示す絵巻であるが、元信の制作が明らかな《釈迦堂縁起》（清凉寺）の様式と比較すれば、人物・霞の表現ともに硬化しているため元信次世代の作品と考えるべきだろう。本論第三節および並木誠士「狩野派の絵巻物制作――釈迦堂縁起絵巻の規範性と絵巻物における「元信様式」」（『日本美術全集一二　水墨画と中世絵巻』講談社、一九九二年）参照。

（8）狩野元信の絵巻については、以下で論じた。また、初期狩野派の絵巻を扱ったものに土谷真紀『初期狩野派絵巻の研究』（青簡舎、二〇一九年）がある。
並木誠士（一九九二（1））「釈迦堂縁起の画面構成について――狩野元信研究」（『美学』一六九、一九九二年）
並木誠士（一九九二（2））「狩野派の絵巻物制作――釈迦堂縁起絵巻の規範性と絵巻物における「元信様式」」（『日本美術全集一二　水墨画と中世絵巻』講談社、一九九二年）
並木誠士（一九九三）「釈迦堂縁起の構造」（文部省科学研究費総合研究（A）「鑑賞・消費の観点から見た藝術」〔研究代表者：新田博衛〕報告書、一九九三年）
並木誠士（一九九四）「酒飯論絵巻考――原本の確定とその位置付け」（『美学』一七七、一九九四年）
並木誠士（一九九六）「酒飯論絵巻と狩野元信」（『美術史』一三七、一九九六年）
並木誠士（一九九九）「近世初期風俗画の源流としての酒飯論絵巻」（『藝術研究』一二、一九九九年）
並木誠士（二〇〇七）「釈迦堂縁起――釈迦信仰の増幅」（『美術フォーラム21』一五、二〇〇七年）
並木誠士（二〇〇九）『絵画の変――日本美術の絢爛たる開花』（中央公論新社、二〇〇九年）
並木誠士（二〇一七）『日本絵画の転換点　酒飯論絵巻――「絵巻」の時代から「風俗画」の時代へ』（昭和堂、二〇一七年）
（9）並木（一九九九）
（10）並木（一九九二（2））。なお、《釈迦堂縁起》に先行する元信絵巻として、模本で伝来している《鞍馬蓋寺縁起》（山口県立図書館）がある。模本とはいえ、ここでも水平にたなびくすやり霞や後述する斜め構図が用いられている。《鞍馬蓋寺縁起》については相澤正彦「狩野元信の鞍馬蓋寺縁起絵巻について――新出の毛利家模本に関連して」（『神奈川県立歴史博物館研究報告　人文科学』二六、二〇〇〇年）、土谷真紀「資料解題　新出の個人蔵「鞍馬蓋寺縁起絵巻」模本」（『学習院大学人文科学研究所　人文』一七、二〇一八年）参照。
（11）並木誠士「作品解説《義朝最期・頼朝先考供養図》」（『愛知県史　文化財二　絵画』二〇一一年）。《義朝最期・頼朝先考供養図》については、狩野元信の《酒飯論絵巻》から図様を引用するなど、元信作品を参考にしたことが指摘できる。

（12）並木（一九九二（1））、並木（一九九二（2））、並木誠士「狩野元信と「和漢」」（『天下を治めた絵師　狩野元信』展図録、サントリー美術館、二〇一七年）

（13）辻惟雄、武田恒夫両氏のおもな論考は、つぎの書物にまとめられている。本稿もこれらに負うところが大きい。辻惟雄『戦国時代狩野派の研究　狩野元信を中心として』（吉川弘文館、一九九四年）、武田恒夫『狩野派絵画史』（吉川弘文館、一九九五年）、武田恒夫『狩野派障屛画の研究――和様化をめぐって』（吉川弘文館、二〇〇二年）

（14）並木誠士「狩野元信と滝――東京国立博物館蔵観瀑図屛風をめぐって」（『人文』〔京都工芸繊維大学工芸学部研究報告〕四四、一九九六年）、並木誠士「妙顕寺本文殊普賢菩薩像について」（『デザイン理論』四一、二〇〇二年）

（15）並木（一九九九）

（16）本図と歴博A本との関係については、たとえば武田恒夫『狩野派絵画史』（吉川弘文館、一九九五年）でも、歴博A本について、「「元信」「富士参詣曼荼羅図」とも近似する点」があるために、元信周辺の狩野派絵師の作例であるとする。なお、武田は奈良県立美術館本、光円寺本のような小画面細画で「元信」印の捺される作品も視野に入れている。また、近年では、サントリー美術館『天下を治めた絵師　狩野元信』展図録（二〇一七年）作品解説（上野友愛）で「本図にも一三七人の人物が登場するが、とくに画面下方に描かれた人物表現は、洛中洛外図屛風のそれと通じるものがあり興味深い。本図は宗教画の枠を超え、元信工房が、狩野派に先行して風俗画を手がけていたやまと絵を学習したすえの「和漢融合」の作例であることがより首肯されよう」とする。

（17）歴博A本についての最新の研究成果は、小谷量子『歴博甲本洛中洛外図屛風の研究』（勉誠出版、二〇二〇年）である。「歌絵・物語絵屛風」という視点から歴博A本を読み解く作業は新鮮であり、新しい知見は多い。また、冒頭には、歴博A本についての研究史が簡潔にまとめられている。

（18）並木誠士「狩野正信の肖像画制作について――地蔵院騎馬武者像をめぐって」（『瓜生』〔京都芸術短期大学紀要〕一三、一九九一年）。さらに、掃部助久国の真如堂縁起なども、積極的に元信絵巻を見るようにいわれた可能性もある。むしろ、積極的に見せたのかもしれない。

（19）小島道裕「洛中洛外図屛風（歴博甲本）はなぜ描かれたか」（『歴博』一四五、二〇〇七年）、小島『描かれた戦国の京都――洛中洛外図屛風を読む』（吉川弘文館、二〇〇九年）、小島『洛中洛外図屛風――つくられた〈京都〉を読み解く』（吉川弘文館、二〇一六年）
（20）並木（二〇一七）
（21）並木誠士「近世初期風俗画における中心と周縁」（『美術フォーラム21』三七、二〇一八年）
（22）並木（二〇一七）
（23）並木（二〇〇七）

近代鎌倉における名所風景へのまなざし

赤松加寿江

はじめに――変わる名所

名所は変わらないものだろうか。和歌に詠まれたり、浮世絵に描かれてきた名所といえども、時代とともに変化させられてきたのではないだろうか。そのような視点に立って、本稿では名所の変化について考えてみたい。もともと名所とは歌枕として設定されたものであり、現実の風景ではなく、和歌のイメージのなかに存在した。しかし時代がくだり、現実に旅することができるようになると、名所は旅日記や地誌に描かれ、身体的な経験のなかで作り上げられるようになっていった。さらに近代化や観光化の流れのなかで、名所はさまざまな媒体を通して数を増し、時には失われていった。

近世以来、多くの旅人が訪れ、観光地として長い歴史をもつ土地として鎌倉を例にあげよう。名所風景として古くから位置づけられてきた大仏や寺社、江ノ島や富士山を見据える海浜は、今も名所として健在である。その一方で、かつて絵葉書に名所風景として捉えられていたにも関わらず、見るべき名所風景として位置づけられなくなったものも存在する。

そこで本稿では、鎌倉における名所風景がどのように変化し、どのような名所風景を失ってきたのかを追う。それを通じて、名所風景を価値づけてきたさまざまな「まなざし」を捉え直してみたい。その主な素材として扱うのは、明治に鎌倉を訪問した外国人旅行者の記録、そして大正期の鎌倉住民が選んだ鎌倉八景とその絵葉書である。

一 期待外れの名所

近世、鎌倉を訪れた旅日記、紀行、名所案内、絵図類は多数刊行されてきた。しかし記述の多くは「廃れた漁村」という残念な評価である。文化一四年（一八一七）の鎌倉を記した『十方庵遊歴雑記』では「全て鎌倉郡、一裏群の二ツはさせる険崖なく、眺望大体打ち過去見て風景絶倫の地少なし。目立家居なく、商家もあれど、物切れの品多く往来又寂しく、家居多くは板屋根萱葺のみ也」(1)と、きわめて寂れた様子を伝えている。

『図説 鎌倉年表』および『鎌倉市史 近世近代紀行地誌編』から近世の紀行地誌の情報を整理すると、江戸時代では天保年間が最も多く八件に上る(2)。天保一二年（一八四一）に完成した相模九郡の地理誌『新編相模国風土記稿』(3)は一二六巻と豊かな情報量をもち、巻六九から巻一〇六に収められた鎌倉の情報は、江戸時代の鎌倉を知る貴重な資料となっている。天保四年に刊行された十返舎一九の『箱根山七温泉江ノ島鎌倉廻金草鞋』は、三島宿から箱根を越え江ノ島・鎌倉をまわり、金沢八景、戸塚宿に至る名所案内記であるが、腰越、星ノ井、長谷観音、鶴岡八幡宮、杉本観音、円覚寺、建長寺といった鎌倉の寺社、仏像などのモニュメントが訪問先となっていたことがよくわかる。

天保五年には、近世鎌倉の全体を描いた「鎌府勝景」が図鑑にまとめられた。この絵は文政一〇年（一八二七）、鶴岡八幡宮の再建工事のため来鎌していた絵師・海老原三郎利啓が鎌倉のあちこちを写生したときの下絵をもとにしたものである。(4) 鶴岡八幡宮、極楽寺、長谷寺、星月夜井、光明寺、円覚寺、荏柄天神社、建長寺、法華堂、海蔵寺、七里ケ浜、稲村崎が描かれており、ここにも近世の旅人が鎌倉の寺社仏閣等のモニュメントを中心に巡っていたことがあらわれている。

安政六年（一八五九）八月に、小田切日新が『東海紀行』を著した。彼は朝比奈切通経由で鎌倉に入り、十二所村で休息し、鎌倉図を買い求め、図をたよりに旧蹟を訪れた記録を残しているが、鎌倉の旧蹟は「窟のみ」と評している。地質、地形的特徴を活かして掘削された窟に注がれるまなざしは驚くほど寺社旧蹟に価値を見出していない。

一方、近世の絵図において名所風景はどのようなものが描かれていたのだろうか。白石克による近世鎌倉絵図の分析によると、確認できる江戸前中期の図版は全一七点、寛文以前に作られたものは四点ありすべて横図、近世中期以降はすべて縦図をしている。(5) 一〇点の縦図を確認したところ、そのすべてにおいて上部は名所旧蹟である寺社が描かれ、下部には海浜で漁業を行う漁師や漁船の様子が描かれている（図1）。漁師の数や漁船の有無には違いがあるとはいえ、海岸部における漁業風景は形式的に繰り返し描かれており、鎌倉の特徴的な風景として表されている（図2、3）。つまり、鎌倉の近世絵図では寺社仏閣だけではなく、海浜の漁業という生業風景も鎌倉を代表する名所風景として捉えられていたといってよいだろう。では近代に

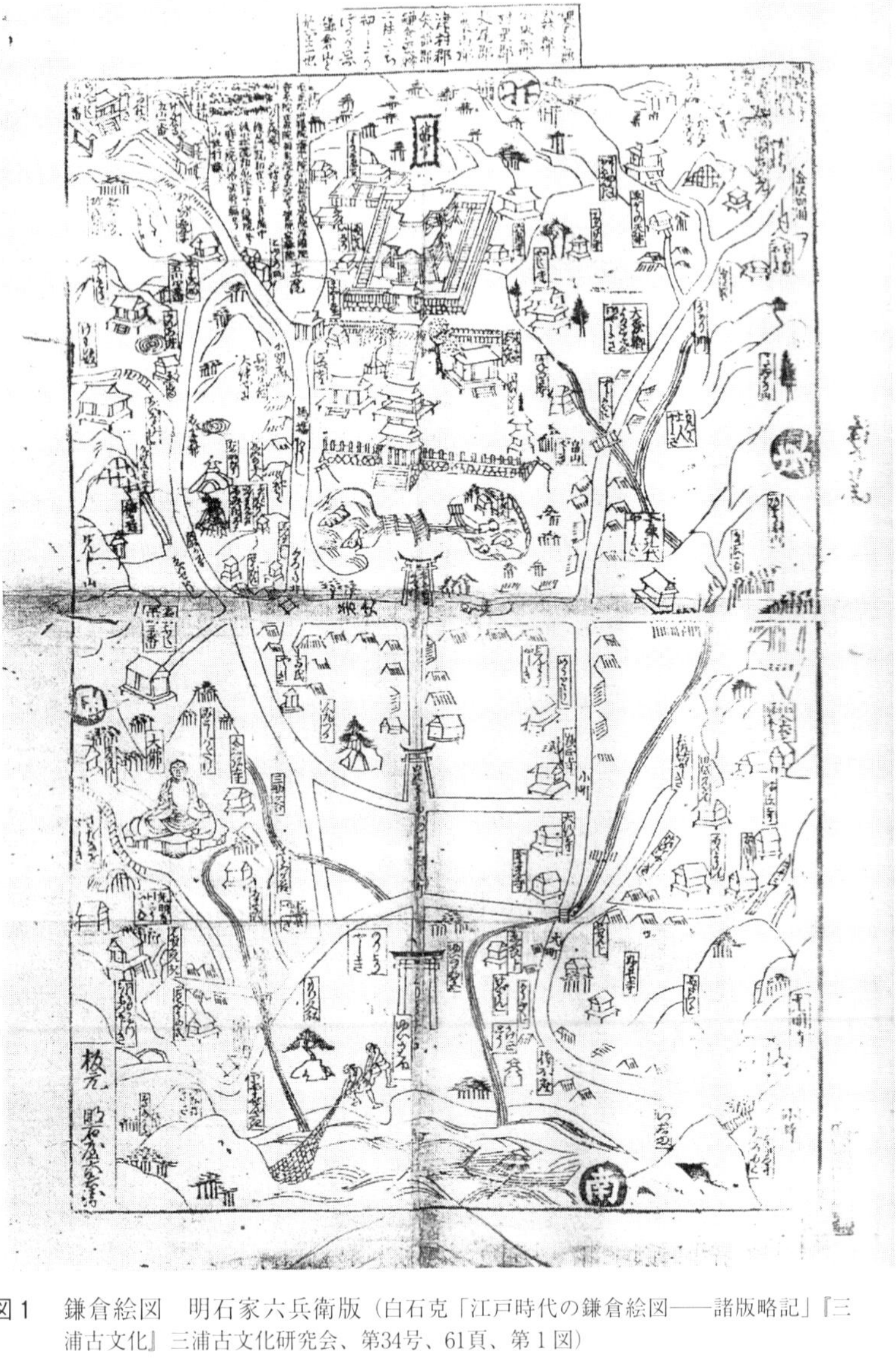

図１　鎌倉絵図　明石家六兵衛版（白石克「江戸時代の鎌倉絵図――諸版略記」『三浦古文化』三浦古文化研究会、第34号、61頁、第１図）

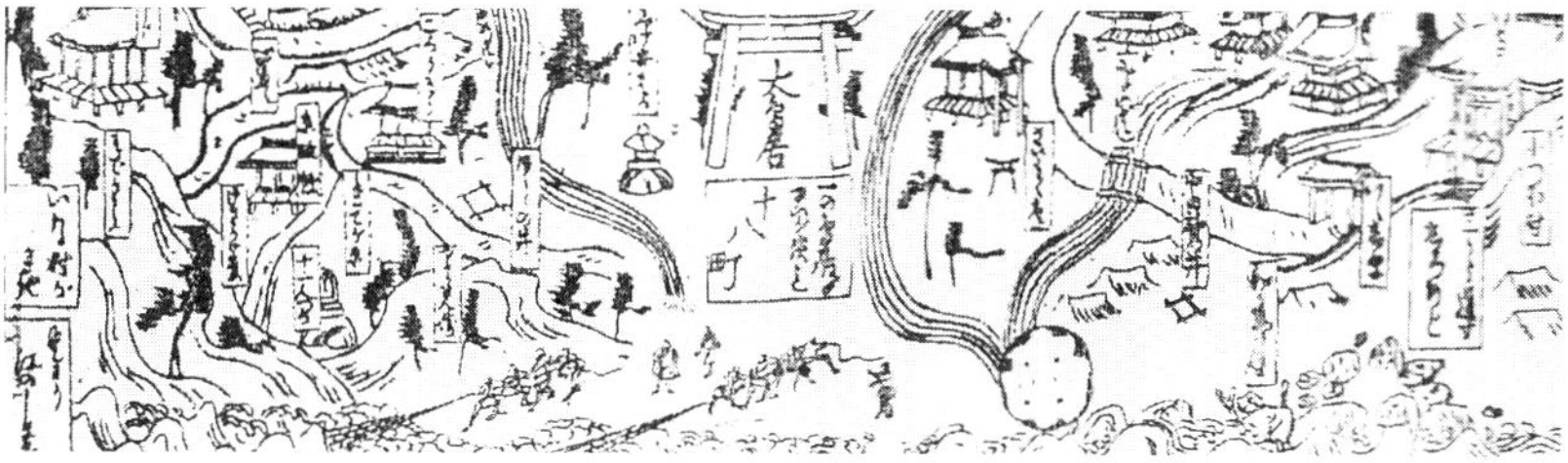

図２　鎌倉絵図　版元未詳（同前、第３図）

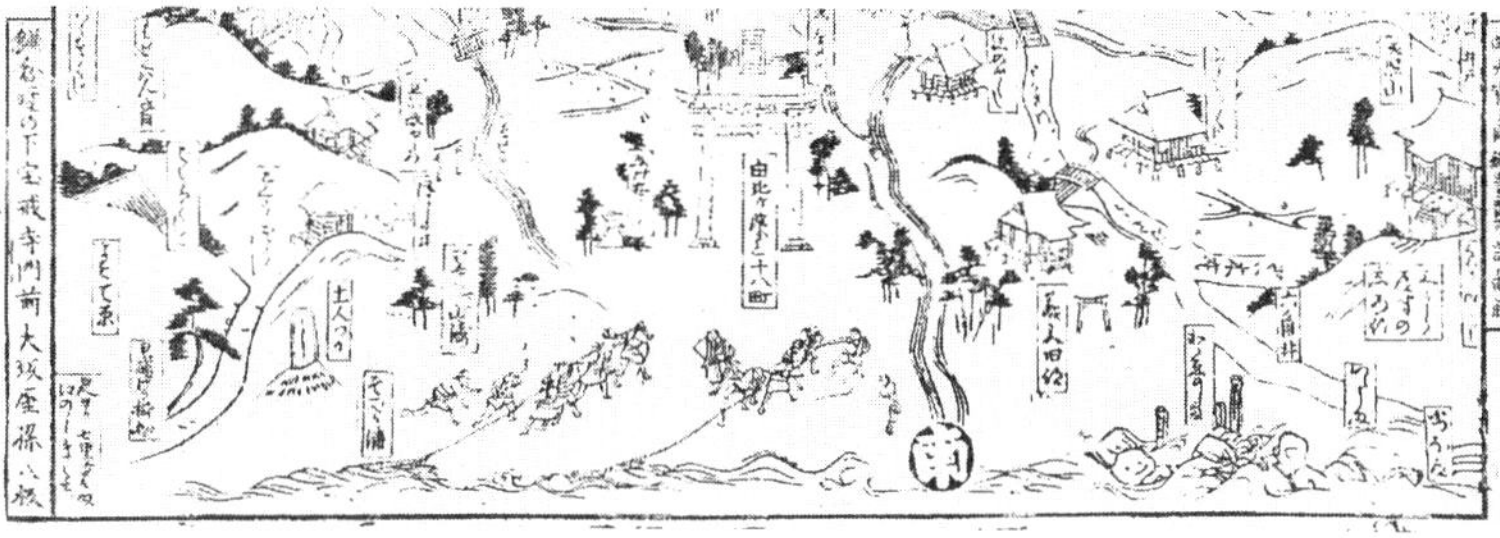

図３　鎌倉絵図　大坂屋孫八版（同前、第６図）

なってから、そうした海辺における生業風景はどのように捉えられていたのだろうか。

二　外国人のまなざし

鎌倉における近代化の到来は明治一〇年代である。嚆矢はドイツ人ベルツが明治一三年（一八八〇）鎌倉に来遊し、英国のブリストンによく類似していると七里ケ浜を最適の保養地と称賛したことが知られる(6)。明治二二年の横須賀線開通により別荘地としての性格を強めていった鎌倉には、旅人の目線に加えて、別荘族と呼ばれた半旅人の目線、常住民の目線といった複数のまなざしが混在していった。晴れやかに変化を遂げていったように語られる明治鎌倉であるが、その実態はどうだったのか。完璧な旅人として異国のまなざしで鎌倉をみつめた外国人たちの記録を見ていこう。

英国外交官のA・B・ミットフォード Algernon Bertram Freeman-Mitford は慶応二～明治三年（一八六六－一八七〇）に日本の英国公使館に勤務し、幕末から維新にかけての激動期にアーネスト・サトウ Ernest Mason Satow の同僚として活躍した人物だ。彼は明治二年に記録を残している。それによると、鎌倉、小田原経由で箱根に向かう旅のなかで、「名所の筆頭は八幡の古い壮麗な寺社である」と述べているものの、「北条の居館は今は跡形もなく（中略）すべてが田畑になってしまった」と記している。(7) 大仏や砂浜の眺めを記録する一方で、「並木を通して視る美しい眺望は失われてしまった」とも述べる。(8) 人々の暮らしに触れながら、漁村集落としての江ノ島と鎌倉の様子を描いている。そこでは「魚の臭いがすること、住民が漁師を兼業しているのも同じであること、様々な色の貝殻でつくられた奉納用のお札を売っている様子もノルマンディーの漁村と似ている」と指摘する。日本人の風俗民俗に好奇心を寄せる英国人のまなざしとはいえ、現在では失われた海浜部における漁業の生業や風俗が描かれており、明治期の貴重な生活景の描写といってよい。

明治二〇年代の記録を残しているのは、英国の元駐日公使サー・ヒュー・フレイザー夫人のメアリー・フレイザー Mary Hugh Fraser である。彼女は明治二二年から二七年の五年間にわたる日本滞在の記録を『英国公使夫人の見た明治日本』として上下巻九〇〇頁に書き残した。(9) 東京、箱根、軽井沢などさまざまな土地を巡った彼女は、鎌倉には明治二三年五月に二週間滞在したが、鎌倉よりも近郊の江ノ島に心を奪われたことが記述から明白だ。源頼朝のいにしえの栄光に思いを馳せながらも、「まだ破壊すべきものが残っていないかと捜すかのごとく」とやはりその荒れぶりを記している。明治二一年に建設された海浜院のベランダから眺めた記録として、松の木、砂丘といった海浜風景、さらに砂浜で貝殻を集める子供たち、網引歌を歌う漁師の様子を記述している。

明治二六年、チェコ共和国からきた旅人ヨゼフ・コジェンスキー Josef Korensky（一八四七―一九三八）の旅行記録によると、鎌倉で訪れたのは大仏、鶴岡八幡宮だけで「今日の鎌倉は昔の映画を思い出させる廃墟にすぎない」と評価は厳しい(10)。明治二六年には彼が撮影した大仏の写真が残されているが、名所をめぐっただけでそこには感動の片鱗もうかがえない。

英国人アーサー・ロイド Arthur Llyd（一八五二―一九一一）は、明治一八年に宣教師として来日し、明治三八年に小泉八雲の後任として東京帝国大学の英文学講師となった人物である。彼は「鎌倉は栄えた都で……現在は縮小されて小さな田舎の村に過ぎなくなっている(11)」と述べており、「鎌倉にくる観光客が最初に訪れるのは大仏で」と述べつつも「最近の日本人で大仏を訪れる者は大して多くない(12)」と述べ、やはりその廃れた様子を示している。地引き網、舟歌合唱についての記述を通して、海浜部の生活景を見出している一方で、鎌倉の御用邸をはじめ「有力者の別荘が数多くある(13)」という鎌倉の変化を捉えている。彼もフレイザー夫人と同様、地引き網に際する歌について言及しており、ここでも海浜の生業風景が浮かび上がる。

英国の写真家・旅行家であったハーバート・ポンティング Herbert George Ponting は、明治末期に日本各地を旅行し日記を残した(14)。「鎌倉は小さな村より少し大きい程度に過ぎない(15)」「鎌倉の第一の名所は八幡宮である(16)」「海岸から一直線に神社の石段まで堂々とした古い松並木が続いているが、松並木のかなり多くが倒れ朽ちて隙間をつくっていた(17)」と述べ、廃墟化した小村を記録している。

明治二七年に、ハウトン・ミフリン社から『知られぬ日本の面影』を出版したラフカディオ・ハーン Lafcadio Hearn（小泉八雲）も、鎌倉を「荒れ果てた村落(18)」と記す。参詣する人もなく、収入もなく、荒涼とした田園風景に囲まれていると酷評する。

このように鉄道開通とともに、明治期を代表する華麗な保養地、別荘地の舞台として描かれてきたはずの鎌倉が、かたや外国人の目からは依然として寂れた廃村として見られていたことは興味深い。また外国人は荒れ果てた鎌倉の仏閣よりも、江ノ島の海浜風景や漁に関心を寄せていたこともわかる。江ノ島の物産や魚料理についても記録を残しており「江ノ島は魚の料理が有名なので、一度食べてみるとよい。金亀楼でもその他の上等な宿屋でも食べられるが、もしのぞむならもう少し歩いて、つきだした崖の縁にある変わった見晴台で料理をたべることもできる。殻のまま炭火の上でバターを入れてあぶり焼きしたサザエもある(19)」といった魅力的な表現からは、地域の名産サザエをバターで炙るという西洋化した食文化の出現を垣間見ることができる。鉄道開通、保養地、別荘地といった鎌倉の近代的な変容に躍起になっていた日本人の傍らで、外国人は海と切っても切れない鎌倉海浜の生活景に強く引き寄せられ、価値を発見していたのである。

三　鎌倉八景と絵葉書

では日本人はどのように当時の鎌倉をとらえていたのだろうか。明治の鎌倉は従前からの住民、東京から通う別荘族、別荘族から常住者へと転換した住民など、多様な属性を持つ人々で構成されていた。南里俊陽「鎌倉江ノ島名勝記・全」によると、明治二三年（一八九〇）に二〇軒程度しかなかった別荘は、明治三八年には二〇〇戸にまで増加している(20)。明治三六年の総人口は八三七六人、大正元年（一九一二）には一万九七四人へと人口そのものが急増するなかで、別荘族を含み込んだ鎌倉住民たちはどのような風景を鎌倉の名所風景として求めたのだろうか。それを示すひとつの手がかりといえるのが「鎌倉八景」の選定の動きである。

本書で武瀟瀟が触れているように、そもそも「八景」は中国の山水図の画題「瀟湘八景」にもとづく。中国有数の景勝地で伝説や神話に育まれた瀟湘で一一世紀に活躍した宋廸が八つの景勝地を選んだことに始まる。選ばれた八景は季節と気象と景物の組み合わせで構成され、それらの景勝地は山水画に描かれ、画題として、または詩題として日本でも親しまれるようになっていった。日本で瀟湘八景が伝わったのは鎌倉時代とされ、室町末期に近江の琵琶湖の西南岸に「近江八景」が生まれたという。その後、江戸時代には浮世絵とともに各地で多くの「八景」の記録が残されるようになり、近代になると「八景」という言葉で地域の文化的価値を高め、その鑑賞、保存、観光の意義を示すことに活用されてきた。青木陽子、榊原映子の全国調査によると八景は、二〇〇一年時点で全国六三九カ所におよぶという[21]。

鎌倉において八景は「鎌倉八景」として設定されていった[22]。情景選定に先駆けて明治四四年に川端玉章が選んだ私家版句集『かまくら八歌仙』がある。鎌倉における八景の初出となるこの句集で挙げられたのは「鶴岡春光」「段葛桜雲」「大臣杜員鳥」「滑川群蛍」「長谷明月」「由比漁火」「寿福松籟」「化粧白雪」である[23]。しかしここで見られる八景の組み合わせはその後継承されておらず、独自のものであったといってよい。

初めて視覚化された鎌倉八景といえるのが、大正三年（一九一四）のものである。これは同年三月号雑誌『かまくら』で行われた「鎌倉八景投票」企画で、八景の候補とされた景勝地を確認することができる[24]。それによると「鶴ケ岡の落雁」「光明寺の夕照」「大塔の夜雨」「由井の帰帆」「比企の暮雪」「大仏の秋月」「松葉谷の晴嵐」「長谷の晩鐘」があげられている。先に川端があげた場所と重複するのは鶴岡八幡、由井（由比)、長谷の三つにすぎない。このことは八つの景色にはおさまらない、数多くの名所風景が鎌倉にあったことも示唆している。

これに続くものとして「鎌倉八景」と名付けられた八枚組の絵葉書が確認できる。これは中田孝信氏の「絵はがきコレクション」に所蔵されているもので、中田氏の編年分析によれば、条線の位置が二分の一であること、表面の文字が右書きで「郵便はかき」であること、逓信省令第五号郵便規則第十五条(官報第一六七一号)(大正七年三月一日)「第十五條第一項第四号中「三分ノ一」ヲ「二分ノ一」ニ、左記様式左ノ如く改ム」という文中から、それが大正七年四月一日~昭和八年二月一四日頃発行の絵葉書だと推定されている(25)。ここで選ばれている八景は図4~11にあるように「鶴ヶ丘の晴嵐(鶴岡八幡宮)*」「光明の夕照(天照山光明寺)*」「霊山の白雨(霊山ケ崎)」「由比の帰帆(由比ケ濱)*」「長谷の晩鐘(板東四番長谷の観音*)」「大仏の秋月(鎌倉の大佛)*」「松溪の清籟(松葉ケ谷安國論寺)」「比企の暮雪(比企ケ谷妙本寺*)」の八つで、史蹟と自然と季節とが、バランスよく組み合わされた情景が作られている。各絵葉書には二句ずつ俳句が添えられ、八景を詩情豊かにする効果をなしているといえるが、いずれも絵葉書は淡々と風景を捉えたものとなっている。

大正三年の『かまくら』と中田コレクションの「鎌倉八景」で重複している景色は*をつけた六つである。大正七年以降の絵葉書に、大正三年の影響が反映されていないとはいえないが、二種類の鎌倉八景においてあげられていた鶴岡八幡宮、大仏、長谷寺、由比ヶ浜、比企、光明寺といった土地は鎌倉において見逃すことができない重要な名所風景として捉えられていたといってよいだろう。

一方、鎌倉八景のなかで海浜部を捉えているのは「光明の夕照」「霊山の白雨(霊山ケ崎)」「由比の帰帆

図４　鎌倉八景「鶴ヶ丘の晴嵐」（鶴岡八幡宮）（中田孝信所蔵）

図５　鎌倉八景「光明の夕照」（天照山光明寺）（中田孝信所蔵）

図６　鎌倉八景「霊山の白雨」（霊山ケ崎）（中田孝信所蔵）

図７　鎌倉八景「由比の帰帆」（由比ケ濱）（中田孝信所蔵）

図８　鎌倉八景「長谷の晩鐘」（板東四番長谷の観音）（中田孝信所蔵）

図９　鎌倉八景「大仏の秋月」（鎌倉の大佛）（中田孝信所蔵）

図10　鎌倉八景「松渓の清籟」（松葉ケ谷安國論寺）（中田孝信所蔵）

図11　鎌倉八景「比企の暮雪」（比企ケ谷妙本寺）（中田孝信所蔵）

（由比ケ濱）＊」の二点だけである。しかもそこでは漁業や漁村といった生業風景は全く捉えられておらず、砂浜や松林といった自然景観が淡々と捉えられている。このように大正期における「八景」というプログラムは、名所風景を再設定しようとするものであったものの、鶴岡八幡宮、大仏、長谷寺といった史蹟が八景という見方で再度とりあげられただけにすぎない。近世の名所地図や近代の外国人らが見出していたような漁業風景や漁村としての生活景は全く登場しない。

しかし、八景以外の絵葉書をみると、漁業の生活景も無視されていたわけではないことがわかる。明治末から大正初期の絵葉書である「鎌倉由比ヶ濱地曳網（図12）」や、同時期の「鎌倉由井ケ濱（図13、口絵4）」では海藻取りの様子が捉えられており、漁業の生業風景は鎌倉のひとつの風景として捉えられている。しか

図12　鎌倉由比ヶ濱地曳網（『鎌倉市図書館開館百周年記念　絵葉書で見る鎌倉百景』鎌倉市教育委員会、鎌倉市中央図書館、2011年）

図13　鎌倉由井ケ濱（『鎌倉市図書館開館百周年記念　絵葉書で見る鎌倉百景』鎌倉市教育委員会、鎌倉市中央図書館、2011年）

しながら、こうした海浜部の生業風景を評価するまなざしは、昭和初期以降さらに見られなくなる。

四　市民のまなざし

「八景」創出ブームの背景には何があったのだろうか。同じ時期、地方各地で展開された「地方改良運動」に注目して、地方における地域風景の捉え方と観光化を考えてみよう。地方改良運動は、日露戦争後に荒れ果てた地方社会の改良をめざして国が主導したもので明治四一年（一九〇八）一〇月以降に本格化した。町村財政の整備をはじめ地方社会を支えるための農事改良、普通教育、青年教育などを実行するために、各地で青年会や婦人会が誕生していった。

鎌倉町でも青年教育の一環として「鎌倉青年団」が生み出され、「鎌倉同人会」が誕生したこともそれらを背景とする。彼らの活動は景観保全に大きな関わりをもち、鎌倉の見るべき名所風景の価値付けと無縁ではなかった。

「鎌倉町青年会」は、明治四四年三月一二日に発足した若者の有志団体で、大正一〇年（一九二一）二月二四日に「鎌倉町青年団」と改名し、昭和一六年（一九四一）に解散した。彼らは鎌倉市内の史蹟に石碑を建造し、植樹やハイキングコースの開削を行うなどの業績を残した。大正一五年五月に刊行された鎌倉右文社の雑誌『鎌倉』創刊号には、鎌倉町青年団副団長だった当時三一歳の小阪藤若が「郷土を愛するが為に」という題名で、「残された史蹟と、自然に恵まれた風物と、地の利と、かうした得難い特徴を有する鎌倉が、遊覧地住宅地乃至保養地として、更により以上住みよい鎌倉を建設するには」という文章が掲げられている。(26)

この一節には史蹟と自然からなる鎌倉の特徴が捉えられており、先の鎌倉八景で選ばれた景色と同様、史蹟と自然が評価されていたこと、観光を前提とした遊覧地と、住みよい住宅地としての両立が目指されていたことがわかる。

大正四年一月五日に発足した「鎌倉同人会」は、陸奥広吉を中心に鎌倉の有力者が集ったものである。国政に訴える社会的立場にある住民らが、行政に代わって都市施設の整備を慈善活動として補い、発展改善を図ることを目的にした団体である。[27] 史蹟保存や住みよい町づくりを目指して、インフラ維持、景観保全や交通安全など、都市の課題を実務的に解決してきた。『鎌倉社寺めぐり』の刊行（昭和元年）、鎌倉駅の利用客増加に対応した水呑場の建設（昭和一〇年）、ハイキングコース案内板の設置（昭和一四年）など、その働きは名所風景の現実と向き合うものであり、遊覧客や観光客の増加といった現実問題に対応するものだった。[28]

海浜部における鎌倉同人会の活動には、海水浴客の増加に対応する事業が複数みられる。大正四年七月、海水浴客が街路に捨てたままになっているゴミに対して清掃人を雇用し、主要道路の清掃を実施した。沿道住民にもチラシを配布し、清潔を保つための協力を呼びかけるなど、公共衛生の理念と徹底を垣間見ることができる。さらに大正一四年には由比ヶ浜、海岸清掃に対して、鎌倉町から一八〇円の補助金を得て海岸清掃を行い、昭和に入っても海浜清掃事業は継続された。[29] 観光化に対処する清掃事業に加えて、一三四号線の開通をはじめとする道路建設などのインフラ事業が進められた海浜部において、漁業は完全に置いてきぼりとなっていった。[30]

それ以前、明治末から観光客の増加は海浜部の変貌を大きく変えていた。明治四三年夏の段階で、鎌倉では海浜部では海水浴客の需要に応えるため海水浴場整備が実施され、海浜には街灯、救命施設、脱衣所、共同便所が設置された[31]。「海水浴場」利用ばかりを重視するこうした整備事業によって、海浜部で歴史的に行われてきた漁業はどんどん縮小されていった。そもそも鎌倉では漁業従事者よりも農業従事者のほうが多く漁業人口は希少だった。

明治三〇年代前半、鎌倉郡の農家戸数は総戸数の八割を超えていたほか、柴崎牧場をはじめとした牛乳・酪農業や、明治一〇年代から横浜の外国人向けに「鎌倉ハム」や豚肉缶詰などの製造が行われるなど、生業にも別荘地、保養地ゆえの奢侈品の傾向が見られる[32]。大正一一年（一九二二）の「鎌倉町現住戸数および人口職業別統計」によると、町の総戸数三五九三戸のうち、農業を本業とする戸数が最多の一〇九九戸と全体の三割強、以下、商業六四四戸、工業四八九戸、漁業二七九戸と漁業は最も少ない[33]。近世に名所絵図に必ず描かれていた漁業風景は、海浜部の観光化とともに追いやられ、そこには海水浴場としての風景が創出されていったのである。特に大震災後の鎌倉は「板東随一、海の都」と称され、昭和一〇年（一九三五）には、湘南地方一五カ所の夏季避暑客滞在人数の第一位が鎌倉であったという[34]。さらに避暑客、観光客を誘致するために、海浜部では多様な催しが行われた。大正三年には報知新聞社が「鎌倉由比ヶ浜砂上大博覧会」を主催、それ以降も鎌倉青年団の主催、報知新聞社後援による活動写真も実施された。昭和九年以降には鎌倉に移り住んだ作家達による有名な「鎌倉カーニバル」が開始される[35]。「鎌倉八景」が創出されていった時代の背後にはこうした動きがあったのである。

「鎌倉町青年会」の宣言文や「鎌倉同人会」の事業活動が示すように、当時の鎌倉住民は多様ではあったが、住民が目指した理想の鎌倉は「住みよい観光地」として衆目一致するところだったといえる。市民の活動と、同時期に創出された「鎌倉八景」からは、住みよい町であると同時に、観光化を推し進める住民の期待と希望が込められていたように捉えられる。その結果、海水浴場化が推し進められた海浜部では、古くから営まれてきた海浜の営みや生活景がもつ価値は矮小化されていったのである。

おわりに——地域を価値づけるまなざしと制度

現在、鎌倉の海浜部では江ノ電や波乗りといった海浜文化に注目が集まる一方で、江戸時代に名所風景として描かれた漁師や漁業の生業風景はもはや失われつつあり、そこに価値が見出されているとはいえない。かつては鎌倉海老と呼ばれた伊勢海老も今はその名称も姿を消し、しらすやわかめなどの海産物も名産品としての地位を築き始めているとはいえ、その生業が作り出してきた歴史や風景に対する理解は不足している。では鎌倉の漁業文化は現在、全く評価されていないのだろうか。そこでひとつの手がかりとして、地域における有形無形の文化遺産の価値を示唆するものとして文化財に関わる制度を確認してみよう。

たとえば、平成二〇年(二〇〇八)に施行された「地域における歴史的風致の維持及び向上に関する法律(通称・歴まち法)」では、地域固有の歴史や伝統にもとづいた活動と、それが行われる歴史的な建物が一体となって作り上げてきた環境を「歴史的風致」として選び、地域らしさの維持保全の柱にしている。[36]この制度が鎌倉市で平成二七年に制定された際、歴史的風致の六つの柱のひとつとして「海にまつわる伝統行事に見る歴史的風致」が選ばれた。海浜部の祭礼や漁業などの再評価を促すものとして期待されるが、二〇二〇年の鎌倉市水産業振興計画によれば、市内の漁業従事者は平成二五年で八七人のみ、漁獲量は二〇〇九年から二〇一七年にかけて半分となっている。[37]歴まち法は生業の維持保全に関わる制度ではないとはいえ、歴史的風致としての評価は無力というしかない。

一方、生業という観点からみると、自然と生業が作りだしてきた景観を評価する「文化的景観」制度を活用してもよいかもしれない[38]。文化的景観は地域固有の自然や営みの特質を捉え、地域の魅力を維持継承するためのものである。鎌倉市でその取り組みは未着手であるが、もしこれからの未来、鎌倉で文化的景観が選定されるならば、漁業をはじめ、鎌倉彫などの工芸や酪農、ハム製造といった、近世近代からの生業の価値を再評価することになるだろう。それは新たな名所風景として再発見されていく可能性を持つと言えるだろう。

名所は観光という圧力や、産業の変化によって変わりゆく。われわれは史蹟などの歴史的文化遺産を維持継承するとともに、変化を前向きに捉えながら、地域の個性の基盤を作り出す人の営みに価値を見出していく必要があろう。生業風景が失われつつあるなかで、それをいかに価値づけていくのかは重要な課題である。制度による評価、価値づけを待つことなく、地域の特質を映し出す名所風景として生業風景を再評価することは、あらゆる土地において必要とされる大切なまなざしなのではないだろうか。

（1）『市制施行五十周年記念　図説鎌倉年表』（鎌倉市、一九八九年）一四七頁。
（2）紀行の作成年代は前掲書に依拠した。
（3）天保元年（一八三〇）、地誌編纂総裁大学頭林衡が幕府に『新編相模国風土記稿』を献上した（前掲書、一六〇頁）。
（4）前掲書、一六四頁。
（5）白石克「江戸時代の鎌倉絵図——諸版略記」（『三浦古文化』三浦古文化研究会、第三四号、六一〜一〇〇頁）。

（6）ほかにも明治一七年に、長与専斎が由比ヶ浜に別荘を建て、鎌倉を海水浴場として最適地であると紹介し、明治二一年の保養所海浜院「海浜サナトリュウム」が開設した。
（7）A・B・ミットフォード、長岡祥三訳「外国人の見た明治の鎌倉（四） 鎌倉紀行（上）」（『かながわ風土記』一九八六年六月、一〇七号）三九～四五頁。
（8）A・B・ミットフォード、長岡祥三訳「外国人の見た明治の鎌倉（五） 鎌倉紀行（下）」（『かながわ風土記』一九八六年七月、一〇八号）六三頁。
（9）メアリー・フレイザー著、ヒュー・コータッツィ編、横山俊夫訳『英国公使夫人の見た明治日本』（淡交社、一九八八年）。Hugh Fraser, *A diplomatist's wife in Japan; letters from home to home*, London, 1899. https://archive.org/details/diplomatswifejap02frasuoft/page/n5/mode/2up（二〇二二年一〇月二〇日閲覧）。
（10）ヨゼフ・コジェンスキー著、鈴木文彦訳『ジャポンスコ ボヘミア人旅行家が視た一八九三年の日本』（朝日新聞社、二〇〇一年）六〇頁。
（11）アーサー・ロイド、長岡祥三訳「外国人の見た明治の鎌倉（六） 鎌倉紀行（下）」（『かながわ風土記』、一九八六年七月、一〇八号）三六頁。
（12）前掲書、三八頁。
（13）前掲書、四〇頁。
（14）Herbert George Ponting, In Lotur-Land Gapan, London, 1910. 邦訳：ハーバート・ポンティング、長岡祥三訳「外国人の見た明治の鎌倉（八） 蓮の花咲く楽園・日本《鎌倉と江ノ島》（下）」（『かながわ風土記』一九八六年、一〇月、一一一号）三四頁。
（15）前掲書、二六頁。
（16）前掲書、二四頁。
（17）前掲書、二五頁。
（18）Lafcadio Hearn, *Glimpses of Unfamiliar Japan*, Houghton Mifflin, 1895. 邦訳：小泉八雲『知られぬ日本の面影』

（第一書房、一八九四年）。
(19) 前掲書、ハーバート・ポンティング、長岡祥三訳、一九八六年、三八頁。
(20) 島本千也『鎌倉別荘物語　明治・大正期のリゾート都市』（中島印刷所、一九九三年）五三、五四頁。
(21) 青木陽子、榊原映子「日本における八景の分布調査研究」（『ぐるっとまわる三浦半島【八景】』神奈川権横須賀三浦地区行政センター、二〇二二年）。
(22) 前掲書、四頁。
(23) 確認できていないが、玉章は絵として描くために詠んでいる可能性があるため、絵画が残されている可能性もある。
(24) 『鎌倉市民』（一二〇号、鎌倉市民社、一九七〇年）。
(25) 中田孝信氏には絵葉書および編年分析の資料をご提供いただいた。
(26) 鎌倉市青年団『鎌倉』（鎌倉市青年団、一九四一年、一頁）。
(27) 鎌倉同人会『鎌倉同人会一〇〇年史』（冬花社、二〇一五年、一九頁）鎌倉同人会発起趣旨より「当局ノ施設ヲ援助シ、或ハソノ足ラザルヲ補ヒ、内外呼応シテ鎌倉同人会ヲ組織セシ所以ナリ」。
(28) 前掲書、一〇一～一〇三頁。
(29) この補助金は、鎌倉町が同人会事業に初めて提供した事例として特筆できる。
(30) 前掲書、『鎌倉同人会一〇〇年史』九四頁。
(31) 鎌倉市『鎌倉市史　近代通史編』（吉川弘文館、一九九四年）一八四頁。および『鎌倉市史　近代史料編二』二二四～二二五頁。
(32) 前掲書、一八八頁。
(33) 前掲書、一八八～一九三頁。
(34) 「現代鎌倉の記録」（『鎌倉』二巻二号）。
(35) 前掲書、『鎌倉市史　近代通史編』三八二～三九二頁。

(36)「地域における歴史的風致の維持及び向上に関する法律」において「歴史的風致」とは「地域におけるその固有の歴史及び伝統を反映した人々の活動とその活動が行われる歴史上価値の高い建造物及びその周辺の市街地とが一体となって形成してきた良好な市街地の環境」(第一条)と定義されている。

(37)『鎌倉市水産業振興計画』(鎌倉市、二〇二〇年)。https://www.city.kamakura.kanagawa.jp/nousui/documents/suisangyoushinkoukeikaku-honpen.pdf(二〇二三年三月一日閲覧)。

(38)「文化的景観」とは「地域における人々の生活又は生業及び当該地域の風土により形成された景観地で我が国民の生活又は生業の理解のため欠くことのできないもの」(文化財保護法第二条第一項第五号より)。

【謝辞】　本稿の作成において資料のご提供、ご協力をいただきました中田孝信様、鎌倉市中央図書館の平田恵美様他職員の皆様には、心から感謝申し上げます。

Ⅳ 都市

――開発される名所

幻の名所——大阪城公園と離宮計画

小野芳朗

はじめに

二〇世紀は都市計画の一〇〇年であった。

それは大正八年(一九一九)の旧都市計画法に始まるという制度的なものばかりではない。都市の空間、形を根本的に中近世とは異なるものにしていった計画事業であり、その意味ではこの時に近代は始まるといってよい。都市計画の定義は法的にこそあれども、形という点でみれば、所有している土地を区画整理のための「換地」として取り上げ、それをもって道路、公園など「公共空間」を創出し、その利便性のために「受益者負担金」、「都市計画税」を徴収した。

計画道路は都心部の周縁部の町村をも巻き込んで、中近世にあった村落の、空間はもちろん、計画道路沿いの高額の固定資産税徴収という形で生業を破壊した。受益者負担金や都市計画税は財源のない市町村行政の行ったものではあるが、国庫補助金を引き出すために、災害時の失業者救済土木事業や、戦後は戦災復興事業で都市を復興がてらに改造していく。それができないところは国際文化観光都市建設法（国観法）を個別に定めて国庫補助を行った。国観法は憲法第九五条による住民投票で定められ、民主主義の手続きを踏んでいるが、都市開発、国土開発の本質は変わらない。

また道路、河川、区画整理、下水道などのインフラにとどまらず文化財をも都市計画事業に組み込んでいった。高橋正義らは国観法の取り上げた対象は、京都、奈良、松江、松山の四都市の観光事業であるといっている。[1]工藤泰子は「京都国際文化観光都市建設法のキーワードは「文化財」」だと言い切っている。[2]その文化財とは、元離宮二条城、祇園祭山鉾、島原の角屋など有形文化財のほか、蹴鞠、壬生狂言、六斎念仏など伝統芸能であった。[3]奈良でも国観法が適用され、平城宮趾、春日大社の神鹿、春日山奥山周遊道が対象となった。[4]このように戦後は「観光」産業が大きく取り上げられ、文化財はその対象であり、国際文化観光都市建設法すなわち、都市計画の対象となった。

ところが、大阪では旧都市計画法のもとで、大阪城を復興し、公園化するという文化財の都市計画事業へのとりこみが昭和初期の都市計画事業黎明期にすでに始まっていたのである。もちろん、昭和初期の日本は観光というより、史蹟名勝や天然紀念物を顕彰する時代であり、かつそれが天皇ブランドに傾いていたことは知られている。[5]豊臣秀吉は関白太政大臣であり、天皇の藩屛であった。大阪城天守閣復興はひとり豊臣秀吉の再来と見られていたのか？　天皇の臣下としての大阪城が再現されたのではないか。本論ではそうした視点で大阪城復興と公園を検討してみる。

一　大阪城復興と大阪市都市計画事業

大阪城公園は、昭和六年（一九三一）竣工の大阪城天守閣復興にあわせて整備された。鉄筋鉄骨コンクリートによる天守閣のデザインは、「黒田家什物大坂陣絵屏風」より考証された豊臣期のものである。[6]しかしながら、じつは現存の城郭と天守台が徳川期のものであることは、現在よく知られている事実である。豊臣秀吉の城は、徳川家康によってすべて取り壊され、埋め立てられたうえで、そのうえに徳川氏が天守台を建てた。しかし、昭和の天守閣復興当時にはその事実はいまだ認知されておらず（昭和三四年の発掘で事実が判明した）、豊太閤の城郭を復興するという市民の熱意によって、徳川の天守台のうえに、黒田家絵屏風に基づき豊臣期の天守閣を模して工事が果たされた。

一方で、その空間は当時の市長、関一のもと進められた「大大阪」、いわゆる法定都市計画による都市改造の象徴空間のひとつでもあり、大阪市都市計画公園のなかに占める代表的公園空間として整備されることが計画されていた。そして現在も同じく都市計画道路一等広路となる御堂筋とともに、大阪市のシンボル的空間としての存在感を示している。

大阪市が当時大阪市助役（大正一二年（一九二三）から市長）であった関一を会長に都市改良計画調査会を設置したのが大正六年四月で、同じ年の七月には市区改正部（大正九年都市計画部に改組）も設けた。[7]同年、国は法律第三六号および勅令第一八四号をもって、東京市区改正条例およびその附属令を京都市、横浜市、神戸市および名古屋市とともに大阪市にも準用した。これによって大阪の都市計画の施行について法的根拠が定められたのである。[8]

大阪市は都市改良計画調査会において市区改正の大綱を審議しつつあって、大正七年四月一八日に成案を得て市長に報告している。そして、大正七年五月以降は市区改正部において計画案の調査を進め、大正八年一二月二三日基準計画を大阪市区改正設計として内閣の認可を受けたのである。これにより街路の新設および拡築、路幅の整理、路面の舗装等、道路改良の基準が決定された(9)。

二　陸軍第四師団と大阪城

大阪城公園については橋寺知子が、明治初年からの城郭内の施設について論じてまとめている。それは、いわゆる緑地や水に満ちた憩いの場というイメージよりも、病院や舎密局、学校と、鎮台、のちの陸軍第四師団と砲兵工廠という、教育・医療と軍事施設が設置されたことで、以降のこの地の市民利用と軍事利用の併存と競合を生んだという(10)。

昭和六年（一九三一）に開設される大阪城公園内に、結果的に陸軍第四師団司令部など陸軍施設が残存したことは、じつは当初、大正九年（一九二〇）に計画された原案（後述する大阪市公園課長椎原兵市原案、以降椎原原案という）では公園内の陸軍施設をすべて移転させるよう計画されていたにも拘らず、軍に抗しきれなかったためである。以上のことは椎原兵市が、昭和七年の『建築と社会』七月号に「要するに設計の基調は歴史的尊厳を傷つけるやうな一切の施設を避けて荘厳の本質を没却せず、而も城郭美の発揮を助長し得るやうにとの方針で城趾の公園化を実現したのである」と書いていることから明らかである(11)。

そして、橋寺は『建築と社会』の大正九年椎原記事（椎原原案を後述するように改訂している。以降修正記事という）の「建築物とそれに伴う造園計画」による本丸の空間配置計画（天守閣、記念館、美術館、図書館、社交場、音楽堂、体育館、植物園、競技場、大集会場、豊国神社）を、どちらかといえば「西洋風と判断できる」と言っている。[12][13] 橋寺のこれらの論説は、『建築と社会』昭和七年七月号掲載の、大阪城公園に関する椎原の回顧記事のみを基に記されている。[14] 本論では、この記事（椎原修正記事）と、その基となった京都工芸繊維大学所蔵の大正九年椎原原案、そして大阪市公文書館の公式資料である昭和六年実施設計（以降実施設計という）とを比較して、豊太閤の事蹟を復興するという大阪城の設計や、橋寺の言う構想された陸軍施設を排しての「西洋風」の大阪城公園計画という公園空間イメージに対して、その設計にあたった椎原兵市の意図は本来どこにあったのか、その空間配置の当初の計画思想に迫ることとする。

右記に示したように、橋寺の建築学会近畿支部研究報告集における大阪城公園の論は、『建築と社会』昭和七年七月発行の第一五輯第七号の大阪城天守閣・第四師団司令部庁舎などの特集号における椎原兵市の修正記事に拠っているため、椎原原案にまで遡っていないと考えられる。

椎原兵市は、明治四一年（一九〇八）京都高等工藝学校図案科を卒業後、宮内省内苑寮にて市川之雄技師と、離宮庭園、京都御苑、御用邸などの宮廷庭園をはじめ、伊勢神宮徴古館や出雲大社、招魂神社（岡山奥市公園）などの外苑設計などを手がけた。[15][16] その後大正九年武田五一が大阪市都市計画事業の顧問に就任するに際し、弟子の椎原を大阪市に紹介し、初代公園課長として大阪城公園含め、大小八八箇所の公園設計をするに及んだ。[17] 戦後は、伊丹市緑が丘公園、徳島市文化公園（徳島城内）、池田市五月山公園と市民向けの公園設計を手掛けている。[18] また、大阪市内の都市計画公園の設計・施工を公園課長として推進している。特に大阪市都市計画道路広路第一号御堂筋の街路樹の設計に関わった。[19][20]

能川泰治は[21]、陸軍史料を基に大阪城天守閣復興について記述している。それによると、「陸軍との数度にわたる交渉を経て、大阪市が師団司令部庁舎を新築し、それを陸軍に寄付することを条件に承諾を得たうえで、右のような計画が関市長によって一九二八年七月一四日の市会に提案され、「満場一致」で可決」したとある。

昭和三年、大阪市会において最終計画決定した大阪城天守閣を含む公園案（昭和六年実地設計）は、城内の陸軍施設の大阪市による新築を条件としていた。この当初の天守閣を含む城内施設の管轄は、大阪市土木部公園課[22]であり、その公園課長が椎原兵市であった。つまり、天守閣そのものの建築は、先述したように黒田家什物「大坂陣絵屏風」を考証して、大阪市建築課長波江悌夫が設計するものの、天守閣を含む城内の公園化の主導は市公園課にあり、その中心が椎原兵市であった。

陸軍施設、すなわち第四師団司令部庁舎は、昭和六年に陸軍の設計によって本丸城内に新築されたが、大正九年の「大阪城趾公園計畫」では城外へ移転することが交渉されていたことは、酒井一光も大正九年の「建築世界」を基に述べている[23]。

また天守閣に関しては、前記『建築と社会』昭和七年七月号大阪城特集のなかの「特輯＝建築を主題として」[24]と称する座談会の記事から、大正九年の椎原の当初案では、天守台に「天守閣の小さいもの」を造る計画であったことがわかる。しかし、後藤新平が大正一四年の大大阪博覧会時の天守台の豊公館に想を得て、天守閣復興を関一市長に進言したことにより、復興構想が本格化した。さらに関市長は昭和の御大典事業として天守閣の鉄筋鉄骨コンクリートでの築造をあげた。そしてそのことは軍部による働きかけがあったのではないか、と酒井は推論している[25]。実際には橋寺が指摘するように、陸軍と共存した形の公園計画三万七〇七坪に縮小されて施工された。それは、陸軍施設が天守閣の本丸空間に計画されたことによって、大阪市が趣をかなり異にしたことと橋寺は指摘している。(26)

この『建築と社会』における座談会は、天守閣設計者の波江悌夫、富士岡重一、公園設計者の椎原、そして武田五一、徳政金吾、池田實、澁谷眞弓、南信、古塚正治、高橋栄治が参加したが、陸軍第四師団庁舎の西洋風デザインに対する出席者の批判が相次ぎ、そのためか発言者はA、B、C……と、匿名に伏されている。その批判内容の要諦は、ひとつは大正九年椎原原案の陸軍施設を除いた大阪城公園を造ることが結果的にかなわず、師団司令部を本丸に造ったことを惜しむことであった。さらにはそのデザインが中世の城郭風で、豊臣時代を強調したい復興大阪城の傍にはふさわしくないと表明され、なかには「如何にも建築家として不用意であったと云われても致し方はない。その出来不出来のことは第二として基礎感念に甚だ疑を持った」の発言もある（おそらく武田五一）。これらの発言からは、本丸には江戸時代の紀州御殿や、明治時代の近代都市施設である水道貯水池があるものの、「天守閣」ひとつにより豊臣時代の空間を再現したい、との当時の関係者の意図が見えてくる。

一方、陸軍司令部建物の設計者である平田範政は、同号誌上でこうした座談会の意見とは異なる見解を示している。いわく、「同一様式の所謂日本建築に仕様と云ふアカデミツクな思想は勿論設計の当初に於て第一に想起したのであつたけれども（中略）本建築は純然たる事務所であり（中略）徒に耽美と骨董に溺し新しき時代の事務所たるべき建築本来の使命を冒瀆するものであるとの決断の下」設計したとある。司令部の建築に豊臣時代の歴史回顧は骨董品的センスと批判している。一方、それではなぜドイツ城郭風のデザインがよいのかについての説明はなされていない。

このように本丸内の天守閣の設計者である大阪市と陸軍第四師団司令部は、文化財的デザインと軍施設の機能重視という、相反するテーマをもって本丸空間に臨んでいたことがわかる。しかしながら、他にも明治三〇年の大阪市水道開設によって柴島浄水場で浄化した淀川河川水を高所に貯水する配水池として、市内の高台となる本丸内に造られた「水道貯水池」は天守閣の真横にあり、紀州御殿は明治一八年和歌山城二の丸御殿の書院を移築している。ただ復興した鉄筋の天守閣と師団司令部のデザイン的対比というだけでなく、本丸内はすでに文化施設とともに近代都市施設が共存していたのである。それでも座談会の出席者たちのこの本丸空間への思いは、天守閣復興のために寄付をした大阪市民の気分を代表するように、「太閤秀吉の空間」であった。

ところで、椎原は同座談会において、大正九年の直木倫太郎大阪市都市計画部長による大阪城の公園化への指示があったことを事の発端としていることを明かし、他の出席者のように陸軍施設が残存したことや、司令部庁舎のデザインなどに直接的な不満を言っていない。『建築と社会』の論説内では「歴史的尊厳を傷つける」と陸軍への批判を暗に言うものの彼が有していた原案における設計意図に関しては明言を避けている。そこで、大阪城公園は太閤秀吉の空間として復興するものの、陸軍施設（近代施設）と対立的に共存していくことになった。

ここに、京都工芸繊維大学美術工芸資料館の椎原兵市コレクション中の椎原自身により書かれ、かつ改訂の付箋も加えられている大正九年計画当時の「大阪城趾公園設計梗概」（大正九年椎原原案）[27]と、昭和七年の『建築と社会』に掲載された椎原の当初案の記事（椎原修正記事）[28]、さらに昭和六年設計で大阪市公文書館蔵の「大阪城公園施設承認方ノ件」（昭和六年実施設計）[29]を比較することにより、ここまで見てきた刊行書、研究事例には書かれていない椎原の設計の意図はどこにあったのかを論じる。

三　幻の大阪離宮計画

大阪城は、酒井によれば「秀吉の再来のように当時の人々に迎えられた」[30]とあるように、一種近代の〝聖地〟として捉えられたのである。天守閣が秀吉のものであるならば、その周縁に計画された空間には関白が近侍する天皇の象徴空間があっていい。それを「公園」という近代施設のなかに設け市民に開放することは、まさに名所の創建であった。[31]

大阪城公園は先述したとおり、昭和三年（一九二八）の昭和御大典記念事業として整備された。一方で、都市計画法施行に伴う公園整備事業がすすめられていた。当時の公園は、その構造や用途、施設の定義よりも公園（緑地）の面積基準を満たすことが優先され、大正一三年（一九二四）、東京内務省で開催された第一回都市計画主任官会議で内務省都市計画局第一技術課私案により、公園面積は各都市で一人二坪（会議では一五〇〇人あたり一ヘクタールと明示）の標準が示されていた。これに準じようとした地方都市[32]もあったが、大阪市はこの時一人二坪は実現不可として、一人一坪で実施すると回答していた。[33]この面積のなかには大阪城公園も含まれ、昭和三年には「総合大阪都市計画」中の公園計画として立案される。大阪城公園は、第一二号公園として数えられていた。[34]

豊太閤の空間の復興や、陸軍施設の排除を理念とした大阪城公園の背景には、内務省指示の都市計画公園としての面積確保の側面もあった。それは、大阪城公園ならびに大阪市内の都市計画公園双方の立案者である椎原自身の、「在来の公園面積に将来の公園面積を加へ、今後二十ヶ年後に於ける市民一人当たりの公園面積を約一坪に近からしむる事を目標として立案」した、との昭和三年時点での証言により明らかである。(35)

椎原は「史的生命」のうえに「現代の時代精神を加味」して、前述したように「皇室の御用に充て奉るべき御殿として」紀州御殿（和歌山城より移築した建物）などを宮殿すなわち離宮として配置する計画をもっていた。「大正九年椎原原案」の「設計梗概」から、『建築と社会』では部分的に修正したり、あるいは削除している。

たとえば、原案「設計梗概」の「教育的公園トシテ啻ニ大大阪市ノ一名勝タル一止マラズ、我帝国ノ誇リトシテ内外ニ推賞シ」のくだりでは、「帝国」を修正記事では「我が国」としている。また原案の削除した部分に、「忠孝義勇ヲ重ンジ国民精神ヲ発揚」すべく、「国民尊崇ノ中心タル我皇室ノ御用ニ充テ奉ルベキ宮殿ト併セテ皇室御歴代ノ功業ヲ追憶シ奉ルベキ記念館」を作るという箇所がある。それらは、修正記事では、「将来皇室ノ御用ニ充ツベキ宮殿ヲ増築シ折ニフレテハ行幸啓ヲ迎へ奉リ又或時ハ一部ヲ外国貴賓ノ旅館ニモ用ユベク且ツ附近ニ記念館ヲ建築シテ国史ノ実物教材ヲ提供シ市民ヲシテ常ニ之ニ接触セシメナバ不知不識ノ間ニ忠良ナル国民精神ヲ涵養スルヲ得」るためと書きなおされている。修正記事でたんに記念館としたのは、原案では「皇室御歴代ノ御功績ヲ追憶シ奉ルベキ」皇室史記念館であった。また武徳殿も当初考えられていたが省かれている。またそこには座談会で話題となった、豊臣秀吉の空間を再現する、とは書かれていないことが興味深い。

さらに、椎原原案には万年筆による自筆の付箋による加筆部分がある。それには本丸北東の砲兵工廠の移転を前提に、跡地に城内の競技場、遊技場を移転し、「城内ハ古城跡トシテ可成旧体ヲ損セザル様荘厳ノ光景ヲ保存センコソ設計者ノ緊切ニ希望スル所」とある。一方、実施設計である昭和六年の施設内容は、そのまま昭和七年『建築と社会』の実際に創られた大阪城本丸図面と一致している。(36)

こうしたことから、当初の椎原原案は大阪城を京都御所や二条離宮（二条城）と同様、日本第二の都市である大阪に迎賓館ともなる宮殿離宮として設計することを企図し、かつ皇国史の展示館という皇室の権威を高めるための空間を本丸内に構築することに力点が置かれていたことがわかる。実際には昭和七年時点で陸軍司令部庁舎との共存や、砲兵工廠の移転不可などで計画全体が縮小されるなかで、皇室色は緩和され、美術館、図書館、博物館などの市民施設と横並びで語られていく。椎原の当初の意図は、「皇室の空間としての大阪城」であり、天守閣復興も未だ企図されていない時期なので、豊臣秀吉の空間の再現は意識されていなかったと見ることができる。むしろ、「大阪の宮殿」「大阪離宮」を作ることを企図していたのだろう。

大正九年時点での椎原の大阪城公園計画の原案全体図が、彼の著作である一九二四年刊の『現代庭園図説』(37)に掲載されており、それを図1に示す（口絵5も参照）。図には文中にない博物館・遊技場が記されている。これが原案である。

『建築と社会』の修正記事には同図の一部分が掲載されている。全体図から見ると、本丸内には天守閣と宮殿（紀州御殿の改造）、皇室史記念館（図中で本丸の博物館に相当）、水道貯水池のうえは洋風公園化されている。橋寺はこれをみて、むしろ「西洋風と判断」できると論じたが、椎原の原案では本丸内は天皇と皇室の空間として、つまり「大阪離宮」として強調されていた。貯水池の屋上の洋風公園のつくりは、椎原が大正四年に設計した京都御苑の遊歩道と植栽をイメージさせる構成となっている（図2）。(38)

天守閣のみに着目すると、そこは豊太閤の再現空間となるが、関白太政大臣という天皇の藩屏のトップで

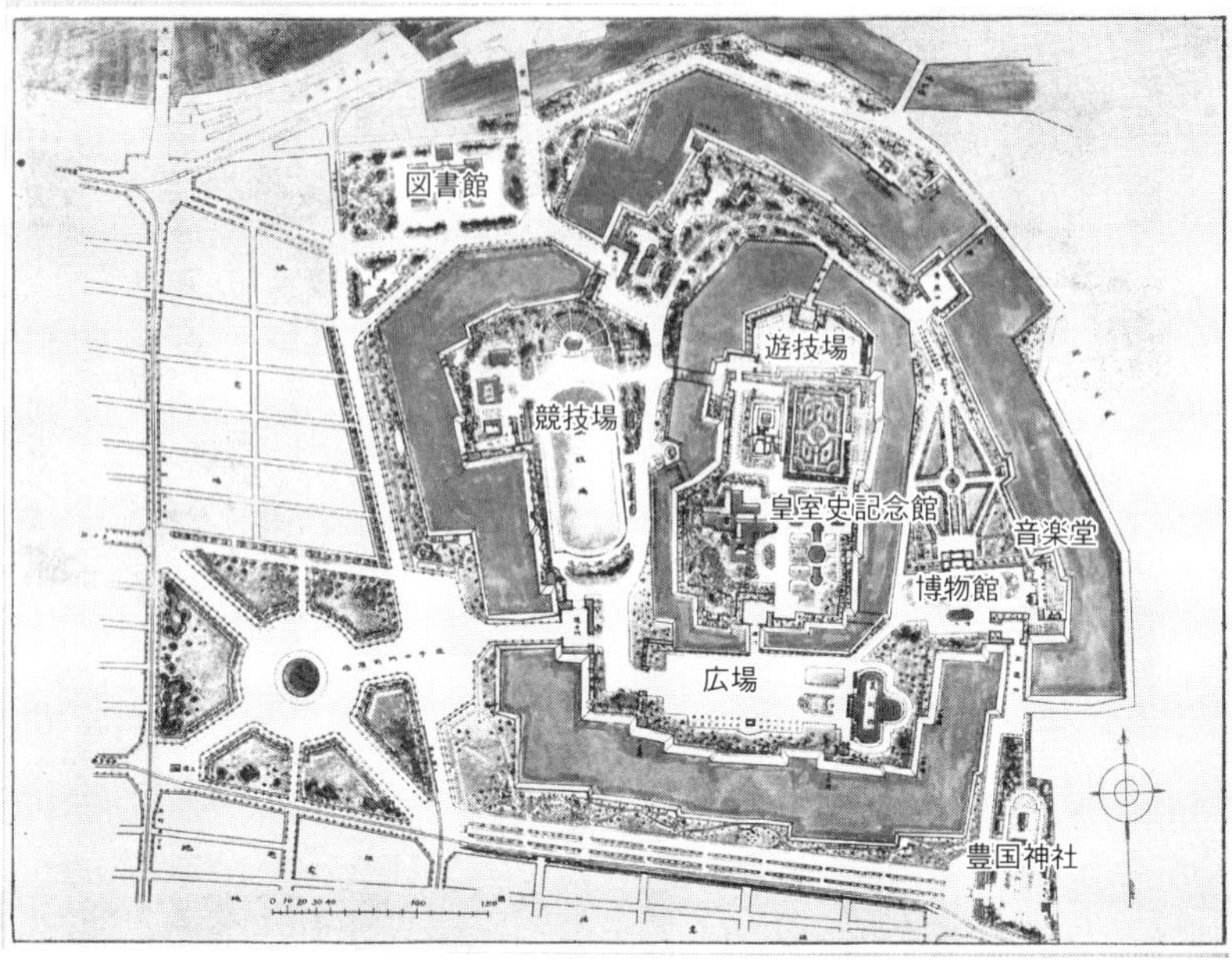

図１　大阪城公園原案設計図（椎原兵市『現代庭園図説』1924年）

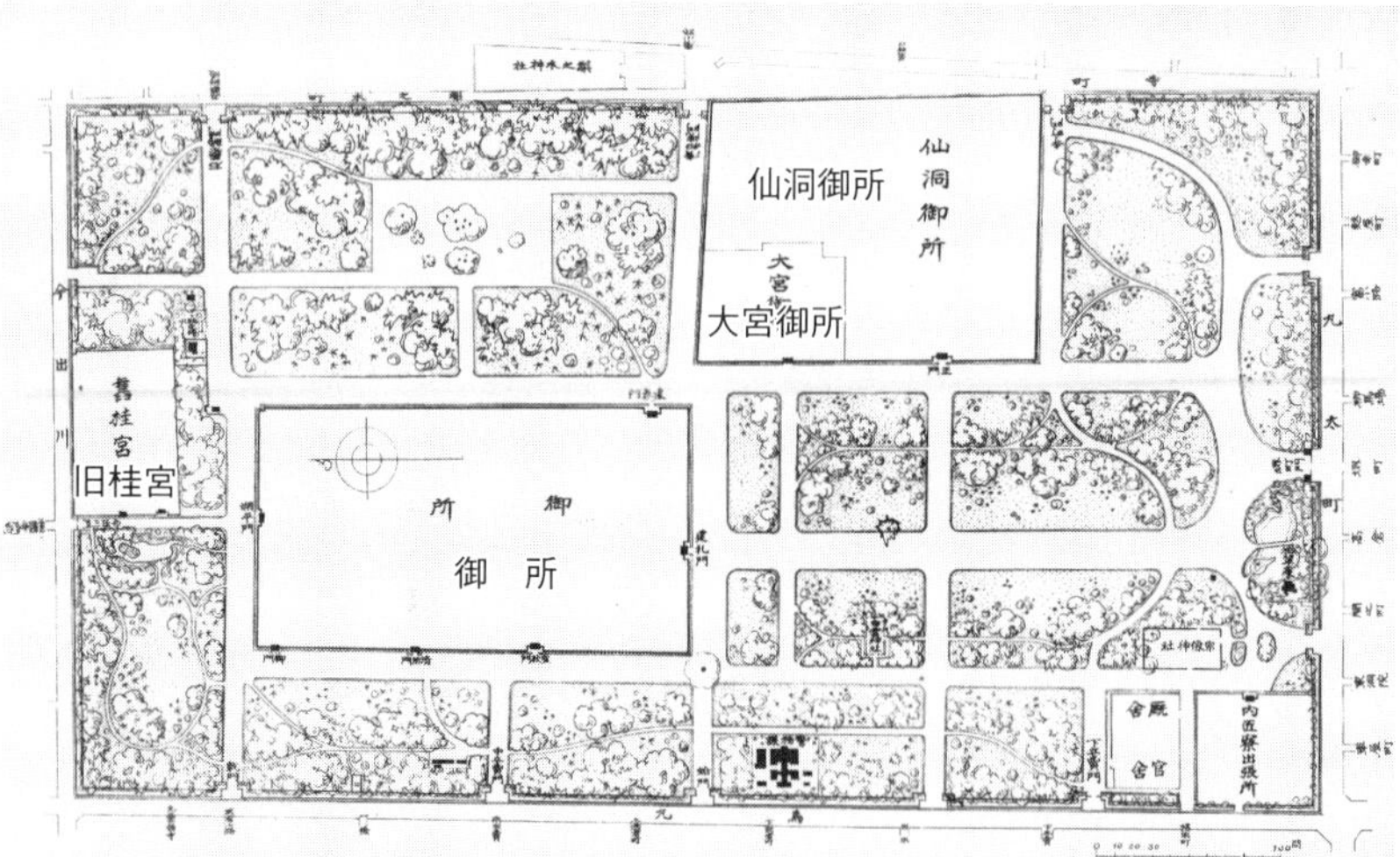

図２　京都皇居御苑設計図（同前）

ある豊臣秀吉の天守閣は、皇室の家臣が宮殿の脇に侍ることを象徴した建物と見ることもできる。そして、豊国神社は南東の外苑に配されており、その外苑に向かっては美術館、図書館、博物館（二の丸のもの）などの市民施設を分散させていく設計意図が明らかである。

まとめ

本論では、大正九年（一九二〇）時点の初期設計「大正九年椎原原案」の「大阪離宮」と、昭和七年（一九三二）の大阪城公園開設後の「椎原修正記事」の記述の差から、当該公園設計の意図を読み取ろうとした。何故、椎原は当初設計にある「設計梗概」の原文から、本書で指摘した部分を削除して『建築と社会』に修正記事を掲載したのか。そして、何故座談会において他の出席者のように陸軍の設計を具体的に非難しなかったのだろうか。大正九年に原案を設計し、その図面を大正一三年に早くも椎原自身の公園設計図集に収録、出版した。設計梗概である原案は彼の手元にあったのだろう。ゆえに彼の母校、京都工芸繊維大学に寄贈されて今日に遺った。『建築と社会』刊行は昭和七年である。ここには原案の修正された記事が掲載された。

削除、修正された部分に書かれていたのは、先にも見たように「皇室」の空間を大阪に構築することであった。削除部分にはまた「大阪市ハ商工業ノ中心トシテ他ニ比類ナキ盛況ヲ檀ニスト雖モ東京、京都、名古屋等各市ニ比シ畏レ多キ事ナガラ皇室ニ関スル縁故近時甚ダ浅キノ感アリ」[39]とあり、皇居、離宮を有する都市に大阪を並べることが意図されている。そして、その公園のデザインは、「近代天皇」が洋服を着ているように「西洋風」である。その空間を強調するために、復古調ではない、近代の西洋風のスタイルとした。

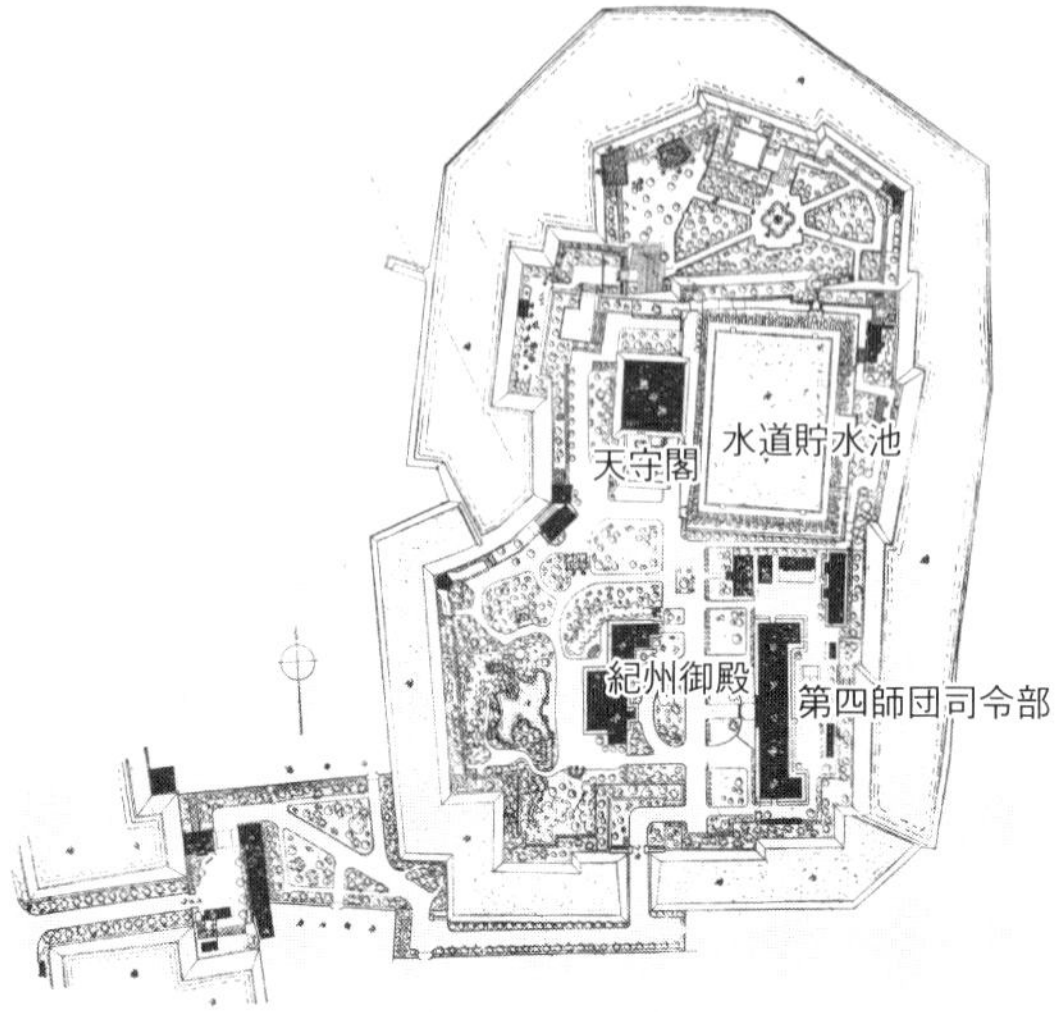

図3　大阪城公園平面図（『建築と社会』第15輯第7号、1932年）

秀吉の天守閣復興は、天皇の藩屏としての関白太政大臣の象徴建造物の復興と見た。しかし当初は天守台に小さな建物を建てるにとどまっていた。

大正九年時点での椎原は、宮内省から請われて大阪市に赴任したばかりで、その最初の大きな仕事が大阪城公園の設計であった。この年、大阪市の都市計画は端についたばかりであった。実施母体となる都市計画大阪地方委員会も、この年は九月九日の第一回だけで、規則と組織を定めたのみであった。つまり、大正九年時点での椎原は、まだ宮内省内苑寮技師の視線で大阪城を捉え、皇居や名古屋離宮（名古屋城）、二条離宮、そして彼が自ら設計を手掛けた京都御苑と同列に大阪城内を「皇室の空間」として設計することを考えたと見ることができる。

しかしながら都市計画事業が実施されていくに及んで、「公園」の設計標準は、内務省の指示により面積標準を達成するという、極めてフィジカルで機能的な空間に従うことが一義とされ、それを求めることが大阪市公園課長としての椎原の責務となる。さらに城内には陸軍が残存することになった。公園は都市計画のなかでは、都市を構成する一施設であった。大阪城公園、すなわち都市計画公園第一二号という現実のなかで、実施設計が公文書として大阪市公文書館に残されてきたのである。結果としてできあがる大阪城公園施設（図3）[40]は、天守閣の脇に水道施設（配水池）、既設の紀州御殿、そして陸軍司令部である。この椎原の「皇室」的空間の意図を読めなかった場合、確かにこの空間は歴史的統一性のない雑多な空間と見えることになる。

昭和七年『建築と社会』座談会で、場の主題が「豊太閤の桃山時代」の空間再現を標榜し、一方で陸軍司令部の欧州の古城様式が非難されるなかで椎原は沈黙していた。大阪の新名所として最終的に出来上がった昭和三年の空間は、現代にも継承されていくが、大阪城天守閣の君臣としての象徴、本丸に企図された皇室の象徴空間からは隔絶した、一種無機的な、いわゆる都市計画的なインフラ空間におわったといえようか。

（1）高橋正義・十代田朗・羽生冬佳「戦後復興期の観光関係特別都市建設法の成立と同法制定都市における観光都市計画に関する研究」（『都市計画講演集』三八（三）、二〇〇三年）。
（2）工藤泰子「「松江国際文化観光都市建設法」の特徴と其の成立過程における住民の意識」（『日本国際観光学会講演集』第二三号、二〇一六年）。
（3）京都市「京都国際文化観光都市建設法に基く報告書」（昭和二九年）。
（4）森風香・中野茂夫「戦後奈良市における都市保全計画の推移について」（『日本建築学会計画系論文集』第八八巻、第八一〇号、二〇二三年）二三六〇～二三七一頁。
（5）高木博志「『史蹟名勝天然紀念物』昭和編・解題」（同総目次所収、不二出版、二〇〇八年）。
（6）千原隆三「黒田屏風絵図に就いて」（『建築と社会』第一五輯第七号、一九三二年）四四～五二頁。
（7）芝村篤樹『日本近代都市の成立――一九二〇・三〇年代の大阪』（松籟社、一九九八年）。
（8）大阪市役所「第一次大阪都市計画事業誌」第一章（一九四四年）。

（9）大阪市役所、同上書。
準用法公布から一月余りののち一九一八年五月に都市計画調査会官制が発布され、一九年四月に公布されることになる都市計画法と市街地建築物法を制定する準備作業がはじめられた。産業革命前に制定された東京市区改正条例では根本的に不十分であると考えられたためである。都市計画法の内務省原案を起草したのは池田宏（内務省初代都市計画課長）である。関も調査会の委員に任命され、法案起草のための小委員会にも入っている（芝村篤樹『関一　都市思想のパイオニア』松籟社、一九八九年、六六頁）。
（10）橋寺知子・川道麟太郎「明治初年に大坂城址に設置された近代的施設について」（『日本建築学会計画系論文集』五八八、二〇〇三年）一七九～一八四頁。
（11）椎原兵市「大阪城趾の公園計画」（『建築と社会』第一五輯第七号、一九三二年）三七～四三頁。
（12）橋寺知子「大正期の「大阪城公園」計画と昭和期に実現した大阪城公園について」（『日本建築学会大会学術講演梗概集（北陸）』二〇〇二年）四四一～四四二頁。
（13）橋寺知子「開園時の大阪城公園と大正期の計画案について」（『日本建築学会近畿支部研究報告集』二〇〇二年）一〇二九～一〇三二頁。
（14）前掲註（11）椎原論。
（15）小野芳朗・本康宏史・三宅拓也『大名庭園の近代』（思文閣出版、二〇一八年）。
（16）小野芳朗・本康宏史・中嶋節子・三宅拓也『図説　大名庭園の近代』（思文閣出版、二〇二一年）。
（17）椎原兵市氏の作品と業績出版委員会『椎原兵市氏の作品と業績』一九六六年。
（18）佐藤昌『日本庭園緑地発達史』下巻、第六節「市川之雄と椎原兵市の作品」（都市計画研究所、一九七七年）四〇〇～四〇四頁。
（19）小野芳朗「大阪城公園の初期計画における設計者椎原兵一の意図」（『ランドスケープ研究』七六（五）、二〇一三年）四一七～四二〇頁。
（20）小野芳朗『風景の近代史』第三章「御堂筋の銀杏」（思文閣出版、二〇二三年）。

(21) 能川泰治「大阪城天守閣復興前史――陸軍史料に見る大阪城の観光地化と浪速神宮問題」（『大阪の歴史』七三、二〇〇九年）八三～一一六頁。
(22) 北川央「大阪城天守閣――復興から現在に至るまで」（『歴史科学』一五七、一九九九年）一四～二四頁。そのほか大阪城の歴史については、渡辺武『再版増補　図説再見大阪城』（大阪都市協会、一九八三年）や天守閣復興については、牧英正「昭和の大阪城天守閣築造」（『大阪市公文書館研究紀要』五、一九九三年）に詳しい。
(23) 酒井一光「大阪城天守閣復興と城内の聖域化」（『大大阪イメージ』創元社、二〇〇七年）五六～七七頁。
(24) 波江悌夫・椎原兵市ら「特輯三建築を主題として」（『建築と社会』第一五輯第七号、一九三二年）八九～一〇九頁。
(25) 前掲註(23)酒井論。
(26) 橋寺知子「大正期の「大阪城公園」計画と昭和期に実現した大阪城公園について」（『日本建築学会大会学術講演梗概集（北陸）』二〇〇二年）四四一～四四二頁。
(27) 椎原兵市「大阪城跡公園設計梗概」（大阪市役所都市計画部、一九二一年、大正九年七月計按、京都工芸繊維大学美術工芸資料館蔵、AN.4822-bis-1-13）。
(28) 椎原兵市「大阪城址の公園計画」（『建築と社会』第一五輯第七号、一九三二年）三七～四三頁。
(29) 大阪市：案土甲三八〇一号「大阪城公園施設承認ノ件」（一九二九年、大典記念大阪城公園施設概要説明書：都市公園台帳・大阪城公園、昭和四年～一〇年、35998、大阪市公文書館蔵）。
(30) 前掲註(23)酒井論。
(31) 酒井一光（二〇〇七）、前記書。
(32) 小野芳朗「戦前の都市計画法適用下における岡山後楽園と公園計画」（『日本建築学会計画系論文集』六五九、二〇一一年）二五三～二五九頁。
(33) 内務省「都市計画会議」（『都市公論』七（七）、一九二三年）三三～八七頁。
(34) 大阪市「大阪都市計画圖・街路・運河・公園・墓地」（一九二八年、大阪府立中之島図書館蔵）。

(35) 椎原兵市「我が大大阪の計画成る」(『大大阪』四、一九二八年(八))二四頁。
(36) 大阪市:案土甲三八〇一号「大阪城公園施設承認ノ件」(一九二九年、大典記念大阪城公園施設概要説明書:都市公園台帳・大阪城公園、昭和四年~一〇年、35998、大阪市公文書館蔵)。
(37) 椎原兵市『現代庭園図説』(一九二四年、大阪城趾公園設計図)一二五頁。
(38) 椎原兵市『現代庭園図説』(一九二四年、京都皇居御苑)七頁。
(39) 椎原兵市:大阪城跡公園設計梗概:大阪市役所都市計画部、一九二二年、大正九年七月計按(京都工芸繊維大学美術工芸資料館蔵、AN.4822-bis-1-13)。
(40)「大阪城公園平面図」大阪城天守閣口絵内、Ⅶ-11(『建築と社会』第一五輯第七号、一九三二年)。

写された名所——植民地朝鮮の写真葉書と「芸術写真」を中心に

金　桂園

はじめに

本稿は、二〇世紀初めに韓国で「名所」に対する社会的認識が生まれ、「名所」が視覚イメージとして生産、流布、消費された歴史的脈絡を考察する。具体的には、一九二〇～一九四〇年代における写真葉書と「芸術写真」が植民地朝鮮の名所を表象した方法を比較、分析する。植民地朝鮮の名所が収められた写真葉書は、一九二〇年代総督府の観光育成政策と相まって浮上した。発行主体は、朝鮮総督府鉄道局や南満洲鉄道局のような公共機関および日之出商行、大正写真工芸所などの近代期の日本において写真帖や写真葉書を製作、販売していた会社であった。一方、「芸術写真」の生産主体は、商業写真と距離を置き、純粋な創作活動として写真を撮っていたアマチュア写真家であった。

生産の主体と目的は異なるが、写真葉書と「芸術写真」は近代的な視覚媒体である写真を通して名所を表象したという点では共通している。複製が可能で移動に適している写真の特性により、カメラに収められた名所はすぐに書籍、案内冊子、展覧会、新聞、絵葉書などの公的な流通経路を経て、時差なく国内外の読者に届いた。本稿は、写真が名所の再現と認識において重要な分岐点を提供したという事実に注目し、写真葉書と「芸術写真」の具体的な事例を通してこれを考察してみたい。

一　写真葉書のなかにおける朝鮮の名所

韓国において写真葉書はいつ導入されたのか。一八九九年フランスから渡ってきた大韓帝国の郵便局顧問クレマンセ（E. Clemencent）は、「国内の有名な風景や楼台、城郭、望楼の景色を写真に収めた絵葉書を制作すれば高値で販売することができる」という提案書を政府に提出した。(1)当時、フランス語教師として韓国に滞在していたアルベルク（Alévêque, C. 1865-1925）は、自身が撮影した計四〇枚余りの宮殿の写真と風俗写真をもとに、フランスに直接製作の依頼をした。これが韓国と関連した最初の写真葉書として知られている。翌一九〇〇年、大韓帝国の農商工部印刷局は一銭値の葉書を発行し、一九〇五年の乙巳条約の直後には伊藤博文の在任記念葉書が製作され、流通した。(2)

一九〇〇年初めの写真葉書が主に風俗と関連したイメージであった一方、植民地時期に大衆間で生産、流布した写真葉書は風俗、名所、都市風景、妓生など朝鮮に関する多角化されたテーマを扱っている。特に朝鮮の「名所」を収めた写真葉書は、日露戦争後における帝国の植民地観光政策と結びつきながら、旅行案内書や記念品というかたちで大量生産された。写真葉書の流行は、一九〇〇年代初めの日本における旅行概念の変貌とも関連している現象である。旅行は近代人としての教養であり、「新文化」のひとつとして理解され、外地への旅行商品もまた急激に浮上した。[3] 特に、大陸旅行は近代人の教養と文化を拡張するきっかけとして理解され、満州は戦勝踏査地、朝鮮は文化踏査地として宣伝された。

朝鮮への最初の旅行商品は、一九〇六年六月に大阪朝日新聞と東京朝日新聞が募集した「満韓巡遊」団体観光である。これらの新聞社は、満洲および朝鮮への団体観光をメディアイベントとして企画し、観光案内書、絵葉書、新聞広告を通して積極的に宣伝した。出港から到着、そして観光団の移動を記録し、旅行の成果物として『ろせった丸満韓巡遊紀念写真帖』と『満韓巡遊歸航記念絵葉書』セットを発刊したりもした。[4] 写真帖と写真葉書を見てみると、朝鮮旅行のルートは釜山（東萊山城、龍頭山公園神社、都心市街地）、大邱、鎮海、仁川（開港場、日本公園、韓人部落）、京城（鉄道駅、南大門、光化門、昌德宮、景福宮、パゴダ公園の圓覺寺址十層石塔、景福宮慶會樓、水標橋、南山公園、統監部、鐘路と六朝門）、平壌（大同江鎮南浦、大同門、大同江鉄橋、箕子墓、乙密台、玄武門、七星門）である。すなわち、満韓船遊において朝鮮の名所は、①首都京城および平壌の宮闕と城郭、寺院と陵墓を含んだ歴史的な場所、②仁川を筆頭とした開港場都市、③植民地における軍港都市として開発された鎮海、④乙巳条約（第二次韓日協約）の締結後、新たに造られた日本式の神社と公園、⑤帝国権力の象徴である南山の統監部庁舎から構成された。

満韓巡遊の写真帖は、朝鮮王朝の主要空間と建築物が一九一〇年の日韓併合前からすでに帝国のための観光名所に変容していた状況を表している。京城に位置する昌徳宮の宙合楼の二階に上っては花階の蓮の花を見物する日本人観光客もいれば、平壌の箕子墓内部に入って石造物の脇を歩く観光客もいる（図1、図2）。また写真帖は、仁川に新しく造られた日本人街と朝鮮人部落を上下に対照させる写真をひとつのページに載せ、比較写真術を通して二つの場所の違いを可視化している（図3）。その後、一九二〇〜一九四〇年代ま

図1 昌徳宮 宙合楼（『ろせった丸満韓巡遊紀念写真帖』東京朝日新聞社、1906年）

図2 箕子墓（『ろせった丸満韓巡遊記念写真帖』東京朝日新聞社、1906年）

図3 仁川日本人街と仁川朝鮮人部落（『ろせった丸満韓巡遊記念写真帖』東京朝日新聞社、1906年）

で朝鮮関連の写真葉書と観光案内書が「名所」として採択した場所は前者である。日本人の居住地は消費と流行、モダンな趣向の中心地として定着すると同時に、帝国の後ろ盾のもとに「躍進する朝鮮」の姿を端的に表すことができるためであった。

満韓巡遊記念写真帖と写真葉書は、日韓併合期においてどのように既存の名勝地や史跡が名所化され、同時に都心にある新名所が新たに登場したのかを見せてくれる事例である。もちろん、朝鮮時代にも景色の良い名勝地として広く知られた場所があり、詩書画の伝統のなかに名勝地を再現する慣行もまた存続していた。[5] しかし、大多数の名勝地は自然景観であり、城郭、楼閣、宮殿などの古建築や都心地の人工景観は多くない。一方、帝国において朝鮮の名所は、統治の中心地、日本と大陸を繋ぐ京釜線および京仁線鉄道が通る路線上の都市、植民地開拓の拠点となった仁川をはじめとした港町を含む概念であった。新たな名所を構成するにあたって最も重要な場所は首都京城であった。特に、一九二九年に開催された朝鮮博覧会は、京城を「モダン日本」と軌を一にする近代化の前線として位置付ける契機として作用した。京城の都心にある名所は、新築のモダン建築物、役所、遊園地、商業地区、ランドマークからなる人工景観を多く含んでいたという点で、朝鮮時代の名勝地概念とは対照的である。

植民地朝鮮における名所の登場と変容は、写真という近代的媒体の介入、すなわち名所の写真化を伴いながら進められた。日之出商行と大正写真工芸所は、朝鮮関連の写真帖、写真アルバム、写真葉書を発行した代表的な業者である。『京城繁昌記』（博文社、一九一五年）に載せられた日之出商行の広告から判断するに、一九一〇年代初めから日本の写真業者が朝鮮に進出し、商品を製作、流通させていたことが推定される（図4）。キャッチコピーは「朝鮮名所風俗絵葉書写真帖発行元」を明示し、国内外の絵葉書とアルバム、額縁、そして扇子、団扇、カレンダーを製作しているというフレーズも目に留まる。

では、日之出商行は朝鮮の名所をどのように定義しているのか。国際日本文化研究センターが構築した「朝鮮写真絵はがきデータベース」は、日之出商行が発売した葉書を多数保有しているが、そのなかでも一九一三年の『朝鮮名所絵葉書』は計二一枚の白黒写真から構成された典型的な観光写真葉書セットとなっている（図5）[6]。葉書のなかに写る朝鮮の名所は、昌徳宮（仁政殿、敦化門、宙合楼など）、昌慶宮（植物園、李王家博物館など）、景福宮（勤政殿、香遠亭など）、徳寿宮、独立門、パゴダ公園、南大門、朝鮮総督府、北漢山洗剣亭、朝鮮銀行、龍山（鉄道駅、京釜線漢江鉄橋、旧総督府官署）、水原（華虹門、王陵）、開城の善竹橋、平壌

図4　日之出商行　広告（『京城繁昌記』博文社、1915年）

図6　忠清南道恩津郡定山面灌燭寺内弥勒菩薩の大石像（『朝鮮名所絵葉書』日之出商行発行、1913年）

図5　京城南大門通三丁目（『朝鮮名所絵葉書』日之出商行　発行、1913年）

（乙密台、大同江、玄武門、七星門、鎮南浦）、鴨緑江鉄橋、咸鏡南道永興郡黒石里民家、京畿道碧蹄館、仁川港月尾島、灌燭寺内弥勒菩薩、密陽嶺南楼、釜山小西行長の城跡、晋州矗石楼、慶州仏国寺、群山港からなっている。一九〇六年の満韓巡遊と比較すると、一九一三年における日之出商行の「朝鮮名所」は、日韓併合後に建築された総督府の建物、昌慶宮の植物園と李王家博物館、朝鮮銀行、漢江鉄橋を追加して構成された。また、密陽の矗石楼、灌燭寺の石造彌勒菩薩立像、慶州の仏国寺など全国の主要な古寺院もやはり「朝鮮名所」として採択された（図6）。伝統的な史跡地の追加採択は、日韓併合後に行われた総督府による古跡調査の結果が名所の認識にも影響を及ぼし、写真葉書のようなミクロなイメージの次元まで反映されたことを示唆する。

大正写真工芸所は和歌山県に本社を構え、京城と平壌の二箇所に支部を置く写真印刷物製作業者であった。風俗、風景イメージだけではなく戦争や軍事関連写真帖の製作を通して成長した会社で、帝国の大陸膨張政策に伴って満州、大連にまで販売と流通の範囲を拡大していった(7)。大正写真工芸所が製作した写真帖としては、『朝鮮之風光』（朝鮮総督府鉄道局発行、一九二七年）、『朝鮮の展望』（大阪屋号書店発行、一九三四年）、『半島の近影』（朝鮮総督府鉄道局発行、一九三七年）などがあり、一九三〇年代に製作された『京城百景』と『朝鮮情詩』が代表的な写真葉書シリーズである。ここでは、『京城百景』シリーズを中心に見ていこう。

『京城百景』が製作された時期を正確に特定することはできないが、一九三二年に竣工した博文寺と一九三七年に竣工した総督府逓信局の写真が含まれているため、一九三〇年代中頃以降に製作、販売された可能性が高い(8)。京城の名所を一〇〇のシーンに選別してイラストや彩色を施さない生写真として作り、これら複数の異なる名所の写真を一つの画面に再構成して編集した葉書が多いというのが特徴的である。一九三〇年代には京城を電車と自動車で半日もしくは一日中見物する商品が流行するほど旅行コースが細分化された。大半の旅行商品は、京城の八大名所として京城駅、龍山駅、南大門、朝鮮総督府、京城府庁、朝鮮神宮、南山公園、植物園を挙げている。これに比べ、『京城百景』の一連の絵葉書は近代的な諸施設と内地人が訪問する観光地、さまざまな見どころと消費場所、都心の路地、銀行、学校、逓信局、総督府官署、新聞社、百貨店など朝鮮に在留している日本人の生活圏を包括的に扱っている（図7）。

しかし、『京城百景』は観光地と見なしがたい朝鮮人の民家の内部と生活像、すなわち朝鮮の風俗を描写するイメージも多く含んでいる（図8）。「朝鮮景観」と称されたこれらの風俗写真は、正確な撮影場所を特定できないため、文字通り名の知れた場所を意味する「名所」とは異なる。『京城百景』が採択した朝鮮の風俗は、路上における束の間の休息、長閑、藁の家、妓生、荷担ぎ、洗濯する姿、子どもや年寄りの後ろ姿などである。風俗を写した葉書は史跡地と近代的なランドマークの葉書に比べて数は少ないが、これを「見どころ」として選定して視覚化したという点において、『京城百景』は植民地を特定の方法で表象する帝国の権力と分離できないものであった(9)。

また、『京城百景』における別の特徴として編集の力動性と多様性を挙げることができる。京城の名所を指し示す一〇〇枚の写真を葉書いっぱいに映す場合もあったが、大多数の葉書は二〜五枚の異なる名所の写真を一枚の葉書のなかにダイナミックな映像のように配置した。均一な距離から撮影した建築物の写真を図鑑のように並べる場合もあったが、クローズアップ写真と広角アングルを同時に採択し、単調な編集を避ける戦略もまた採用された（図9）。空撮に似たかたちで撮影した崇礼門と、崇礼門内からモダンな建築が並ぶ市街地を見渡す場面を同じ画面に併置し、同一の名所を異なる角度から表象できることを示している（図10）。このような多重的、力動的な編集は一九三〇年代の写真印刷物の特徴として、一九三七年朝鮮総督府鉄道局から発刊された『半島の近影』においても容易に見て取れる（図11）。射線構図と果敢なフレーミングを通して、南大門と総督府、慶會樓と妓生が重なるとき、朝鮮と日本、植民地と帝国の差異は無化され、妓生が案内する「半島の最新の姿」が時間を割いて見物する価値のある見どころにかたちを変える。それは、一九三〇年代における近代化のひとつの道としての「躍進する朝鮮」の姿でもあった。では、当時カメラを

図８　妓生 長閑 街上小憩（『京城百景』大正写真工芸所、1930年代）

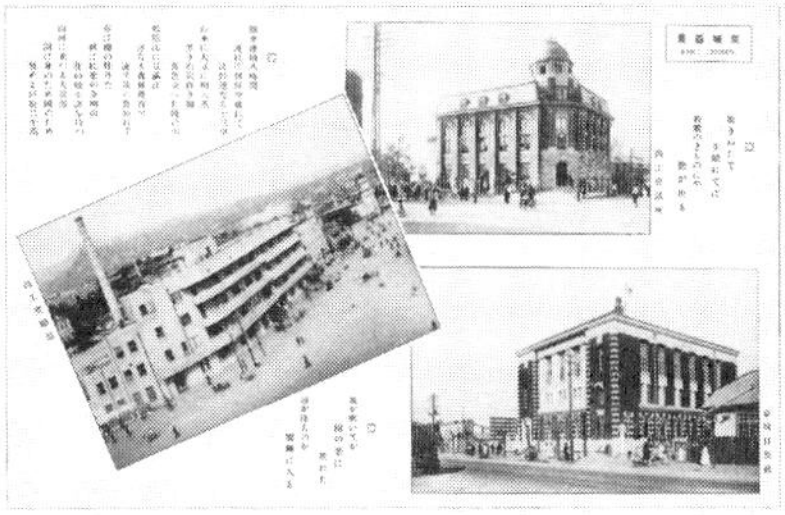

図７　商工会議所、京城日報社、商工奨励館（『京城百景』大正写真工芸所、1930年代）

図10　南大門付近の盛観 南大門内ヨリ南大門通ヲ望ム（『京城百景』大正写真工芸所、1930年代）

図９　太平通 総督府尖塔 総督官邸 官邸正門（『京城百景』大正写真工芸所、1930年代）

図11　京城（『半島の近影』朝鮮総督府鉄道局、1937年）

持ちながら京城の街を歩いた人々、中間層の高級な趣味として写真を撮った在朝鮮日本人たちは朝鮮の名所をどのように表象したのだろうか。

二　在朝鮮日本人の「芸術写真」と名所

独自の写真雑誌が発刊されなかった植民地朝鮮において『京城日報』の紙上展と懸賞公募は、アマチュア写真家たちが「芸術写真」を生産、発売、流通させることのできる重要な制度装置であった(10)。しかし、イメージ生産および消費する主体は日本人に限られていた。『京城日報』が総督府機関紙であったこともあり、公募形式そのものが日本の慣行を踏襲していたため朝鮮人の写真家を自ずと排除することが可能であった。たとえば、一九一八年一〇月付の『京城日報』は「晩秋」をテーマに論文、漢詩、俳句、川柳、和歌、小品文、情歌、短編小説、一口話とともに読者からの写真を募集している。「大懸賞社告」というテーマの懸賞募集記事は次のように綴られている。

天高馬肥、燈火将に親むべきの候、吾人の詩趣亦空しからず、我社は此の好季に際し、我十萬愛讀者諸君の為に詩趣の深きを添へんが為左の懸賞を以て(後略)(11)

写真公募展の懸賞金は一五〇円で、各部門の入賞者一等には三円、二等の二名には各二円、そして三等三名には各一円の賞金が与えられた。同年一一月一六日の紙面に受賞作が発表され、一等作には秋山生、二等作には橋本紅葉の写真が選ばれた。残念なことに当選作の写真原本は残っていない。新聞紙上に印刷された写真は画質が悪いため正確には分からないが、おおよそ紅葉、森、道などの閑寂とした風景を収めたり、刈り入れする農夫の後ろ姿を前景に配置して季節感を演出した風景写真であると推定される（図12）。すなわち、受賞作は名の知れた場所としての朝鮮の名所よりは、撮影場所を正確には特定できない朝鮮のどこかにある風景を叙情的で牧歌的な方法で描き出している。

『京城日報』の懸賞募集において注目すべき点は、写真という視覚イメージを通して「詩趣」の深みを加えるという募集の形式である。和歌と漢詩、川柳などの多様なジャンルの詩を風景イメージと繋ぎ並べ、これを通して季節感と情緒を喚起させることは、日本の名所絵の規範に沿うものであったからである。名所絵は、山水画の理想的な風景ではなく実際に存在する「名のあるところ」のイメージを短い詩と融合させる古代平安時代の宮廷絵画の伝統に由来している。[12] 時代に沿って、「名所性」を成す条件は変貌したが、①和歌との結合、②「名のあるところ」というテーマ、③季節感の表現は、名所絵の共通要素であり、この点は二〇世紀に入っても大きく変わらなかった。[13] 名所絵の伝統は、江戸時代（一六〇二～一八六八）に多色木版画と結びつきながら庶民文化のなかへ急速に拡散していき、一九世紀中頃以降には写真術の到来とともに新たな大衆文化の形態として定着した。明治初期の上野彦馬（一八三八－一九〇四）、日下部金兵衛（一八四一－一九三四）をはじめとした第一世代の営業写真家たちが地方の風景写真を編んで内国勧業博覧会で販売した「名所写真」が代表的な例である。[14]「名所写真」は海外で日本を宣伝するイメージや観光商品として人気を博し、二〇世紀初めにおける印刷術の飛躍と相まって絵葉書と結びついた結果、営業写真の

図12　秋山生《晩秋》（『京城日報』1918年11月18日）

最も大きな軸を形成した[15]。すなわち、前節で述べた朝鮮関連の写真葉書は広義の意味で日本の「名所写真」の系譜に属する。

ところが、『京城日報』の懸賞公募はある程度名所絵の伝統に則しながらも、当時の観光葉書の写真や販売用の名所写真とは違いをもつ。当選作は「名のあるところ」の名声や観光価値を付加するというより、公募展のテーマである「晩秋」を連想する季節感の演出に力を注ぐ。これは、一九一〇～三〇年代在朝鮮日本人中心の「芸術写真」懸賞公募においてよく見られる現象であり、ほとんどの受賞作は自然を背景として設定し、人物を前景に配置して自然と視線を収斂させる構図をとっている。表現技法上はブロムオイル（bromoil）印画と、ソフトフォーカスフィルターを経てやわらかい軟調風の画として表現される。テーマと構図、技法面から見ると、二〇世紀初めにおける日本の「芸術写真」と絵画主義風景写真、スケッチを基盤とした水彩画、自然主義文学に登場した匿名の風景描写に近い[16]。しかし、場所の意味がイメージ単体では成立せず、詩を必要としているという点で名所絵の層位が共存しているというのも事実である。

風景撮影に加えて詩の提出を求める『京城日報』の指針は、名所絵、名所写真、絵画的風景写真の表象方法が複層化した「芸術写真」の特殊な脈絡を顕にする。これは、同時代日本の写真雑誌である『写真新報』や『写真月報』においては滅多に見られない現象である[17]。勿論、日本の写真雑誌のなかからも『京城日報』の当選作と似た牧歌的で叙情的な雰囲気を帯びた風景写真は容易に見つけることができる。しかし、文章は補助的な役割を担うだけで、名所を直接的に指し示すことは稀である。むしろ、名所を撮影したとしても、「早朝」、「雨の日」、「夕暮れ」のように一般的なタイトルを付けることによって場所の匿名性を強調している。

一方、一九二〇年代に在朝鮮日本人を中心とした「芸術写真」公募展からは、名所と匿名的な風景の表象方法が交差し、重畳する現象を見てとれる。日本人の写真家たちによる最も大きな団体であった朝鮮写真協会は、京城にある三五の名所をテーマにした芸術写真懸賞募集を一九二二年の『東亜日報』と『毎日新報』に掲載した。そのうち、『毎日新報』の記事を紹介すると以下の通りである。

芸術写真展覧、京城名所写真募集

朝鮮写真協会の主催で、最も興深い京城の名所三五ヶ所の景勝を収めた芸術写真を集めるつもりだが、出品する数に制限はなく、会費は一人当たり五〇銭を出品者から受け取るらしい。その写真を一般に展覧するため陳列することに決め、入賞等級は一等五〇円、二等三〇円、三等一五円、四等一〇円、五等五円に分け、一等から佳作までの三五枚はコロタイプに取り付けて希望者に頒布する予定であるため、希望者は予め申請すべしという。ただ、実費三円ほどの予定で、出品締め切りは一〇月二〇日まで。発表は一〇月二五日で、芸術写真は二五日より二日間適切な場所で観覧できるようにし、審査委員は岩田鼎、伊藤秋畝、武井天羊氏に決めたそうである。後援は、京城中村写真材料部、大澤商会写真材料店その他にも何箇所かあるという[18]。

記事のなかで「芸術写真」と「名所」は揃って登場する。これはたんに用語採択の問題かもしれないが、撮影のテーマを「名所三五ヶ所の景勝」に限定している点で、一九二〇年代の日本における「芸術写真」が追求した無名の風景、主体の内面が投射される匿名の風景とは大きな違いを見せる。むしろ、このようなテーマ設定は前章で言及した『朝鮮名所絵葉書』や『京城百景』の構造を思い起こさせる。だとすれば、なぜ「京城の名所三五ヶ所」をテーマに公募展を開催したのか、また京城の名所とは具体的にどこを指すのか。

朝鮮写真協会の「名所三五ヶ所の景勝を収めた写真」は、日之出商行、大正写真工芸所、朝鮮総督府鉄道局が販売した名所写真とどのような違いがあるのか。残念ながら公募展の当選作は現存しないため、作品を通してこれに対する糸口を探すのは不可能である。だが、関連新聞記事を通して芸術写真と京城に位置する名所のあいだにあるいくつかの関係性を類推することは可能である。

まず、『京城日報』と『毎日新報』が一九一〇～一九二〇年代に公募展のテーマとして選定した京城の名所は、日本人のための文化景観という意味合いに近かった。都心の市街地が形成されていくなかで登場した再形成された都城の内外と、南山、龍山、漢江周辺の交通、文化、宗教、公園施設を「京城の名所」として捉えたのである。パク・スジとキム・ハンべの研究によると、このような京城の名所は都城と宮内施設を含んではいたが、植民史観が再定義した観光資源の性格を明確に帯びていた。内地人を中心とした言論媒体と文学および芸術作品において最も多く言及された場所は、南山（朝鮮神宮、京城神社、南山公園、百貨店）をはじめとした明洞、漢江入り口（漢江鉄橋）、昌慶苑、京城駅、総督府の建物など新名所を含んでいる。興味深いことに朝鮮人読者のためにハングルで書かれた新聞や小説でも文化景観は登場するのだが、パゴダ公園、東大門、南大門など朝鮮人の生活圏と密接にかかわる場所である。すなわち誰にとって「名の知れた」場所であるのか、場所性を付与する主体が誰であるのかによって名所の定義と範囲は可変しうるということを示唆している[19]。

次に、都心の新名所は植民地観光政策の一環として開発された「京城遊覧ルート」と一致し、同時に総督府の都市政策、そして在朝鮮日本人の生活圏と緊密に連動していた[20]。日本人の写真家が過ごす日常生活は京城の新名所を中心に繰り広げられた。したがって、彼らの創作活動において名所は恒久的な場所というだけではなく、一回性の催しや出来事が起こる「名のあるところ」をも意味していた。たとえば、一九二三年一〇月に『京城日報』は京城協賛会と共同して「副共写真の懸賞募集」を企画し、写真テーマを朝鮮副業品共進会場周辺および共進会に関するものに限定した。記事によると、「より一層盛り上げるため」総督府が主催する催しである「共進会場をテーマにした芸術写真」を募集し、「アマチュア写真家の積極的な参加を」期待するという(21)。

最後に、在朝鮮日本人の写真家らは内地人の観光地として再定義された史跡や新名所を「芸術写真」というかたちで撮影し、写真印刷業者に提供していた。朝鮮副業品共進会を撮影した芸術写真の懸賞募集が行われるわずか四日前、『京城日報』は「懸賞で募集する芸術的な絵葉書」という見出しの記事を出し、火災によって七〇〇〇枚の写真原版を焼失した京城日之出商行で「高級な写真趣味」をもった読者を対象に徳寿宮石造殿、景福宮、釜山とその他の地域のキャビネ型名所写真を募集するという内容を紹介した(22)。「芸術写真」が名所をテーマにするだけではなく、名所を撮影した「芸術写真」が写真葉書として販売、流通していた状況を知ることができる。写真材料店である大澤商会が名所や名勝をテーマに公募展を持続して企画することができた所以もここにある。要するに、在朝鮮日本人にとって名所は生活圏、眺望圏、撮影圏が重なる場所であり、同時に彼らの「芸術写真」が対象としなければならない重要な被写体だったのである。

三　郷土色と時局色の表象

在朝鮮日本人の写真家たちは、名所を撮影しながらも「芸術写真」の形式と技法をもとに、「絵画的風景

図13　山澤三造《勤政殿の朝》（『写真月報』1929年11月）

図14　山根好太郎《噂》（『写真月報』1929年11月）

写真」の効果を得ようとした。彼らが朝鮮の公募展に出品した写真の原版は現存せず、新聞紙上にもわずかな入賞作だけが掲載されたため、写真のタイトルと場所から類推するほかないという限界がある。しかし、同時代の日本における雑誌の懸賞公募にまで研究の範囲を広げた結果、筆者は在朝鮮日本人の写真家たちが朝鮮で撮影した写真を内地の公募展に再び出品し、評価されたケースも確認することができた。彼らは朝鮮の名所や風俗を絵画主義的な写真技法で撮影、現像して本国に出品することで、日本写真界とのネットワークを維持することができた。

　日本の代表的な写真雑誌であり、「芸術写真」をめぐる論争を繰り広げた『写真月報』の一九二九年一一月号では、京城で活動していた山澤三造と山根好太郎による朝鮮関連の写真が揃って画報欄を飾った（図13、図14）。二点とも同じ年に京城の大澤商会が主催した懸賞募集でそれぞれ一等、二等を受賞した作品である。前者は《勤政殿の朝》というタイトルの風景写真であり、後者は妓生と見られる女性二人が間近で会話している姿を演出した人物写真《噂》である。

　一九三〇年代中頃、全朝鮮写真連盟の年例展で写真審査を担当した山澤三造は京城に居住していたが、日本の写真雑誌に作品を継続的に発表し、朝鮮における「芸術写真」の現状を日本写真界に紹介した人物でもある。[23]『写真月報』で当選した彼の作品は、景福宮で最も重要な場所である勤政殿を遠景で撮影したものである。勤政殿は、朝鮮時代の臣下らが王に新年の辞を上げ、国家儀式を挙行し、また外国からの使臣を迎えた景福宮のなかでも最も重要な場所であった。このような象徴性のため、勤政殿は同時代写真葉書に最も頻繁に登場した名所のうちのひとつとなった。

朝鮮の名所に関連した写真葉書は、大きく分けて二つの方法で勤政殿の表象を製作、流布した。最初の部類は、建築物を中央に据えて勤政殿特有の八字模様の屋根とこれを支える精巧な装飾および柱を全体的に捉えた写真である（図15）。二つ目の部類は、ひとつの画面に回廊と建物を一緒に配置し、回廊のあいだに立って勤政殿を眺望する視線を演出した写真である（図16）。山澤の当選作は、二つの部類のどれとも接点を持たない。彼の写真は勤政殿を後景に配置するかわりに、大きな二つの柳を画面の両端に据えることで、場所の名声や建築が持つ繊細さよりは遺跡地を包み込む柔らかくて平和な雰囲気を演出した。特に、ブロムオイル印画法により対象の輪郭をぼかす処理を施し、まるで水墨淡彩のような風景を表現している。日本の「芸術写真」に見られるように、場所の歴史性より写真家の

図15　景福宮 勤政殿（日之出商行 発行葉書、1925年1月1日 消印）

図16　京城景福宮勤政殿（『朝鮮名所絵葉書』日之出商行 発行、1913年）

主観と意図を絵画的に表現したのである。

山澤の作品は、『京城日報』と『毎日新報』の「芸術写真」公募展で多く見られる形式を帯びている。当時の「芸術写真」における主流は、名所をテーマとして選定していたが、ピグメント印画法を導入することによって筆で濃淡を調整したように見える絵画的な風景写真であった。名の知れた場所に関する情報を意図的に排除したまま自身の主観が投影された風景として提示するという点で、山澤の作品は名所写真葉書というよりは名のない場所を描く近代的な風景画に近いものと言える。しかし、作品のタイトルが匿名の風景ではなく、植民地の名所であり今は無き王朝の旧跡であるとき、勤政殿は帝国の読者の前でノスタルジアの対象として固着してしまう危険がある。審査委員もやはり直ちにこの点に着眼し、彼の作品を評価している。「霞がかかる空のなかに立つ柳によって覆われた李朝の建物は、すでに過ぎ去っていった時間の痕跡が残っているかのように悲しく、また切ない」(24)。

一九二〇〜三〇年代の『写真月報』画報欄は、京城、平壌、釜山などの各地で在朝鮮日本人の写真家が出品した公募作を幾度となく紹介した。テーマにおいて多少の違いはあったものの、大抵の場合は山澤と同じく名所の場所性と「芸術写真」の表現技法を混成し、植民地の名所を叙情的、牧歌的に描き出している。外地に居住しながら「芸術写真」を撮影するという特殊性を本国の写真界に知らせるためにも、朝鮮の名所は有用なテーマだったはずである。しかし、朝鮮の名所や風俗を扱った「芸術写真」は、「朝鮮色」を強めて植民地をノスタルジアの対象として固着させる結果をもたらした。審査員は山澤の写真に対して、「ブロムオイル現像の薄茶色を帯びた柔らかい効果により、イメージはノスタルジアをより一層思い起こさせる」という評価を下している(25)。このような内地における美的評価は、外地の公募展で山澤をはじめとした在朝鮮日本人の写真家が強調した「郷土色（ローカルカラー）」、あるいは「朝鮮趣味」と正確に共鳴するところでもあった。

一九二五年『京城日報』に「芸術写真から見た朝鮮の冬」を発表した伊藤秋畝は、朝鮮特有の「白様の枯れ木」や「家屋の白衣の人物」に着目し、最も朝鮮的な風景は万物が白色と化す冬であり、朝鮮の「ローカルカラー」を最大限効果的に表現するのが「芸術写真」の作画法であると提言している。(26)「ローカルカラー」の写真化は、一九三〇年代前半まで朝鮮の「芸術写真」公募展で最も強力な美的評価の基準として機能した。一九三四年に全朝鮮写真連盟が企画し、『京城日報』が主催した《朝鮮写真展覧会》の創立展において(27)第一席推薦作《緑柳白馬》は、伊藤秋畝が提案したような、白衣を身につけた老人と白馬が映る風景をブロムオイル印画法で製作し、絵画的な雰囲気を醸し出した写真である（図17）。作家である福島柳也は、写真の表現意図について次のように説明する。

図17　福島柳也《緑柳白馬》（『京城日報』1934年10月21日）

推薦首席になった緑柳白馬は、去る九月上旬の午後でしたが、何か変ったものをとレフレックスを持ってぶらぶら船橋里から樂浪古墳筋の道路をうろつきましたが、これぞといふ処もないので帰へらうと行った道を戻って来ると、永済橋の袂の柳の下に神馬の様な白馬が草を喰んでゐたので、殊に柳といふのがいつも私の心を引いてゐる柳なので、すっかり気に入り、先づ地方色を力強く感ぜしめるために、白衣の老人を拉してその白馬の側に自然のポーズに立たせて写したものです。(28)

福島は、平壌の大和町に居留しながら趣味として写真を撮りはじめて一二〜三年になるベテランのアマチュア写真家であった。彼は、高級な芸術写真としてブロムオイル印画を扱った本国の「大藪」と呼ばれる写真家が東洋拓殖株式会社の平壌支店を訪問した際に同技法を教わり、一九三四年の全朝鮮写真連盟の創立記念展に《緑柳白馬》の他にも、大同江の干したグチ（イシモチ）の箱を吊るした場面を撮影した《グチ》などを併せて出品した。グチを撮影した理由について、福島は「単純ながら編んで店先にぶら下げる処、何となく朝鮮独特の気分が出て来たのでレフレックスを向けたものです」と説明している。(29) 彼の受賞コメントは、必ずしも名の知れた場所でなくても朝鮮特有の「地方色」を具現している風景や状況であれば優れた「芸術写真」になり得るということを示唆している。このような美学的判断は、全朝鮮写真連盟の審査員らが懸賞公募作品を判別、等級付けする基準とも一致する。当選作に対する山澤の審査評を見てみよう。

総じて人像に於てはまづ表情、風景に於ては大気の表徴等、その深き内容価値に重きを置き、更にローカルカラー即ち偽はらざる朝鮮の姿を求めて止まない朝鮮固有の生活の反映を要求したこれが全朝鮮写真連盟の使命であり、尚且つ朝鮮独自の立場から当然連盟の歩むべき途であるとも考へたからである。(30)

朝鮮の郷土色を生かして日本の公募展に入選した山澤は、朝鮮の公募展でも嘘偽りのないありのままの朝鮮の姿、固有な生活像を写真に収めることが朝鮮半島の写真家たちに与えられた使命であると語っている。帝国の審査評と植民地の作画法、そして植民地の公募展が類似した言語を交換しながらお互いの美的基準を支えあうのである。こうして見ると、「芸術写真」は既存の研究が重視した匿名的風景の発見、純粋な美意識の高揚、内面性の投射では説明できない。『京城日報』と『写真月報』の対照的な言語が証明するように、「芸術写真」は帝国主義という政治的脈絡のもとで内地と外地の美的規範が相互間で疎通することにより構築された概念と実践として把握されるべきである。

一九四〇年代に入り、植民地朝鮮の公募展における美的規範は郷土色から時局色に重心を移していった。一九四〇年に開催された第七回《朝鮮写真展覧会》懸賞募集で特選第一席に当選した〈紀元二千六百年〉は、京城に居留していたアマチュア写真家である萩尾伸吉が出勤途中に南山の朝鮮神宮を通った際撮影した作品である（図18）。かねてから「時局に相応しいもの」を撮影したいと思っていた萩尾は、日差しの強い朝日を逆光として利用し、神宮入り口にある鳥居をクローズアップで画面の左側に配置した。右側には鳥居と同じ大きさの石灯籠が置かれることで左右対称の効果を演出している。鳥居と同様に石灯籠もまた一部だけを見せるため果敢に切断され、逆光は二つの建築物の線と形をさらに浮き彫りにしている。

図18　萩尾伸吉〈紀元二千六百年〉
（『京城日報』1940年11月21日）

図19　朝鮮総督府鉄道局が発行した朝鮮神宮 写真葉書（1920年代中頃～1945年）

朝鮮神宮は、一九二五年一〇月一五日に竣工され、朝鮮の名所に関する写真帖と写真葉書に登場する際には欠かせない京城の名所であった。写真葉書における神宮の姿は、大同小異に描写されている。たとえば、朝鮮総督府鉄道局の名所写真葉書は神宮の入り口を正面から撮影し、二つの石灯籠を左右前方に、鳥居と表参道を中央に配置し、石段の急傾斜が切れる消失点が画面の上段にくるようにフレームをとっている（図19）。葉書に映る神宮とは異なり、萩尾伸吉の写真は場所についての情報を省略した状態で光と影が作り出す強いコントラスト、直線でつづく建築の形態美を強調しているが、まさにその形態のために読者はこれが神宮の入り口であるという事実を逃さない。そして、朝鮮神宮は総力戦の時期により一層重要な意味を持つこととなった場所である。萩尾伸吉は自身の作品が「時局を狙った！」と述べ、製作の経緯について次のように説明している。

毎年連盟の展覧会には出品しておりますが、今迄三回入選しましたゞけで特選に入ったのは、今回が始めてゞあります。今年も募集の発表があってから何か出品しようと思ひフト思付いたのが、毎朝出勤の途中通る朝鮮神宮の大前であります。朝早くから参詣する人々の敬虔な姿、南山の頂よりくる朝日を取入れて『紀元二千六百年』を表徴するやうなものをと考へて写しました。もう一尺も高くカメラを置きたかったのですが、レフのため下過ぎた感があります。仕上も充分ではありませんが、何しろ多忙の体で思ふやう出来なくてはお恥しい次第です。然し常日頃から出来るだけ時局に相応しいものをと考へておりましたが、その点を審査員の方にとられ特選一席にされ、この上もない喜びであります。今後も益々精進して写真報国の誠を致したいと願っております。(31)

新体制下において在朝鮮日本人写真家たちは、独特な現像技法によって物資を無駄にする一方、素材主義から脱皮して自らの日常にファインダーを向けることにより、「写真報国」を実践するという使命感を共有した。「芸術写真」において重視された郷土色の具現化は、「健全なる趣味性の涵養」と「大乗的見地より新体制に順応」する方向へ移り変わっていった。(32) そのような過程で名所の性格もまた変わっていった。朝鮮神宮や朝鮮飛行場、防空訓練が行われていた学校をテーマとして時局色を表現することが「新体制における写真人」の義務として定着した。神宮と飛行場、学校は名所に関するアルバムと写真葉書において頻繁に登場する名の知れた場所であった。しかし、写真家たちは既存の写真葉書とは異なる方法でアプローチし、商業的な名所写真が伝達することのできなかった意味を象徴的に表現することに力を注いだ。萩尾伸吉の言葉通り、それは自らの日常のなかに在る場所から政治的な意味を見つけ出し、光と影の階調、つまり写真の語法によって時局色を喚起するという「芸術写真」におけるもうひとつの道であった。

おわりに

本稿は、植民地朝鮮を収めた写真葉書と在朝鮮日本人の「芸術写真」が帝国主義の地平下で新たに定義された名所を表象する方法を考察した。帝国主義の統治および観光政策は、伝統的な朝鮮の史跡と宮殿を観光地として再編する一方で新たに建設された港湾都市、鉄道路線上の中心地、都心の近代的基盤施設とランドマークを新たな名所として指定した。写真は名所を視覚化し、葉書、展覧会、アルバム、言論媒体などの公的なルートを通して流布されることで新たな名所性の成立に積極的に介入した。

朝鮮総督府の観光政策の高まりのなかで製作された写真葉書とは異なり、在朝鮮日本人の「芸術写真」は名所を主観的に解釈したり、名所を風景のように描き出すアプローチを講じた。しかし、朝鮮における「芸術写真」は詩歌や和歌のような名所絵の伝統と結びつき、募集した「芸術写真」を葉書化して商品イメージとして販売する企画が構想されたりもした。朝鮮の史跡を風景のように描写する「芸術写真」が日本の公募展で「朝鮮の名所」として評価された一方、朝鮮特有の郷土色を具現化しようとする「芸術写真」は、表現方法の面では異なっていたが朝鮮風俗を観光イメージとして宣伝した写真葉書の目的と相反するわけではなかった。総力戦の時期に自らの日常から政治的な意味を見つけ出し、写真的形式として暗示される「芸術写真」の使命は都心のなかの名所と再び呼応し、新体制に相応する場所として名所を再編した。

本稿では扱うことができなかったが、ひとつ言及しておきたいことは朝鮮人の名所に対する認識についてである。総督府と日本の写真業者が観光用の写真葉書を発売し、『京城日報』が日本人を対象とした写真公募展を主催していた時期に、ハングルで書かれた新聞や小説にも名の知れた場所が頻繁に登場していた。パゴダ公園、東大門、南大門などの場所は重なり合うが、朝鮮人の物語のなかに登場する名の知れた場所は認識と機能において「朝鮮名所」や「京城百景」とは異なっていた。たとえば写真葉書のなかに登場するパゴダ公園は圓覺寺址十層石塔が欠かせないが、朝鮮人の観点から見たパゴダ公園は異国的な石塔よりも三・一独立運動が繰り広げられた政治的な広場としての意味がより重要であった。また朝鮮人の物語には内地人のための近代的施設というだけではなく、朝鮮人の商店があたかも名所のようにたびたび言及された。要するに、名所の定義は固定的なものではなく流動的なものであった。誰にとって名の知れた場所であるのか、すなわち場所の意味を与える主体が誰であるのかによって名所の認識と表象は変わり得るものだったのである。こうして見ると、後続の研究で要請されるのはやはり朝鮮人における名所、朝鮮人の写真家が撮影した「芸術写真」と名所の関係をより綿密に扱う作業である。これを今後の課題として残しつつ、本稿を結びたい。

（1）　崔仁辰『韓国写真誌』（ヌンピッ出版社、一九九九年）一六〇〜一六一頁。

（2）　大韓帝国官報光武四年（一九〇〇）五月一五日付の記事。権爀熙「写真葉書の起源と生産背景」（『写真葉書と旅

する近代紀行』釜山近代歴史館、二〇〇三年、八頁）から再引用。
（3）これに関しては、有山輝雄『海外観光旅行の誕生』（吉川弘文館、二〇〇二年）を参照。
（4）満韓船遊観光をはじめとした植民地期における観光案内書と写真葉書に関しては、金京里「絵葉書封筒図案から見る観光の商品性と京城――一九二〇～三〇年代の京城景観絵葉書を中心に」（『日本学報』一一〇号、二〇一七年）、チョン・スヨン「近代観光を通して現れる日本の帝国主義――一九〇〇年代以降における日本の朝鮮観光と旅行案内書を中心に」（『美術学報』三五号、二〇一〇年）を参照。
（5）伝統的な名勝地の鑑賞と享有に関しては、朴晶愛「朝鮮後期における名勝と名勝圖の享有様相――《韓中名勝圖帖》を中心に」（『大東文化研究』第一一九集、二〇二二年）を参照。
（6）朝鮮名所葉書に関する視覚資料は、国際日本文化研究センターの「朝鮮写真絵はがきデータベース」を参照した。https://kutsukake.nichibun.ac.jp/CHO/index.html?page=1（最終接続日：二〇二四年一二月五日）
（7）太田宏一「大正写真工芸所について」（『和歌山市立博物館研究紀要』二四号、二〇一〇年、一三～二七頁）。葉書の編集、デザイン、印刷は和歌山県の本店で担当し、京城府本町一丁目二八（現・忠武路一街）に位置する大阪屋号書店で葉書を販売していたことが知られている。
（8）『京城百景』に関する研究として、趙正民「植民地時期の写真葉書『京城百景』における空間と物語戦略」（『日本文化研究』六三集、二〇一七年）を参照。
（9）これに関連して、趙正民は『京城百景』の写真が実際の京城観光から抜け落ちた場所を代理体験させる補助的な役割を担ったと指摘する。趙正民、前掲論文、一五頁を参照。
（10）一九〇六年に創刊された『京城日報』は、朝鮮に居住する日本人に教養と娯楽を提供する多様な文化行事を企画し、朝鮮総督府の機関紙的な性格を帯びながら植民地政策を正当化する役割を担った。
（11）「大懸賞社告」（『京城日報』一九一八年一〇月一六日付、夕刊三面）。
（12）名所絵の成立と展開、古代天皇制との関連性については、千野香織、「名所絵の成立と展開」（武田恒夫編『日本屛風集成 第一〇巻 景物画――名所景物』講談社、一九八二年、一一一～一一三頁）を参照。

（13）鈴木廣之「名所と名所絵」（『日本の美術No. 491――名所風俗絵』至文堂、二〇〇七年、二六～四七頁）を参照。

（14）名所写真と明治天皇の巡幸、名所写真の生産および流通に関しては、次を参照。Gyewon Kim, "Tracing the Emperor: Photography, Famous Places, and the Imperial Progresses in Japan," Representations, Vol. 120, No. 1, 2012, pp. 115-150.

（15）絵葉書と名所写真の関係性については、佐藤健一『風景の生産・風景の開放――メディアのアルケオロジー』（講談社、一九九四年）三八～六八頁を参照。

（16）日本における「芸術写真」の展開については、次の論著と図録を参考にした。飯沢耕太郎『「芸術写真」とその時代』（筑摩書房、一九八六年）、佐藤守弘『トポグラフィーの日本近代――江戸泥絵・横浜写真・芸術写真』（青弓社、二〇一一年）、東京都写真美術館編『芸術写真の精華』（東京都写真美術館、二〇一一年）、東京都写真美術館編『日本のピクトリアリズム――風景へのまなざし』（東京都写真美術館、一九九二年）。

（17）『写真新報』と『写真月報』は、それぞれ当時のカメラおよび感光材料を販売していた大手材料商社であった小西屋六兵衛店（現在のコニカミノルタ）と浅沼商会で作られた月刊写真雑誌である。両雑誌はアマチュアカメラクラブをはじめとした全国の写真関連団体と関連情報を「雑報」や「雑録」コーナーに載せ、写真技術と鑑賞法を紹介してアマチュア写真家たちが情報を共有することのできる公の場として役割を果たした。筆者は一九二〇年代に刊行された両雑誌の「雑報」と「雑録」をすべて調査したが、名所に関する懸賞公募を発見するには至らなかった。

（18）『毎日新報』（一九二二年九月一四日付三面（李庚珉『カメラ党と芸術写真の時代』三一頁に再録））。

（19）パク・スジ、キム・ハンベ「日帝強占期の京城景観名所における認識様相の変化」（『韓国景観学会誌』六巻二号、二〇一五年、六九～七〇頁）。

（20）パク・スジ、キム・ハンベ、前掲論文、七二頁。

（21）「副共写真の懸賞募集」（『京城日報』一九二三年一〇月一一日付、朝刊三面）。

（22）「懸賞で募集する芸術的な繪葉書写真」（『京城日報』一九二三年一〇月七日付、夕刊二面）。

（23）山澤の経歴と《朝鮮写真展覧会》審査評に関しては、崔鳳林「山澤三造の《朝鮮写真展覧会》審査評について」

（韓国写真文化研究所『写真＋文化』六号、韓美写真美術館、二〇一三年、一一〜七頁）。
(24)「懸賞写真鑑賞評」（『写真月報』一九二九年一一月、九八八頁）。
(25) 同前。
(26) 伊藤秋畝「芸術写真から見た朝鮮の冬」（『京城日報』一九二五年一二月一四日付、夕刊三面）。
(27)《朝鮮写真展覧会》と関連して『京城日報』に掲載された記事の日本語原文は、二〇一三年韓国写真文化研究所から発刊された資料集で確認することができる。書誌に関する情報は次の通りである。韓国写真文化研究所編、韓国写真文化研究所資料集 vol.7『全朝鮮写真連盟《朝鮮写真展覧会》関連『京城日報』資料集 一九三四〜一九四三』（韓国写真文化研究所、二〇一三年）。以下、「韓国写真文化研究所資料集」と表記。
(28)「推薦作までを語る――第一席 平壌 福島柳也氏談」（『京城日報』一九三四年一〇月二三日、夕刊三面、韓国写真文化研究所資料集、一三〜一四頁）。
(29) 同前。
(30) 山澤三造「全朝鮮写真連盟創立展を顧みて」（『京城日報』一九三四年一〇月三〇日、夕刊三面、韓国写真文化研究所資料集、一八〜一九頁）。
(31)「紀元二千六百年――特選一席 萩尾伸吉〝時局を狙った〟特選第一席 萩尾伸吉」（『京城日報』一九四〇年一一月二一日付、朝刊三面、韓国写真文化研究所資料集、七五頁）。
(32)『京城日報』（一九四〇年一一月二二日付、朝刊三面、韓国写真文化研究所資料集、七六〜七七頁）。

V 接触——近代化する名所

名所を作る――明治期京都の都ホテル

福永　愛

はじめに

京都・蹴上に位置する都ホテルの歴史は明治三三年（一九〇〇）に遡る[1]。都ホテルの特色のひとつは、開館当初も現在も東山の丘陵地からの眺望であり、日本人客、外国人客双方に対してホテル自体が「名所」として機能してきた。明治後期に出版されたホテルのガイドブックにはパノラマ写真が掲載されており[2]、大正期のポスターでは、着物の女性が遠景に描かれたホテルからの景色に観る者を誘っている（口絵6）[3]。ホテルからの眺望は今なお重要な要素として、画像や動画を通じて配信されている[4]。明治期の西洋式ホテルの発達については、産業史から論じられることが多かったが、近年は建築史からの関心も高い[5]。一九世紀以降のホスピタリティ産業の急速な発展は日本に限られたものではなく、英語圏においても、近代のホテルや宿が物質的、象徴的に果たした役割を問い直す作業が進められている[6]。本稿では、学際的な立場から、都ホテルが名所としてのアイデンティティを作り上げていく過程と文脈を紐解き、近代の名所とは何であったのか、その一端を考えたい。

一 眺望・名所・都市開発

「名所」とは歌枕と結びついた場所であるが、江戸時代の名所記では、それを原則としながらも見晴らしの良い場所が名所に数えられている。丘の上に立つ寺社から見た眺望は観衆を惹きつけるものであり、高所から美しい景色が見られる塔頭が料理屋としての機能を果たすようになると、格好の集いの場となった。橋爪紳也の研究によれば、明治以降、三階以上の建造物を建設することが許可されるようになると、眺望を売りにした料理屋が多く誕生し、さらに、展望台、高層楼、ハリボテの富士山などさまざまな形で眺望を「見世物」とした場が作られていった(7)。

京都で初めての外国人向けホテルとなった円山の也阿弥ホテルは、安養寺の塔頭である六阿弥のうちのひとつが料理屋として発展したところに原点をもつ。これらの塔頭は風光明媚な庭園で知られ、寛政一一年(一七九九)に刊行された『都林泉名勝図会』などに紹介されている。出村嘉史、川崎雅史、田中尚人は、東山を背後に洛中へとつながる丘陵地の空間的多層性を建築と庭園を通じて巧みに生かした景観と特徴づけている(8)。同地は明治一九年(一八八六)に円山公園の一部となり、寺社地の解体により景観の統一感が損われたものの、小川治兵衛による琵琶湖疏水を利用した造園により息を吹き返す(9)。

同じく東山の丘陵地に建てられた都ホテルからの眺望は、寺社地の民間への払い下げや高層階の建築が許可されるという条件が揃ったことで作られた、新しい眺望である。同地の景観を商業的に活用し始めたのは、都ホテルの前身、吉水園に遡る。明治二三年、吉水園は地元の有力者が青蓮院宮の領地であった土地を購入し作った私設の遊園地として出発した。[10] 昭和六三年（一九八八）に都ホテル創立百周年を記念して発行された『都ホテル一〇〇年史』によれば、吉水園の整備のため、元々あった竹藪や雑木を伐採し、松、桜、梅、桃、山吹などに植え替え、来園客に魅力的に映る景観に作り替えたという。[11]

吉水園は名所としての三つの役割を果たした。まず、琵琶湖疏水やインクラインを擁する蹴上地区に新たに加わった目印としての名所、次に、東アジアの伝統に則り、実際の景色を基に詠まれた新しい八景としての名所、さらに、京都のメタファーとしての名所である。

吉水園の開園は明治期京都・蹴上地区の都市開発と密接に関わっている。琵琶湖の水を京都に引く琵琶湖疏水の運用は吉水園が開園した翌日に開始された。この琵琶湖疏水は京都を近代都市に変容させる重要な基礎であったと同時に、観光地ともなった。[12] 吉水園からは、この琵琶湖疏水を俯瞰することができた。また、吉水園開園の翌年には、疏水を利用した水力発電所が設立され、傾斜鉄道である蹴上インクラインが琵琶湖疏水に向けて運用開始された。[13] これらは《京都名所》版画シリーズにも登場するなど、近代の名所として認知されていった。[14] このような新名所を訪れる観光客らは、近くにある吉水園にも足を運ぶようになる。

吉水園は近代明治の名所めぐりに強い関連性を示すだけでなく、吉水園自体が名所として訪れられ、記録されるようになった。岡崎公園で内国博覧会が開催された明治二八年、的場麗水は『京都名所独案内』に吉水園を以下のように評している。

吉水園は三条通の東にあり。市街に沿ひたる山腹を切りひらき、二層三層の楼舎数宇を営み衆庶観遊の所とす。近くは南禅寺疏水の辺より記念殿博覧会場を眼下に一望し、三万の人家も両眸の間に集り、遠は東山西山の勝景をほしひまゝにす。実に得もいはれぬ景色なり。この辺多く陶器店あり。今最も有名なる錦光山帯山等にして、俗にこれを粟田焼といふ。近来専ら船載して貿易品とす。能く火に耐へて味も美なり。その価も廉なれは人の賞するもの多し。(15)

麗水は吉水園の楼閣が人々の集いの場所となっていることをまず指摘し、南禅寺周辺に代表される新名所を含む近景、市街地を挟んで、遠景の美しい山々へと繋がる変化に富んだ眺望を称えている。さらに、輸出用のきらびやかな京薩摩で名声を博した錦光山、帯山といった粟田焼窯元に近いことを指摘し、京都土産を購入するのにも良い立地であることを付け加えている。

また、この年京都市参事会により発行された外国人観光客向けの英文ガイドブックでは、次のように吉水園が取り上げられた。

吉水園は三条の南、粟田口の東にある丘陵地に位置し、茶店、会所、懐石料理屋が多数ある。懐石料理屋は最も高い社会層の人々に贔屓にされており、小さな器から精巧に仕上げられた食事まで、最高品質を誇る。吉水園は小所帯での集まりに大変適している。というのも、標高は高くないものの、丘の上から都市と周りの山々をよく見渡すことができるからである。この丘陵地に加え、桜や紅葉の植えられた庭園が吉水園の魅力を付け加えている。(16)

こちらでは、吉水園が地の利を生かしたうえ、器選びや食事の質、庭園の整備などに趣向を凝らした複合商業施設として紹介されている。吉水園は料理屋や茶屋が充実し、円山公園の景観と賑わいを理想としたものと推察される。平安時代後半には東山は桜や紅葉の名所として認識されていた。(17) しかしながら、社寺から土地を取り上げる明治四年と八年の上地令以後、建築資材や燃料のため木々は乱伐され京都三山は荒廃していた。[18] 円山公園は公により景観が整備されたが、吉水園からの眺望は、人々の「東山」の理想の景観を民間の手で具現化したものといえよう。

二　吉水園八景

さらに興味深いことに、同年明治二八年（一八九五）三月には、儒者で画家の富岡鉄斎（一八三七―一九二四）と円山四条派の画家である谷口香嶠（一八六四―一九一五）が吉水園の主人に園の楼閣に招かれ、以下の「吉水園八景」を選定している。[19]

台嶺霽雪
紫雲鐘声
王祠楓葉
応天朝曦
東郊黄氈
疏水納涼
花頂秋月
洛中烟雨

富岡鉄斎は京都の名所のあり方に関して影響を与えた重要な人物である。たとえば、吉水園八景を選定する前年、鉄斎は京都の名所絵を集め出版した『都名所画譜』の題跋を手がけている。[20] この吉水園八景の選定

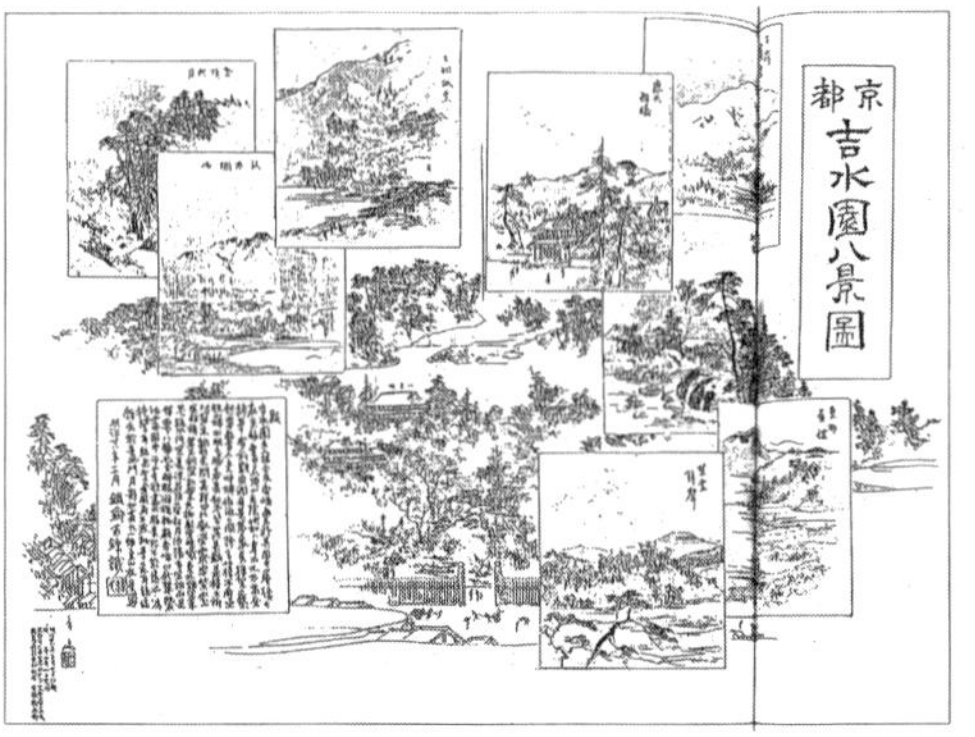

図1　富岡鉄斎跋・谷口香嶠下絵《吉水園八景図》木版、1895年（『都ホテル100年史』1989年、6～7頁）

は、中国・湖南省の瀟湘八景を基にした、東アジアにおける八つの美しい風景を画題とする伝統に基づいている[21]。吉水園八景には、四季、朝から晩までの異なる時間帯、さまざまな気象のほか、東山に作られた二つの新しい施設、大極殿と琵琶湖疏水が詠み込まれている。大極殿は内国博覧会が開かれた同年に、平安神宮のために古代の大極殿を縮小復元して建てられた。先にも述べた琵琶湖疏水はこの数年前に運用されたばかりである。明治以前・以後、詩的・実景の複合的な名所のイメージは、まさに東山という場が、明治以前から、その景観を眺めながら、集い、文化を創造する場であり続けながら、近代都市開発と共存していたことを反映している。

鉄斎が撰定し香嶠が原画を用意した《吉水園八景図》は木版刷りされ、吉水園開園記念日である四月八日から三日間、来園者に配られた（図1）[22]。二人の画家が楽しんだ景色が印刷を介し園の営業促進に結びつき、さらには、特別席・吉水楼が八景楼と改称されるなど、吉水園のブランディングに繋がった[23]。八景という名所概念が直接的に当事者の商業活動に結びついた早い例ではないだろうか。関戸明子は、草津温泉の研究において、鳥瞰図が土地案内や広告宣伝という目的のために土産物として使われてきたことを指摘している[24]。吉水園八景図はそれ自体を楽しむ名所絵に由来を持つだけでなく、来園者が実際に見た実景と照らし合わせられる俯瞰図としての役割もあっただろう。

漢詩に基づき絵画化された吉水園八景は、日本各地で発達してきた八景の定型に連なるが、吉水園八景は吉水園内の八景ではなく、吉水園から見た東山の八景である。詠まれた景観が、八景を題する吉水園の内ではなく外に存在しているのである。このことは、既存の八景の枠組みのうえに、したたかに眺望の起点となる場の優位性を謳ったものといえよう。視る位置の重要性は風景が「名勝」という概念のもとで整備されていく過程でも認識されていく(25)。内務省発行『史蹟名勝天然紀念物保存要目解説　名勝之部』（大正一〇年）では、「名勝ハ之ヲ眺ムルノ地ニ於テ其風致ニ差違アリ、故ニ之ヲ眺ムルノ地点ヲ選バザルベカラズ」と述べ、松島を見るには富士山、瀬戸内海には厳島、天橋立は成相山からなど「著名ナル風景ヲ眺メ得ル特殊ノ地点」が名勝の一種として紹介されている(26)。

さらに、吉水園が整備されていった時期は、京都に限らず日本の都市や地域が、世界の「公園」を象徴するものとして自らを作り上げていくのと重なっている。明治時代になり「公園」が日本全国に誕生するが、この新しい概念と場のあり方は名所を考えるうえで重要な問題である(27)。明治六年の太政官布告第一六号によって、公有地かつ「古来ノ勝区名人ノ旧跡等是迄群衆遊観ノ場所」が「永ク万人偕楽ノ地」となるべく公園に指定される(28)。名所が公園の一部となるというプロセスは、明治時代以前の名所観をそのまま引き継ぐ姿勢と、それを行政システムに組み込むという近代化の双方を示している。法制上の公園は公有地であるので、すべての名所と呼ばれる場が公園となるわけではない。しかし、明治時代の名所案内のなかに含まれる寺社、公園、民間の集いの場は土地制度から見れば異なる種類のものだが、「群衆の集い」の場であるという点で近しい機能を持つ。

丸山宏が指摘しているように、公園という概念は特定の場や地域の「卓越性を表現するレトリック」として使用されるようになる。[29] たとえば、吸霞山人著『日光案内』(明治二三年)は、「日光は『世界の公園』と称せらる、日本帝国第一の勝地にして、啻に天工美術の秀霊なるものあるのみならず」と、日光が世界の公園である日本のなかで最も優れた景勝地であると述べる。[30] 同様のメタファーが吉水園にも現れる。明治三二年六月四日付の『京都日出新聞』の吉水園開園の広告欄では「世界の公園・吉水園」と題し、京都が世界の公園であり、「粟田花頂山吉水園は実に公園中の公園なり」と謳う。[31] 当初日光はまだ国立公園としては指定されておらず、吉水園も公園ではない。しかし、視点を日本の外に置き、これらの場は近代の名所のひとつとなる公園として地位を確立しようと模索していた。

三 都ホテル

明治三三年(一九〇〇)、吉水園の敷地に都ホテルが操業を始める。都ホテルは、也阿弥ホテル、常盤ホテルに次ぐ、京都に建てられた三番目の西洋式のホテルである。常盤ホテルは明治二五年に京都ホテルと改称し、現在は京都ホテルオークラとなっている。これらのホテルはいずれも、外国からの来京者を顧客とし、京都の経済発展に密接に関わった。明治三九年に也阿弥ホテルが不運にも焼失するが、あまりにもホテルが京都経済にとってあまりに重要なため、ホテルを公営するべきか否かという論争が始まった。『京都日出新聞』の五月八日第一面には、「日本をして世界の遊覧地たらしめよ、京都を以て東洋の楽園たらしむ可と唱ふる者すら少なからず」という書き出しで「ホテル市営論」が掲載された。[32] 論説者は、日露戦争(明治三七〜八年)での日本の戦勝が契機となり、日本への関心と日本への旅行者が増し、京都が海外旅行の目的地と

図２　ヘンリー・マーシャム作《Miyako Hotel, Kyoto》旅行写真帖、部分（英国・メイドストーン博物館所蔵、筆者撮影）© Maidstone Museum

しての需要が高まったと指摘し、ホテルは地域経済に与える影響力が高いため、公共機関に比類する存在であると述べている。都ホテルは京都を「東洋の楽園」とするための基盤としての役割を期待され、明治三九年にはその客室数は開館当初と比べ二倍、東京の帝国ホテルの八四室を上回る国内最大規模の一五〇室となった。[33]

都ホテルは宿泊施設であると同時に「名所」としてもみなされた。吉水園がそうであったように、そこからの眺望が同地を名所たらしめる所以であった。しかし、外国人客を主にした都ホテルにとっては、鉄斎が詠んだ吉水園八景のような東アジアに受け継がれてきた詩的なイメージを想起させる必要は無い。京都を見渡す景観、それ自体が独立して観光地としての価値を持つ。都ホテルからの眺望写真は、ホテルが出版したガイドブックに掲載されるだけではない。[34]ホテル滞在客もカメラのシャッターを押して京都旅行を記念した。たとえば、日本美術コレクターであるヘンリー・マーシャム（一八四五―一九〇八）が英国・メイドストーン博物館に寄贈した明治三九年前後の旅行写真帖には、都ホテルから撮影された東山の展望が三つの写真を繋げたパノラマ写真として貼り付けられている（図２）。[35]

吉水園八景に詠まれた眺望と、言葉や文化的記憶を必要としないパノラマ眺望とは異なる性格のものである。しかしながら、吉水園八景が複製され配布されたという先例は、都ホテルがホテルと京都の名所としての側面を印刷媒体を通じ再生産していく過程に繫がっている。日露戦争後明治三九年一一月の増築完成を記念し、ホテルと周辺の観光名所について説明した英文観光案内書がホテルから出版された(36)。この出版以前から、都ホテルではアメリカのホテルに倣い、蒸気船や鉄道に関する情報に容易に入手できる滞在者向けの案内所を設けていた(37)。案内所秘書を務めた英国人バーナード・トムソンが案内書の執筆者であり、彼は神戸ヘラルド新聞社の元記者であった(38)。案内書は彼の元勤務先であった神戸ヘラルドで印刷されている。この出版事業は外国人滞在客の需要と出版事情に厚いトムソンの面目躍如と言えるだろう。

明治三九年に発行された案内書は、建物の外観・内装写真を盛り込みながらホテルの施設やサービスを紹介するだけでなく、京都の歴史や地理、旅行者に便利な情報――キリスト教教会、銀行、ガイドの手配など――、月別の京都の天候や風物詩をまとめている。ガイドブックの中心は京都の観光名所紹介であるが、奈良、滋賀、大阪まで含み旅行者の多様な需要に沿うものとなっている。巻末には都ホテルの推奨する美術商、美術工芸品店、写真店のリストが掲載され、質の良い店だけを紹介するという姿勢を示している(39)。吉水園は東山の景観と歴史的に期待されてきた集いの場としての役割を取り込むことで自らを名所化――名所のイメージを体現――した。都ホテルはさらに、観光案内書の出版社として名所を解釈し広めるメディアとなった。

吉水園は眺望、料理の質、集いの場としての役割に定評があったが、敷地内の建物に関心が高まってくるのは、都ホテルが営業を開始してからである。絵葉書や観光ガイドブックなどの出版物に都ホテルが掲載される場合、ホテルからの眺望を載せるものと、都ホテルそのものの景観を写すものとの二通りの表象が確認できる。明治四二年に来京外国人向けに日英両語で出版された『京都名勝帖』は、御所、寺社、帝室博物館、保津川などとともに都ホテルを「名勝」として取り上げている(40)。同書では、都をどりや祇園の芸者なども紹介しており、名勝という言葉が、風景に限らず行事や人々を含む広い意味で使われている。それぞれの事物に対して写真と解説が伴うが、英語と日本語の解説内容は必ずしも一致しない。英文解説では、都ホテルについて所在地とその眺望の良さのみが言及されるのに対し、日本語では、和洋折衷の建築様式であることが眺望よりも先に紹介されている(41)。都ホテルの増築前から、外国人客向けホテルがいかなる様式であるべきか新聞・雑誌上で議論されてきた(42)。当時の東京と比べて洋風建築の少ない京都において、都ホテルの外観は日本人の目からは注目に値する近代建築であったと言える。

四　美術・観光・外交

名所は詩歌、絵画などを通じて表現され、想起されるものであった。近代新たに作り上げられた名所においては、版画や写真を主な媒体とし、観光名所案内書、葉書、ポスターなどの形態をとってそのイメージが流布していく。美術は名所を表現してきたが、名所は美術を内包する側面もある。ホテルからの眺望を楽しむことも、ホテルの外観を眺めることも、東山の名所として都ホテルが体験されるものであった。しかし、明治四三年（一九一〇）の『博技帖』では都ホテルの建築彫刻が紹介され、ホテルがたんに訪れる場にとどまらず、その内装や調度を鑑賞する場になっていることが示唆される(43)。同書において都ホテルは、寺社、博物館、京都美術工芸学校と並んで優れた漆器や彫刻を所蔵する機関として扱われた。

また、日本の観光業発展のために明治二六年に設立された喜賓会が明治三九年に発行したガイドブックでは、都ホテルの広告の真下に、現在も出版を続けている美術雑誌として最古の『國華』の広告が掲載されている(44)。美術雑誌の広告が観光ガイドブックに含まれているのは、美術作品を見ること、集めることが日本の観光目的の重要な一部であったことと無関係ではない。以下の京都市長兼務北垣国道知事の明治二二年の「市制自治前途ノ事業」に関する演説からは、名所を取り込んで成立した公園を含め、広範囲に渡る「見られる」ものが美術として捉えられていることがわかる。

美術に於ては其関係甚大深遠なり一朝の談能く之を尽すべき者に非ず然れども眼前市の経済に関係の密なる者は風俗。風致。美術学。工業美術。美術共進会。博物館博覧会。公園等の類に在り(45)

美術と名所は観光という経済活動を媒介とし結びつく。それと同時に、同時代の出来事が場に新たな意味を与え名所化する例もある。明治三九年には、都ホテルが日英同盟締結に際して明治天皇にエドワード七世からのガーター勲章を贈呈するため来日した英国アーサー・コンノート公(Prince Arthur of Connaught. 一八八三—一九三八)の京都滞在時の宿泊施設となる(46)。三月八日、コンノート公は日露戦争で功績をおさめた黒木為禎陸軍大将(一八四四—一九二三)と東郷平八郎海軍大将(一八四八—一九三四)に伴われ、都ホテルの庭に松を植樹する(47)。明治四一年に発行された京都府内の名所、産業、施設などを紹介する『京都府写真帖』では、これまでのホテルの景観に加え、その時植えられた松が加わる(48)。日英同盟の締結とコンノート公の来京は京都の人々に大いに祝福されるべきものだった。日露戦争終結後一九〇五年一一月に岡崎公園で行われた市民祝賀会に建てられた凱旋門には「祝日英同盟」という言葉も掲げられていた(49)。当時の『京都日出新聞』ではコンノート公の来京に先立って日英同盟をテーマにした小学生の木版画が連載されるなど、年齢を問わず身近な出来事になっていたことがわかる。[50] 松の植えられた都ホテルの名所としての有効性は共有された集団記憶によって保証されていたと言えるだろう。コンノート公の滞在は都ホテルの誇り、そして宣伝文句となり、貴賓の宿泊施設としての名声を高めた。[51]

日露戦争後の都ホテルの新たな名所化は、同時期の史蹟名勝保存の動向とも関連している。もっとも、日露戦争以前より、日清戦争の戦没記念碑建設などの顕彰行為は始まっていた。しかし、一九〇九年の地方長官会議で外国人観光客を誘致できる「風光の美」に関しての調査保存が呼びかけられ、一九一一年には議員から学者まで取り込んだ史蹟名勝天然記念物保存協会が設立されるなど、日露戦争後に活動が本格化する。[52] 名所をおさめた写真帖が自治体により活発に作成されていくのも一九一〇年代以降であり、先の都ホテルの松の木をおさめた『京都府写真帖』の成立もこの流れを汲んでいる。都ホテルの名所化は、変わりゆく国際関係のなかでいかに特定の場が価値を生み出しうるか、個人、企業、自治体の模索を複雑に反映している。

おわりに

本稿では、明治後期の京都において、都ホテルとその前身である吉水園が、いかに名所として機能してきたかについて考察した。これらの場は明治時代になってから新たに作られたにもかかわらず、江戸時代から続く眺望の良い場所を「名所」とする考え方に基づき人々の求める景観像に沿い、さらに「名所」に近似する近代の概念「美術」「公園」と類似の立ち位置を獲得していった。都ホテルが名所となっていく過程は京都の都市開発と軌を一にすると同時に、来訪者がいかなる視線を向けていたかを反映している。鉄斎は、吉水園から見える景色に古来からの八景観を重ね、新しい名所を提案した。京都が世界の公園であるという、日本の外から京都を位置付けようとする世界観は、ホテルと京都を名所として喧伝する基軸となった。外国人滞在客を主とした都ホテルは、鉄斎の提案した八景ではなく、パノラマ展望としての景観を特色として打ち出していった。来日した貴賓の滞在を記念する存在としてのホテルは、集合的記憶を想起させる名所ともなった。美術を目にすること、訪れることが観光目的であった時、建築は名所の重要な構成要素となった。都ホテルの名所としての多様性は、誰が、どこから、どのように対象を見るのかという違いに起因する。地域住民、芸術家、旅行者、そしてホテル自身が、その場、景観、施設を解釈し、新しい意義や役割を付与していく。そのさまざまな役割はまた、都ホテルが明治京都の社会、経済、文化に積極的に関与していったことを反映している。景物を含む民からの「名所」という視点によって景物を見ることは、その時代に生きた人々が何を評価し事物を経験していったのか、そのハイライトを窺い知ることに繋がる。それは細分化してしまった学問領域を越境し、改めて空間に身を置き考えるきっかけとなるだろう。

（1）本稿は、二〇一八年一〇月三一日にハーバード・イェンチン研究所で開催された国際シンポジウム Reconceptualizing Meisho: Topography, Memory, and Representation にて口頭発表した "Performing Meisho: The Miyako Hotel, Art, and Tourism in Meiji Kyoto" を基に加筆修正したものである。

（2）Nishimura Nihei ed., *Miyako Hotel Guide to Kyoto and the Surrounding Districts*, 2nd ed. (Kyoto: Nishimura Nihei), 1906.

（3）資料のご提供をいただいた並木誠士先生、京都工芸繊維大学美術工芸資料館に感謝申し上げます。

（4）ウェスティン都ホテル京都、https://www.miyakohotels.ne.jp/westinkyoto/（アクセス日二〇二一年四月一〇日）。

（5）大鹿武『幕末明治のホテルと旅券』（築地書館、一九八七年）。木村吾郎『日本のホテル産業史』（近代文芸社、一九九四年）。川島智生「明治期京都の外国人ホテル　也阿弥ホテルの成立と建築位相」（『日本帝国の表象　生成・記憶・継承』えにし書房、二〇一六年、一二一～一四三頁）。
（6）たとえば、二〇一八年に出版された『十九世紀文学から見る英米旅行者のホテル体験』（原文英語）は小説や旅行記を題材に、国粋主義や帝国主義の表象、公と私、現実とファンタジーの交渉地点として、イギリス・アメリカを中心として宿泊施設の役割を紐解く。グランドホテルに象徴されるような最先端の建築や内装、快適さ、利便性を謳う近代的なホテルだけでなく、郷愁を誘う昔ながらの宿屋がいかに滞在客／作家の現実世界の体験とフィクションの創造に影響を与えたかを多面的に考察している。Monika M. Elbert and Susanne Schmid, eds. *Anglo-American Travelers and the Hotel Experience in Nineteenth-Century Literature: Nation, Hospitality, Travel Writing*, Routledge Studies in Nineteenth-Century Literature 24 (New York: Routledge, 2018).
（7）橋爪紳也『明治の迷宮都市――東京・大阪の遊楽空間』増補（筑摩書房、二〇〇八年）七三～一一二頁。
（8）出村嘉史・川崎雅史・田中尚人「近世の京都円山時宗寺院における空間構成に関する研究」（『土木計画学研究・論文集』一八巻二号、二〇〇一年、三八七～三九四頁）。
（9）丸山宏「京都円山公園成立前史」（『造園雑誌』四七巻五号）七頁。出村嘉史・川崎雅史「近代京都の円山公園における景観構成の分析」（『土木学会論文集』七四四号）九七～九九頁。
（10）都ホテル『都ホテル一〇〇年史』（都ホテル、一九八八年）二～三頁。海外におけるパルク、ガルデンの訳語としての「遊園」は「性情の涵養、大気の疎通、健康の保全、失火の延焼防止」などの機能が想定されていた。丸山宏『近代日本公園史の研究』（思文閣出版、一九九四年）五六頁。
（11）前掲註（10）『都ホテル一〇〇年史』三頁。
（12）中川理『京都の近代　せめぎ合う都市空間の歴史』（鹿島出版会、二〇一五年）五二～六〇頁。
（13）京都市電気局庶務課編『琵琶湖疏水略誌』（京都市電気局、一九三九年）三〇～三一頁
（14）広瀬楓斎《京都名所「知恩院真景」「疏水インクライン　積荷船電力運搬」》（一八九八年、立命館ＡＲＣ、ar-

cUP6536)。
(15) 的場麗水『京都名所独案内』(吉田至誠堂、一八九五年)五七～五八頁。句読点は筆者による。本章では、原文が旧漢字の場合、新漢字に改めて引用する。
(16) M Ichihara, ed. *The Official Guide Book to Kyoto and the Allied Prefectures. Prepared Specially for the Eleven Hundredth Anniversary of the Founding of Kyoto and the Fourth National Industrial Exhibition by the City Council of Kyoto. With Three Maps and Sixty-Nine Engravings.* (Nara: Meishinsha, 1895), 102. 筆者翻訳。
(17) 並木誠士「名所などころ(一五)東山——集う名所、眺める名所」(『茶道雑誌』六四号、一〇三～一一一頁)。
(18) 高橋義人「京都はいかにして今の京都になったか——上知令と廃仏毀釈後の明治初期の京都まちづくり」(『平安女学院大学研究年報』二一巻一号、二〇二〇年)一～三頁。
(19) 前掲註(10)『都ホテル一〇〇年史』七頁。
(20) 青木恒三郎編『都名所図譜』(青木嵩山堂、一八九七年)。
(21) 武瀟瀟「平安時代に描かれる中国の「名所」」(本書参照)。
(22) 前掲註(10)『都ホテル一〇〇年史』七頁。
(23) 前掲註(10)『都ホテル一〇〇年史』八頁。
(24) 関戸明子「鳥瞰図にみる近代——草津温泉を事例として」(『歴史地理学』五四巻一号、二〇一二年)四二頁。
(25) 平澤毅「名勝の指定基準対象項目としての『展望地点』の今日的意義に関する考察」(『ランドスケープ研究』八四巻五号、二〇二一年)四六五～四六八頁。
(26) 内務省編『史蹟名勝天然紀念物保存要目解説　名勝之部』(内務省、一九二二年)一三頁。
(27) 前掲註(10)丸山宏『近代日本公園史の研究』表一、三二頁
(28) 前掲註(10)丸山宏『近代日本公園史の研究』二一～二四頁。
(29) 前掲書(10)丸山宏『近代日本公園史の研究』三一〇頁。
(30) 吸霞山人『日光案内』(日本堂、一八九〇年)五頁。

（31）前掲註（10）『都ホテル一〇〇年史』九頁。

（32）「ホテル市営論」（『京都日出新聞』一九〇六年五月八日付、第一面）。

（33）この増築は前年明治三九年に起きた円山公園の也阿弥ホテルの火災による京都の客室不足に対応するものでもあった。前掲註（10）『都ホテル一〇〇年史』二六頁。

（34）'View from Hotel,' in 前掲註（2）*Miyako Hotel Guide to Kyoto and the Surrounding Districts*, 2nd ed., no page number.

（35）英国ケントに位置するメイドストーン博物館には、ゴム製造会社の役員を務めていたヘンリー・マーシャムにより蒐集された陶磁器を中心とした日本美術コレクションが収蔵されている。博物館のアーカイブを紐解くと、マーシャムから当時の学芸員に宛てられた手紙の多くが都ホテルの便箋を使って書かれていることがわかる。彼にとっては、都ホテルは滞在先であり、日本美術収集の拠点であった。マーシャム・コレクションに関しては以下の拙稿を参照されたい。Ai Fukunaga, "British Collecting of Ceramics for Tea Gatherings from Meiji Japan: British Museum and Maidstone Museum Collections." PhD thesis, SOAS University of London, 2021. DOI: https://doi.org/10.25501/SOAS.00035824. Ai Fukunaga, "Tourism and Collecting in Kyoto: The Miyako Hotel as an Agent in the Creation of the Hon. Henry Marsham Collection of Japanese Art, Maidstone Museum, Kent." Journal for Art Market Studies Vol 2 (September 5, 2018): No 3 (2018). https://doi.org/10.23690/jams.v2i3.66. 画像使用をご快諾いただいたメイドストーン博物館のサマンサ・ハリス氏に感謝申し上げます。

（36）前掲註（10）『都ホテル一〇〇年史』二六頁。国立国会図書館には第二版、第三版が所蔵されている。前掲註（2）*Miyako Hotel Guide to Kyoto and the Surrounding Districts*, second ed., 1906. Nishimura Nihei, ed., *Miyako Hotel Guide to Kyoto and the Surrounding Districts*, third ed. (Kyoto: Nishimura Nihei, 1908). 昭和四年には都ホテル研究部が時代祭についての案内書も出版している。Akiyama Aisaburō, The Jidai Matsuri, or, Festival of Ages. (Kyoto: Miyako Hotel, 1929).

（37）前掲註（2）*Miyako Hotel Guide to Kyoto and the Surrounding Districts*, second ed., 1906, 11.

（38）前掲註（10）『都ホテル一〇〇年史』（一九八九年）二八頁。
（39）前掲註（2）*Miyako Hotel Guide to Kyoto and the Surrounding Districts*, second ed., 1906. 第三版ではおすすめの京都観光一〇日間プランが示されるなどの改訂がなされている。前掲註（35）*Miyako Hotel Guide to Kyoto and the Surrounding Districts*, third ed. 1908, 21-24.
（40）風月庄左衛門『京都名勝帖』（風月堂、一九〇九年）二八番。
（41）前掲註（40）「三條通の東粟谷ありて和洋折衷の建築なり神楽岡黒谷真如堂太極殿岡崎公園等市内東北部の眺望最も良し It is half-way-up northern of Kwachozan, and the prospect is very good.」。
（42）川島智生「明治期京都の外国人ホテル　也阿弥ホテルの成立と建築位相」（『日本帝国の表象　生成・記憶・継承』えにし書房、二〇一六年、一三三頁）。
（43）藤田徳太郎『博技帖』（山田芸艸堂、一九一〇年）第六七図《花丸彫刻極彩色》。
（44）Welcome Society of Japan. *A Guide-Book for Tourists in Japan*, 2nd edition (Tokyo: Welcome Society of Japan, 1906)、広告欄。
（45）丸山宏「円山公園の拡張」（『造園雑誌』四八巻五号、一九八四年、一頁）。
（46）二月二八日および三月八日から四泊。前掲註（10）『都ホテル一〇〇年史』一二頁。
（47）前掲註（10）、二五頁。
（48）京都府編『京都府写真帖』（京都府、一九一二年）八三～八四頁。
（49）「市民祝賀会」（『京都日出新聞』一九〇五年一一月二五日付、一面）。
（50）「小国民筆跡」（『京都日出新聞』一九〇六年一月二八日付、九面）。
（51）前掲註（44）Welcome Society of Japan. *A Guide-Book for Tourists in Japan*, 2nd edition、広告欄。都ホテルの広告では、コンノート公の滞在場所となったことをまず第一に謳っている。「The Hotel specially appointed by the Imperial Household for the accommodation of H.R.H. Prince Arthur of Connaught.」
（52）住友陽文「史蹟顕彰運動に関する一考察」（『日本史研究』三五一号、九七頁）。

風景と景観の使われ方の変容

中川　理

はじめに

名所は和歌などに詠まれ、そして名所絵として描かれてきた。ただし、それは抽象化されたもので、現実の名所の姿を直接に示すものではない。名所絵にしても、主に和歌が示すイメージを絵画化したものと言えるものだった。しかし、近代以降に起こったのは、その名所の実際の姿や眺めを表現し評価しようとする風景という概念が登場し広く使われるようになったことである。そのため、名所絵は風景画となり広まった。そこには、名所とされる場所に、誰でもアクセスできるようになり、同時にそこを実際に見るという行為・経験が普及したことがある。

この風景という概念、あるいは風景画の普及を、日本という国の近代化過程のなかで考える際に興味深いのは、景観という言葉・概念も登場したことである。名所と風景の違いは、名所が特定の場所の存在を価値付けるものであるのに対して、風景はその場所の視覚的受容を価値付けるものであることだ。ところが、この視覚的受容の評価については、景観という言葉も生み出している。風景と景観。どちらも英語で言えばランドスケープ（landscape）であるわけだが、日本ではそれを二つの言葉で表現している。

そこには、人が視覚的に受容した内容をどのように評価するかをめぐって、異なる評価の基準が生み出されたということが考えられるだろう。では、風景と景観では視覚的に受け取るものの評価にどのような違いが生じているのだろうか。そのことを明らかにするためには、それぞれの言葉がどのように使われているか、その差異を検証することが求められなくてはならない。つまり、それぞれの言葉が使われる際の、意味作用の実際を調べる必要があるはずだ。そこで重要になるのは、言葉が示す概念の成立と、その変容である。実際に、風景と景観はどちらも、その使われる場面も、含意する内容も大きく変化を遂げていると考えられる。

そこで、本稿では、二つの言葉の意味作用の一端を、その使われ方の変化を捉えることで明らかにしたい。視覚の時代と言われる近代において、名所を価値付けるのはもっぱら視覚的な受容での評価となった。その意味で、風景や景観という言葉と概念は重要なものとなっていくのだが、実際にはその使われ方には大きな揺れが生じている。もちろん、それは近代が経験する、西洋的価値観の受容、都市や農村地の変容、新しい文学・絵画の進展、近代的制度の確立、そして観光開発など、社会的な発展・変容に即したものであるはずだ。

ここではその変容のありようを、言葉の使われ方を統計的に、数量化して捉えることを試みる。そうした方法の前提には、それを可能にする言葉の使用を確認できると思われるデータベースが拡充してきたという現状がある。ただし、その方法はより客観的な評価・分析を行えるという優位性を指摘できる一方で、数値だけでは捉えられない事柄による制約が多いのも事実である。そうした制約も自覚し認識しつつ、ひとつの分析方法の試行として行うこととする。

一　風景と景観をめぐって

すでに明らかにされてきたように、景観という言葉は、植物学者の三好学（一八六二―一九三九）がドイツ語の地理学の用語であるラントシャフト（Landschaft）に与えた訳語であるとされている。それはどのように使われていたのだろうか。一九一〇年（明治四三）に『学生』という雑誌に三好が書いた文章が興味深い。「国粋植物としての桜」というタイトルの文章の冒頭で、「世界各国には、それぞれ固有の植物があつて、其土地の景観を形づくつて居る」とし、各国の代表的な植物の事例を挙げて、最後にそれらは「皆固有の風景植物である」としている。(1)

最初の景観は、ラントシャフトという言葉が本来持っている、地表の空間的・地域的まとまりの視覚的特徴を表しているのに対して、最後の風景は、風景植物として、植物そのものの視覚的意味を表していると解釈できる。つまり、三好にとって、それまでの風景が名所のように特定の場所や特定の物（この場合は植物）の視覚的特徴、あるいは評価を示す概念であったのに対して、景観という言葉で、より広い範囲（国などの広域の土地）を評価する概念を提示したということなのだろう。

しかし実際には、この景観という言葉は、植物学の分野以外ではあまり使われることはなかった。この言葉が一般に使われるようになる契機となったのは、後述するように、それが地理学で使われるようになったからだと考えられている。かつての地理学の権威であった辻村太郎（一八九〇―一九八三）は景観が三好によって最初に使用された用語であることを指摘しつつ、「景観は目に映ずる景色の特性」であると改めて定義し、その後、一九三〇年代になりその用語は、地理学において自然の風景をより客観的に科学的に捉える言葉として広く使われるようになっていくことになる。

加えて、新しい言葉である景観は、風景より広域の視覚的特徴を捉えるものとなったと理解できる。だとすれば、それはひとつの地理的領域に暮らす人々に共有されたものとなるのではないか。そう考えれば、景観は風景よりも客観的な捉え方でなければならない。つまり、風景が個人的でなおかつ主観的な価値判断であるのに対して、景観は客観的で科学的である、という解釈がこの二つの言葉の概念の違いを最もわかりやすく説明するものとなったと理解できるだろう。そして、平成一六年（二〇〇四）に公布された景観法が示す景観という言葉も、その理解のうえに成立したものと理解することができる。しかし、それではなぜ景観という言葉は、最初は使われないままだったのか。視覚的受容を客観的に捉える必要がなかったからなのだろうか。

地理学のジェームス・S・ダンカンは、従来の地理学の景観研究が、景観の価値を生み出す文化的価値体系を明らかにするだけだと批判し、景観という言葉が何を取り上げ、それがどのように理解されてきたものかの意味作用を明らかにしなくてはいけないと主張する。(2) 確かにそうであり、だとすれば日本語の風景と景観の使い分けの実際の変遷を知ることは、きわめて有益な分析となるであろう。

二 雑誌記事・論文による分析

そこで本稿では、近年充実されつつある、雑誌記事のデータベースを使い、そのなかで風景と景観という言葉がどのように使われてきたのか、その変化も含め、検証することとする。利用するデータベースは、日外アソシエーツ社が提供するMagazinePlusである。これは、日本最大級の雑誌・論文情報データベースとうたったもので、雑誌・論文の見出しについて検索をかけて必要な記事・論文を見つけるというものである。同じようなものとして、国立国会図書館の雑誌記事索引もあるのだが、こちらは当初は一九四八年以降のデータに限られていた。そこで、MagazinePlusは、このデータベースに、J-STAGEを初めとする戦前期も含む学会年報・論文集や一般誌、地方史誌などの書誌データを多数追加して、二〇二四年五月時点で、雑誌三九、六五一誌+図書一三、一一九冊の、論文・記事約二五二六万件を収録する国内最大規模のデータベースを構築している。

ただし、このデータベースは記事・論文のタイトルなどの書誌情報に含まれる検索語で記事・論文を見つけ出すという機能を提供するものであり、統計的にデータをカウントして分析することを想定したものではない。そのため、データベース内においての調整はある程度行われているものの、複数のデータを統合しているために、同じ記事・論文を重複してカウントするケースも散見されるなど、厳密な統計的分析を行うことは難しい。しかしそれでも、風景と景観の使われ方が時代によってどのように変化していくかの変化を読み取ることは十分に可能であると判断した。特に、このデータベースは、三三の分野で記事・論文が分類されているという特徴があり、このことは言葉の使われ方の傾向と変化を読み取る場合に有利であると考えられた(3)。

三 新しい言葉としての景観

さて、表1が一九〇一年（明治三四）から五年を区切りとして、その間に書誌情報に風景と景観、それぞれが含まれる記事・論文がそれぞれどれだけあったか、その数値をカウントしたものである。これにより、まず風景と景観の二つの言葉の使われ方の経年の変化と、その量の差を比較することができるであろう。ただし、このデータベースにあがった記事・論文の数の総数には、年によって差がある。当然であろうが、一般的に古い時代のものは、その総数は少なくなる。そこで、二つの言葉の頻度と経年変化をより正しく捉えるために、それぞれの五年間での雑誌・記事の総数を調べ、その総数に対して、風景、景観の言葉がそれぞれ何％を占めるものだったかという数値を計算した。それをグラフに表したのが、図1および図2である。

図1を見てすぐにわかるのは、景観という言葉が一九七〇年代から使われ始め、その後急激に増加し、二〇〇〇年に入りピークをむかえているということである。まさに先述したように、景観と言う言葉が当初は植物学に限られる、いわば専門用語として使われるだけであったということと、それが戦後の一九七〇年代から爆発的ともいうべき速さで一般化していったという事態がそこには認められるということであろう。ちなみに、最初の一九〇一年からの五年間では、三件の記事・論文しかないが、その三件いずれもが、景観を始めて使った三好学が著わした『日本植物景観』の発刊とその意義を紹介した記事であった(4)。

では、特定の場所の視覚的な受容について、風景という言葉で示されていたものが、戦後の一九七〇年代になり景観に置き換わったということなのだろうか。図1と図2を比較すると、確かに風景が次第に減り、それに代わり景観が増えていることが見て取れるが、詳細に見ることでそれは単純な言葉の置き換えではなかったことがわかる。景観という言葉が植物学の専門用語であったとしたが、図2を見ると、一九三〇年代に小さいがひとつのピークを示していることがわかる。一九三六年から一九四〇年までには、一四二の記事・論文のタイトル等で景観が使われている。これは、無視できない数であると言えるだろう。この時には、どのように景観が使われたのか。

図1と図2には、MagazinePlusによって分類された分野のうち、風景と景観それぞれで最も多く分類された分野と二番目に多く分類された記事・論文の数の、やはり総数に対する割合（%）のグラフを加えている。図2でわかるとおり、ここで興味深いのは、一九三〇年代の景観を使った記事・論文では、歴史・地理に分類されるものが際だって多いことだ。景観を使った記事・論文の約四八%を占めている。そこで、具体的な記事・論文を取り上げて見てみると、その多くが地理学の論文であることがわかった。

日本において地理学が本格的に研究されるようになるのは、一九二〇年代であったと言ってよい。一九二四年（大正一三）に『地球』、一九二五年に『地理学評論』、一九二六年に『人文地理』と、相次いで地理学の専門雑誌が創刊された。図2の歴史・地理に分類されている景観を使った記事・論文の多くが、これらの雑誌のものであった。つまり、日本において地理学の研究が始められた時点で、景観はその最初の議論の対象となり、景観をめぐって多くの記事・論文が登場したのである。

ではなぜ景観か。ドイツやアメリカの地理学では、一九世紀末ごろからLandschaftあるいはLandscapeの概念を構築しようとする研究が広がっていった。それを最初に日本語にしたのが、植物学者の三好学であったわけだが、本来の地理学の研究のなかでも、改めてこの概念を日本語でしっかりと定義しなくてはならないと、議論が盛んになったのである。実質的に、景観という言葉と概念が生み出されたのは、この時であ

表１　MagazinePlusで風景と景観で拾われる記事・論文の数

年　代	記事・論文の総数	風景（件）	景観（件）
1901年（明治34）～1905年（明治38）	127,507	16	3
1906年（明治39）～1910年（明治43）	171,336	41	11
1911年（明治44）～1915年（大正４）	188,271	51	5
1916年（大正５）～1920年（大正９）	181,735	271	1
1921年（大正10）～1925年（大正14）	193,116	1,090	2
1926年（大正15）～1930年（昭和５）	337,976	2,897	30
1931年（昭和６）～1935年（昭和10）	356,045	2,304	65
1936年（昭和11）～1940年（昭和15）	525,910	3,514	142
1941年（昭和16）～1945年（昭和20）	345,428	1,796	36
1946年（昭和21）～1950年（昭和25）	169,660	205	28
1951年（昭和26）～1955年（昭和30）	515,133	382	37
1956年（昭和31）～1960年（昭和35）	540,714	311	31
1961年（昭和36）～1965年（昭和40）	548,585	1,229	28
1966年（昭和41）～1970年（昭和45）	712,541	1,275	72
1971年（昭和46）～1975年（昭和50）	766,813	1,415	192
1976年（昭和51）～1980年（昭和55）	852,554	521	182
1981年（昭和56）～1985年（昭和60）	1,227,678	678	696
1986年（昭和61）～1990年（平成２）	1,279,928	1,084	802
1991年（平成３）～1995年（平成７）	1,334,073	1,332	1,352
1996年（平成８）～2000年（平成12）	2,220,824	3,700	2,219
2001年（平成13）～2005年（平成17）	2,677,863	4,425	3,515
2006年（平成18）～2010年（平成22）	2,630,849	3,940	3,878
2011年（平成23）～2015年（平成27）	2,448,585	3,108	2,832
2016年（平成28）～2020年（平成32）	2,175,002	2,758	2,520

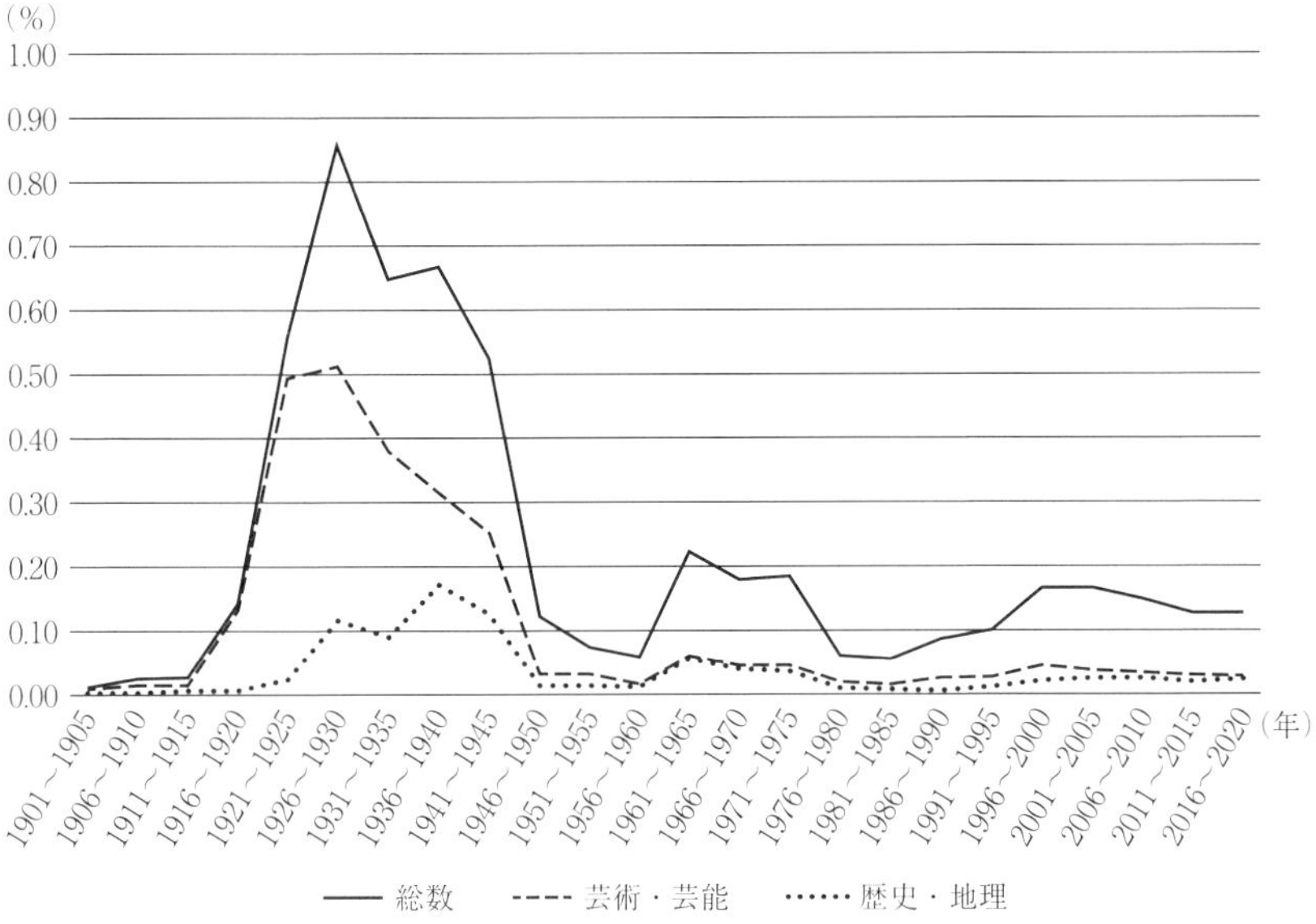

図１　風景が含まれる記事・論文数の全体に対する割合の変化

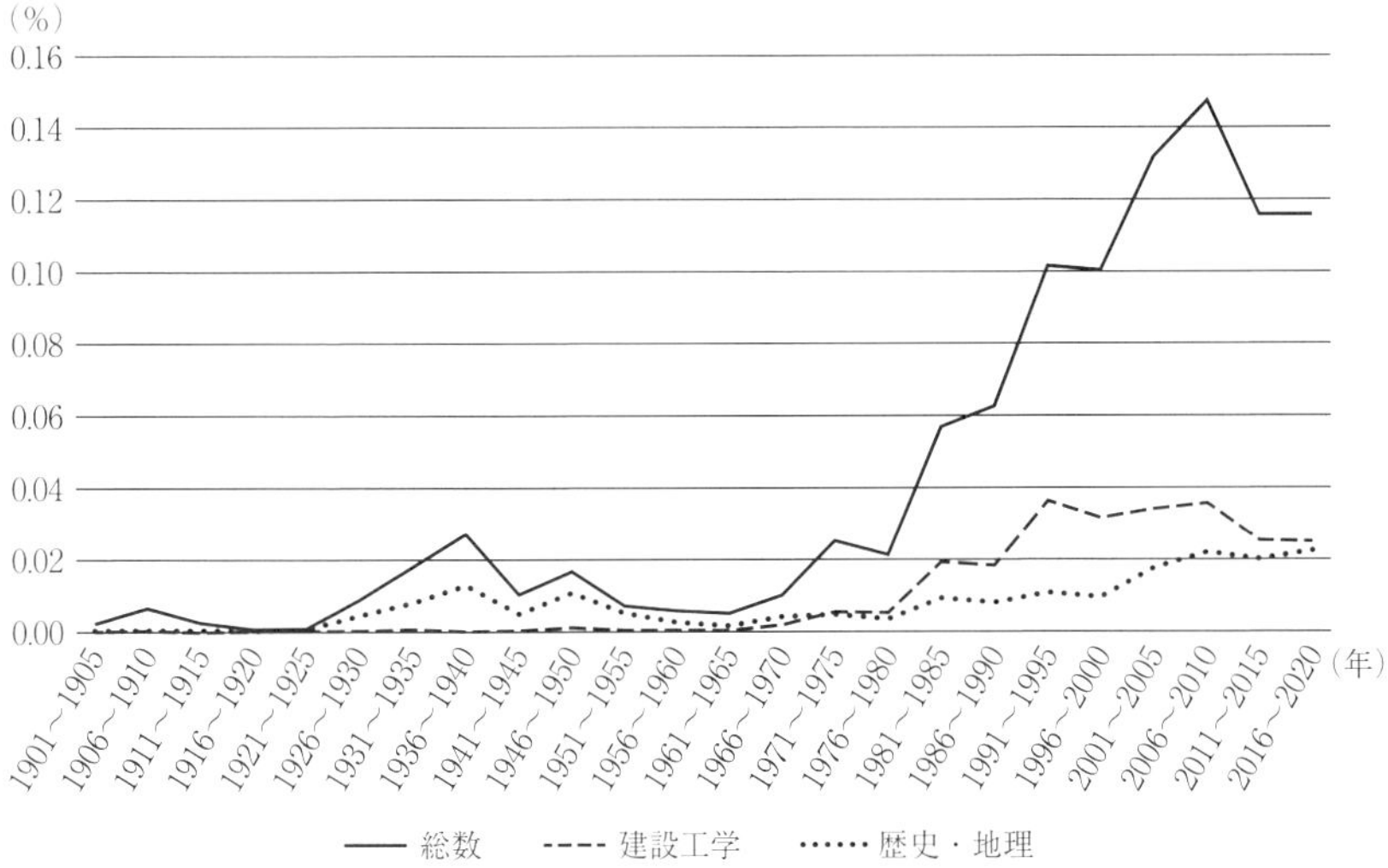

図２　景観が含まれる記事・論文数の全体に対する割合の変化

ったと言ってもよいだろう。当時、日本の地理学をリードしたと言える東京帝国大学地理学の辻村太郎は、三好学がLandschaftを景観という言葉で最初に示したと指摘しながら、自身もこの言葉についての議論を改めて行っている。

興味深いのは、景観という言葉では、ある地域の可視的・形状的な側面だけを示すものになり、Landschaftが持つ、ある地域の総合的な内容という意味が抜けてしまうのではないかとして景観以外にも多くの言葉が案出されていることである。いわく、景域、景相、風景形態、地相景、地郷など。あるいは、景観には自然景観と文化景観があるという指摘もあった。しかし、当時の地理学の権威であった辻村太郎が、景観をあくまで自然科学的な景観形態学として提唱するようになると、景観は本来Landschaftが持っていたと考えられる、対象とする地域の文化的、あるいは歴史的側面を捨象する概念として使われるようになったようだ(5)。図2でわかるとおり、一九四〇年代以降には、景観を議論する論文は急激に減ってしまう。それは、景観という概念が確定してしまったということを示しているのであろう。そして、そのまま戦後になっても景観を含む記事・論文はほとんど現われなくなった。

この地理学における景観の議論でわかることは、これにより景観が、あくまで自然環境、あるいはそれによる地形などの自然科学的な形態を視覚的に受容する概念として定着するようになったということであろう。そこでは、名所や風景が持っていたはずの情緒的・感情的な側面は切り捨てられている。もちろん三好学の植物学の景観と同様に、ここでの景観も学術用語として定義されたものと言えるのであるが、より一般的な概念として地域の自然・形態的な様態を示す言葉として定義されたということの意味は大きかったと言えるだろう。図2でわかるように、景観はその後戦後になり、建設工学や産業の分野での使用が、急激に増えているのだが、これはこの言葉・概念が科学的・客観的なものとして使えるものと認識された結果だとも判断できるだろうし、その結果として現代の景観法が生まれるに至ったとも考えられる。

四　風景の時代

では、一方の風景はどうであったのか。確かに、戦後においては風景が使われる記事・論文の数は大幅に減っている。しかし、グラフの数値でわかるとおり、二〇〇〇年代では風景と景観の頻度はどちらも〇・一％強と、ほぼ同じとなっている。それまで風景は、一貫して景観より多く記事・論文に使われる言葉であり続けていた。そして、一九二〇年代後半から一九三〇年代後半にかけては、とりわけ多くの記事・論文で風景という言葉が使われていた。この時期は前述のとおり、地理学において景観という言葉をめぐって多くの議論が行われた時期である。しかし、風景という言葉を使った記事・論文は、それよりはるかに多く、一九三〇年第後半では、実数で三〇〇〇を越えている。それは記事・論文の総数の一割近く（約〇・九％）を占めるまでになっている。

じつは、この数の多さには少し統計上の不具合の説明が必要となる。このデータベースでは、記事・論文の属性として、そのタイトルだけでなく、掲載された書籍・雑誌のタイトルも含まれており、それも検索語として拾ってしまう。つまり、ある用語が記事・論文自体には使われていない場合でも、それが掲載された媒体のタイトルに使われていれば、その記事・論文も該当するものになってしまうわけで、表や図に示された総数にはそうしたものも含まれている。しかし、実際に言葉がどう使われたかを見るという本稿の目的からすれば、収録された雑誌そのもののタイトルにその言葉が使われていたという事実自体も見逃せないのであり、ここでは実数の多寡による判断は困難であるとしても、どの年代にどのように風景が使われたかを、このデータベースの数値の推移から検証したい。

表1でとりわけ風景の言葉が数多くカウントされた一九三〇年代後半について、より具体的に調べてみると、『風景』と『庭園（庭園と風景・庭園と風光）』という二つの雑誌に掲載された記事・論文が多くを占めていることがわかる。それぞれ、一六一五件と一一三六件で両者を合わせると風景でカウントされた記事・論文の総数三五一四件のおよそ七八％にも達することになる。もちろん、その記事・論文のなかには、そのタイトルにも風景が含まれるものも多くあるが、風景について何らかの言及がないものもあるのは事実である。それでも、ここではこの二つの風景を表題にする雑誌が、同じ時代に創刊されたことにまずは着目したい。

まず『風景』である。雑誌タイトルが、風景となっているこの雑誌は、この時期にこの言葉がどれほど一般化したものであったかを物語っていると言えるだろうか。この雑誌は、昭和九年（一九三四）に設立された風景協会の機関誌として創刊されたものである。風景協会の設立趣意書には、「科学と芸術との二大分野に跨がりて、洽く知識を糾合し、風景の綜合的研究調査を行」うとしている。前述の地理学における景観の議論と同じような主張がそこにあったと読み取ることができるが、こちらはより積極的にその言葉が示す広範な価値を主張し広めていこうとする姿勢が明確だった。実際の内容は、多くの号で、日本各地の風景や、「郷土風景」などの特集が組まれ、その美しさを喧伝するような記事・論文が掲載されている。

創刊号では、明治神宮の設計などで日本の造園をリードした林学者である本多静六（一八六六―一九五二）

が、「日本は世界に冠たる風景国である」とうたっている。よく知られるように、日清戦争後の明治二七年（一八九四）に、日本における山並み風景の美しさを欧米と比べすぐれていると主張した志賀重昂の『日本風景論』が出版され広く読まれるようになるが、風景協会の『風景』は、風景ナショナリズムとも言うべきそうした流れを引き継いだものだった。実際に、設立趣意書には風景の調査研究により、「国土の風光に憧れて、来遊する外客に対しては、よくその恵沢を頒ち、以つて国際親善に資せしむる」とあり、また一〇巻六号（一九四三年六月）は、志賀重昂先生特集が組まれている。

もちろん、『風景』に収録されている記事・論文の中にも景観をタイトルに使ったものもあった。しかし、その数はとても少ない。一九三〇年代後半では、『風景』掲載の記事・論文総数が一六一五件あるが、そのなかでわずかに一三件だけしかない。しかも、そのうちの四件は植物景観として使っており、一件は森林景観として使っている。(6) つまり、ここで使われている景観は、三好学が使った景観のままであり、地理学での景観をめぐる広範な定義や議論は、ここではほとんど反映されていないと言えるのである。

一方で、『風景』誌で、とりわけ多く風景という言葉をタイトルに使った記事・論文が多く掲載されたものがあった。一九三七年一一月発刊の四巻一一号である。この号は、東京都市風景というのが特集されていた。建築家の岸田日出刀による「東京の都市建築風景」、井下清による「公園から見た東京風景」、關重廣による「夜間に於ける東京都市風景」などが収録されている。都市風景という言い方は現代のわれわれにとって馴染みが薄い。平成三年（一九九一）に建設省により、優れた都市景観を選定する都市景観大賞というものが創設されているように、現代においては、都市の視覚的あり方を示す言葉としては景観が使われるのだが、『風景』誌では都市風景となっていた。

これはこの雑誌特有の使い方ではなかったと考えられる。当時国内で大きな運動にもなっていた都市美運動のなかでも、都市風景という言葉が積極的に使われていた。この都市風景という言葉を意識して使い始めたのが、都市美運動を主導した一人である橡内吉胤である。昭和八年（一九三三）の雑誌『大大阪』で述懐しているが、橡内は、高いビルに登ってそこから見た景色に「特異な美」を見つけて都市風景を発見したというのだ。そして翌年には、『日本の都市風景』を著わした（この本は建築家の芦原義信の解説を加えて筑摩書房から一九八七年に再刊されている）[7]。つまり、都市風景というのは、新しく発見され、『風景』誌などでも盛んに使われる言葉になっていったと考えられるのである。一九三〇年代には、すでに日本の都市は近代的な様相を示すものになっていたわけで、それは旧来の名所のような場所とは異なる無機質で混乱したような姿を呈していたわけである。しかし、だからこそそこに新しい感覚の美を認めようとする発想が登場したのである。重要なことは、そこに美しさを見出したことであり、だからこそそれは風景だったと理解できるだろう。

ではもうひとつの『庭園』はどのようなものであったか。これは大正七年（一九一八）に設立された庭園協会が刊行した機関誌である。この雑誌が刊行された意義についてまとめた馬場菜生・鈴木誠は、これが日本における造園学の成立を導くものだったとしている。確かに、英語の雑誌名は、Official Organ of the Japanese Society of the Landscape Architecture となっていて、建築を造る建築家とは異なる職能としての造園家が想定されたものになっている。そうであれば、ここで副題として「庭園と風景・庭園と風光」と風景という言葉が使われているが、これは庭園を造成する際の新しく創造するものを示す概念として考えられる。それは、ある地域にある既存の視覚的形態を捉える、あるいはそれを評価するものとしての概念ではないと判断できる。馬場菜生・鈴木誠は、実際の内容を詳細に分析し、一部には既存の風景に言及した記事・

論文もあるようだが、多くは設計や施工方法、あるいは材料、樹木などについて書かれたものであることを指摘している。

そして、内容をさらに分析すると「日本」という言葉の出現率が次第に増えていく状況などから「大正末期からわが国の国民性、趣味性を説き日本庭園の見直しが盛んに行われるようになった」状況を反映していると指摘している(8)。このことは、雑誌『風景』に見られた風景ナショナリズムとも通底するものだと言えるのだろう。ちなみ、この雑誌の理事の筆頭は、本多静六であり、寄稿回数が最も多かったのは、本田と同様に日本の林学をリードし、国立公園の制定に尽力した田村剛だった。

ちなみに、一九三〇年代後半のこの『庭園』に掲載された記事・論文一一三六件のなかで、タイトルに景観を使ったものはひとつもなかった。造園に携わる研究・議論のなかでは、地理学で議論された客観的で科学的であるべき景観という概念はこの時点では必要なかったのであろう。雑誌『風景』も含めて言えることは、この時代のこうした雑誌で使われた風景とは、積極的に評価されるべき特定の地域・場所の視覚的内容、あるいはそれを目指すべき目標を捉える概念として使っていたと考えられる。そして重要なことは、そうした積極的に価値付ける言葉としての風景は、一九三〇年代をピークにして、広く頻繁に使われるようになったことである。それは、景観ナショナリズムにうかがわれるように、国民国家としてのアイデンティティー確立や、観光、あるいは都市を整備する、公園を造るというようなインフラ整備などを通じて、従来からの主観的・感情的なものとは異なるより客観的な概念として求められる言葉になっていったと理解できるだろう。

しかし、表1や図1でわかるとおり、一九四〇年代から、とりわけ戦後になると風景の言葉の使用は急激に減っていく。確かに、視覚的受容を示す言葉として、さらにより客観的で科学的な景観という用語の利用が支配的になったということなのだろう。しかしそれだけではない。同時に前述の都市美運動なども同じだが、視覚的に受容されたものを積極的に、とりわけ美しいものとして評価しようとすることが必要なくなっていったということも起きていたということだろう。このことは、社会的な行動規範として、視覚的な美への接近と、その後にそれを遠ざけようとするという変化が、確実に起こっていたことを示していると考えられるのである。

五 もうひとつの風景

以上のように一九三〇年代後半には、風景という言葉を誌名や副題に含む二つの雑誌を中心にして、その時代を象徴したとも言うべき言葉として風景は広く使われるようになった。しかし、表1・図1でわかるとおり、それより一〇年ほど前、『風景』が創刊される以前から風景を使った記事・論文の数は極めて多くなっている。そこには、もうひとつ注目すべき雑誌があった。一九二〇年代後半にも、風景が使われている記事・論文数が多くカウントされているのだが、この間に『近代風景』が創刊されているのである。これも雑誌タイトルに風景を含むために、この雑誌に収録された記事・論文はすべて風景を使用したものとしてカウントされているのだが、一九二〇年代後半の風景使用の総数が二八九七件であるなかで、一四六七件、約五一%をこの『近代風景』の記事・論文が占めているのである（すでに一九一八年に創刊されていた『庭園』のこの時期の記事・論文は九二六件）。

『近代風景』は、北原白秋によって大正一五年（一九二六）一一月に創刊された、幅広く自由な詩を中心に編集された雑誌である。出版に深い関心を持ち、それまで多くの雑誌の発行に関与してきた北原白秋が、新たに起こしたのがこの雑誌であったが、ここで注目しなければならないのは、そのタイトルである。なぜそれが近代風景なのだろうか。創刊号に北原白秋が寄せた「近代風景開眼」では、「……飛躍せよ、不可見の世界を、伝統の端厳相を。／開け、近代の風景。／革新は眼前にある。骨法の黎明が来た。……」としている。ここでは、伝統的な形式の整ったものから飛躍して、詩の世界において近代の新しい革新を目指すとしているが、その状況を近代の風景としているのである。この場合の風景とは抽象的なものであり、具体的な視覚的受容の内容を言っているのではないことがわかる。実際にこの雑誌に掲載された詩や論評については、具体的な場所の情景を表しているものもあるが、それを視覚的受容の内容として指摘するものはほとんどない。あくまで、それまでの詩にはない、自由で革新的な表現を示そうとしているのであり、その状況を近代風景という言葉で示していると理解できる。

具体的な視覚的内容を示さない、視覚で受け取るのではない、ある状態や状況を抽象的に示すものとして風景という言葉が使われている。そうした場合の風景は、じつはこの時代におけるもうひとつの風景の使い方として一般化していったと考えられるのである。それは確かに、この『近代風景』という雑誌に限った使い方ではなかったようなのである。

そのことをデータから検証するために、表3および表4を作成した。この表は、戦前において、風景と景観について、それぞれが最も多く使われていた一九二〇年代後半と、一九三〇年代後半、そして両者とも景観法公布以降の二〇一〇年代後半について、それぞれデータベースから拾われた記事・論文が風景、景観の

表2　風景と景観の対象の分類項目

1)地域・エリア、2)創出・デザイン、3)庭園、4)農村・田園、5)水辺・港湾、6)地形、7)河川・湖沼、8)公園、9)社寺・境内、10)集落・コミュニティ、11)町並み・街路、12)住宅地、13)墓地、14)森林、15)道路・鉄道、16)橋梁、17)土木、18)自然・山並み、19)建物・家屋、20)インフラ、21)施設、22)学校・キャンパス、23)広告・看板、24)産業・なりわい、25)職場、26)観光保養地、27)書類、28)都市・郊外地、29)植物・生物、30)動物、31)食物、32)音・音楽、33)アート・芸術、34)着衣、35)ランドスケープ、36)文学・文章、37)絵画・写真・映画、38)法制度、39)分析手法・教育、40)抽象的要素、41)心象・内面・記憶、42)故郷、43)宗教・祭礼、44)遺跡・古墳、45)イベント・行事、46)場面・行為、47)生活・暮らし・季節、48)政治経済状況、49)時代状況、50)科学・工学、51)数学、52)心理学、53)スポーツ、54)文字（言語）

表4　景観を使った記事・論文の主な視覚対象分類

	1936～1940年	2016～2020年
地域・エリア	38(26.8)	187(7.4)
創出・デザイン	0(0)	223(8.8)
分析手法・教育	1(0.7)	185(7.3)
都市・郊外地	7(4.9)	167(6.6)
農村・田園	1(0.7)	172(6.8)
法制度	0(0)	162(6.4)
河川・湖沼	6(4.2)	106(4.2)
植物・生物	10(7.0)	130(5.2)
水辺・港湾	2(1.4)	95(3.4)
自然・山並み	5(3.5)	74(2.9)
町並み・街路	1(0.7)	77(3.1)
森林	4(2.8)	71(2.8)
抽象的要素	8(5.6)	67(2.7)
観光保養地	0(0)	67(2.7)
文字（言語）	0(0)	66(2.6)
地形	12(8.5)	27(1.1)
総数	142(100)	2520(100)

（件・カッコ内は全体に占める割合（%））

表3　風景を使った記事・論文の主な視覚対象分類

	1926～1930年	2016～2020年
場面・行為	293(10.1)	238(8.6)
庭園	424(14.6)	24(0.9)
地域・エリア	126(4.3)	352(12.8)
抽象的要素	301(10.4)	78(2.8)
創出・デザイン	251(8.7)	121(4.4)
文学・文章	215(7.4)	128(4.6)
生活・暮らし・季節	295(10.2)	42(1.5)
心象・内面・記憶	133(4.6)	95(3.4)
絵画・写真・映画	38(1.3)	187(6.8)
植物・生物	120(4.1)	72(2.6)
政治経済状況	12(0.4)	163(5.9)
都市・郊外地	72(2.5)	71(2.6)
水辺・港湾	74(2.6)	45(1.6)
自然・山並み	46(1.6)	57(2.1)
農村・田園	31(1.1)	68(2.5)
公園	76(2.6)	8(0.3)
総数	2897(100)	2758(100)

（件・カッコ内は全体に占める割合（%））

視覚対象、つまり何を視覚的に捉えたものなのかを、筆者がひとつひとつを判断し分類した数を示したものである。その分類項目は、風景・景観にカウントされている記事・論文の全体を調べたうえで、表2のような五四の項目に分類した。そのうちで、それぞれの戦前、二〇一〇年代後半を合わせて該当する記事・論文の数が多かった上位一五の分類に該当する記事・論文の数について、風景・景観それぞれでカウントされた総数に対する割合（%）を示したのが、表3と表4である。

ここで、あらかじめこの集計において配慮が必要な点があることを説明しておかなければならない。そもそも、景観・風景の記事・論文を視覚対象で分類したと述べたが、表2の分類項目には、「創出・デザイン」や「文学・文章」など、視覚対象になりえないものも含まれており、表3、4ではそれらに該当する記事・論文の数が比較的多くを占めている（該当する分類項目を太字で示している）。それらの多くは、直接的に景観や風景を使ったものではなく、景観や風景を含むタイトルの雑誌に掲載された記事・論文も含まれてしまっているというのが大きな理由である。そうではなく、表現として視覚対象と思われるものを持たないものも後述のようにあるが、そもそも記事・論文のタイトルに景観・風景を含まないでカウントされているものも多いのは事実である。そうしたものを一括して排除することもできるが、むしろそうした記事・論文も含めて分類することで、それぞれの時代における言葉の使い方の傾向が浮かびあがるのではないかと考えて、ここではそれらも表2の項目にしたがって分類している。

まず表3（風景）で、一九二〇年代後半において、前述の『近代風景』誌で見られた、ある状態や状況を抽象的に示すものとして風景という言葉を使うという事態が広がっていたことをうかがうことができる。この時期において、風景という言葉でカウントされる記事・論文のなかで最も多いのは『近代風景』誌に掲載されたものである（九二六件・全体の約三二％）。そのなかには、北原白秋などが詩の作品について論評や紹介をする記事も含まれており、それらを「文学・文章」という視覚対象を持たないものとして分類している。これは、風景という言葉の使い方をうかがうものにはなっていない。しかし、それを除くと、「生活・暮らし・季節」（一〇・二％）や「場面・行為」（一〇・一％）、「心象・内面・記憶」（四・六％）など、具体的な視覚的対象とは異なる抽象的な要素を風景として扱ったものが多いことがわかる。これらも『近代風景』誌掲載のものが多いのだが、他の主に詩作を扱ったいわゆる文芸誌においても、掲載された詩のタイトルなどから判断してこれらの分類に分けられるものが多い。たとえば、「生活・暮らし・季節」では、「たそがれの風景[9]」、「朝の風景[10]」、「生活と風景[11]」などの使い方の例を挙げることができるが、これらでは、たそがれや朝に見られた具体的な視覚対象を表すのではなく、ある状況を抽象的あるいは俯瞰的に表現しようとして風景が使われていると理解できる。「場面・行為」ではよりわかりやすい。「風と労働者との風景[12]」、「ピストルのある風景[13]」、「鳶の啼く風景[14]」などである。こうした日常や、何らかの場面を抽象的・俯瞰的に表す言葉として風景がこの時期に広く使われていたことがわかる。

もうひとつ、視覚対象にならないものが数多く表3に含まれている理由がある。一九二〇年代後半の記事・論文のなかでは、『近代風景』に次いで、雑誌『庭園』掲載のものが、九二六件（全体の約三二％）を占めている。前述のとおり、この雑誌は造園、つまり新しく庭園を創作するための情報や技術が主な内容になっており、そのために、その記事・論文は「創出・デザイン」に分類されるものが多くなった。たとえば、田村剛による「風景地の計画と経営[15]」などが典型だが、『庭園』誌以外でほかにもわが国の都市計画をリードした『都市公論』誌においての「風景地開発と都市計画」や「風景術と其の基礎問題に就て[16]」など、風景を新たに作るための創作技術やデザインをめぐる記事や論文がこの時期には数多く登場してきているのである。つまり、視覚対象として捉えるための言葉ではなく、新たに計画し作るものとして風景という言葉が使われているのである。

なお、表3では、「公園」に分類した記事・論文が、一九二〇年代後半では七六件（二一・六％）と比較的多くカウントされているが、これは昭和六年（一九三一）に国立公園法が施行されることに関連したものが大半であり、この議論があるために、一九二〇代後半に風景を使った記事・論文の数が増えているとも言えるのであるが、この時期には、国立公園を指定するための評価は景観ではなく風景であったことがわかる。

では表3で、二〇一〇年代後半では、以上のような風景の使われ方はどうなっていたのか。この時期になると、カウントされた記事・論文の数はほぼ変わらないものの、図1でわかるとおり、記事・論文全体に対する割合は大幅に減っている。しかし、これは一九二〇年代後半の『近代風景』や『庭園』のような、その記事・論文の数の多くを占める雑誌が見当たらなくなっているからであるとも考えられる。実際に最も多くの記事・論文が掲載されている雑誌は、『週刊東洋経済』であるが、その数は一三四件（約五％）に過ぎない。言い方を変えれば、この時期には、風景という言葉を積極的に使う詩作や造園という分野における雑誌等の出版がほとんどなくなってしまい、風景という言葉は多様な一般雑誌で使われるようになっていったと解釈できるのであろう。

そのことは、使われた風景の視覚対象が「地域・エリア」という具体的に明確に特定できる分類の件数が最も多く（三五二件・約一二・八％）なっていることからも了解出来る。これは、詩作において抽象的なものを表す言葉として使われたり、造園や都市計画のなかで使われるケースなどが減っていることを示していると言えるだろう。しかし、それでも表3を見ると「場面・行為」に分類される記事・論文が一三八件（八・六％）と変わらず多く分類されている。具体的には、「一変した取材風景、模索続く——首相官邸記者クラブからの現場報告[17]」、「スリランカ　祈りの風景[18]」、「浅間山北麓嬬恋村におけるキャベツの収穫風景[19]」などである。同じ分類の一九二〇年代後半のものと比べるとより具体的な場面が風景として表されていることがあるようだ。

さらに、一九二〇年代後半から大きく増えている分類として「政治経済状況」（一六三件・約五・九％）がある。これは、具体例を挙げると「遊筆——労働問題に寄せて　白昼夢『一年後の風景』[20]」、「トランプ政権登場とアジア——常識が揺らぐ『真実後』の国際政治風景[21]」、「問題提起　分断社会の原風景——『獣の世』としての日本[22]」などである。ここでは、何らかの社会的課題を指摘する際に、その状況を風景という言葉で示そうとするという傾向を指摘することができそうである。

こうしたことから了解できるのは、風景が、何らかの具体的な視覚的対象、あるいはそれらのまとまりについて使われる言葉であったのが、視覚対象を持たない、何らかの状況を表す言葉として拡張していったということであろう。見るものを表す風景から、状況を表す風景へ、言葉の使い方が確かに広がっているのである。この事態は、もう一つの景観の使われ方との違いを検証することでより明確になるようだ。

六　景観の使われ方の変化

表4（景観）の対象はどのようなものであったのか。戦前については、一九三〇年代後半のデータを挙げ

ているが、これは戦前で景観を使った記事・論文が最も多かったからである。そうだとしてもわずかに一四二件に過ぎない。サンプル数が少なすぎるということもあるのだが、個別の記事・論文を見てみると、それでもいくつかのことが明確に指摘できそうだ。まず、掲載された媒体であるが、最も多いのが、『地理教育』で五二件（約三七％）で、次いで『地理学評論』が一五件（約一一％）と続く。この二誌で半数近くを占めていて、前述した地理学において行われた景観という言葉の概念に関する議論、あるいはその言葉の普及を目指すような記事・論文が多く見られた事態が了解できる。

　そして、そのことは景観の対象の分類からもわかるだろう。最も多いのは、「地域・エリア」であり三八件（二六・八％）で、「地形」に分類されるものも多い（一二件／八・五％）。これらは、その視覚対象を景観として捉えているのだが、同じように地域や地形を示す風景と比べると使い方に差を認めることができる。たとえば、「地域・エリア」では「八丈島の地理的景観[23]」、「武蔵野台地の景観[24]」などで、「地形」では、「幅島盆地の景観[25]」、「手取川扇状地の聚落景観[26]」などである。「武蔵野台地の景観」は、『風景』誌掲載のものだが、前述のとおり『風景』誌に掲載された記事・論文のなかにも景観を使ったものは一四件（九・九パーセント）確認でき、これはすでに指摘したように植物景観や森林景観というような使い方が多く、分類では「植物・生物」（一〇件／七・〇％）や「森林」（四件／二・六％。表4では件数が少ないため表示していない）に分類されている。いずれにしても、風景に見られたその視覚対象を評価したりそれを詩作の題材とするような表現でなく、あくまで客観的に捉える言葉として景観が使われている。

　また、この時期の景観の使い方には、もうひとつ特徴を指摘することができる。植物景観と同様に、景観という言葉を単独に、あるいは○○の景観という使い方ではなく、さまざまな視覚対象群と合わせて使うものが多いのである。自然景観、山岳景観、農牧景観、人文景観、産業景観などであるが、これらは、特定の分野に限定することで漠然とした、あるいは情緒的な視覚対象評価を避けて、それを客観的に捉えようとする使い方をしていると理解することができるだろう。こうしたことから、この時期の風景と景観が使い分けられていた状況をうかがうことができる。すなわち既述のように、風景に比べより客観的に捉えようとする時に使われたのが景観であると考えることができるのである。

しかし、じつは数は少ないものの、風景と同様にこの時期に視覚対象を持たない、何らかの状況を表す言葉として使われている例も確認できるのである。件数が少ないために表4には表示されていないが、たとえば「場面・行為」の八件（五・六％）で、具体的に示せば、「読方教室の景観」[27]、「新帝展の景観」[28]などで、「生活・暮らし・季節」の九件（六・三％）もそうであり、具体的に示せば「世界生活景観地誌」[29]などである。いずれも先述の風景における状況を表す使い方と同じであると判断できるだろう。これらの例では、使われている景観を風景に置き換えても同じ意味になるのではないかと思われる。

つまり、この時期における景観は、地理学を中心とした視覚対象を客観的に学術的に捉える言葉として定着していたように見えて、風景と同様に、ある場面や状況を捉える言葉としても使われることもありえたのである。ただし、サンプル数が少ないこともあり、そのことをこの一九三〇年代後半のデータだけで一般的な現象として判断するのは難しいかもしれない。しかし、そうした使われ方が確かにありえたことは確認できるのであり、表4の戦後の二〇一〇年代後半のデータを見ると、そのことが持つ意味がわかってくる。二〇一〇年代後半には、使われた件数は約一八倍と激増しているが、「場面・行為」や「生活・暮らし・季節」に分類できるものが、ほぼ皆無になっている。つまり、景観を何らかの状況を表す言葉として使うのは、二〇一〇年代後半を見る限り、なくなってしまったのである。

それに代わり、景観法が平成一六年（二〇〇四）に施行された前後から、とりわけ施行後に多くの都道府県、市町村で景観条例が制定されることに伴い、景観は、情緒的あるいは主観的な要素を一切排除し、視覚的受容を客観的に判断・評価する概念となっていったのである。表4の二〇一〇年代後半の視覚対象で、一九三〇年代後半にはほとんどカウントされていない「創出・デザイン」（二二三件／八・八％）、「法制度」（一六二件／六・四％）、「分析手法」（一八五件／七・三％）などが最も多く分類されていることがそれを示している。ここで了解できるのは、一九三〇年代後半では、風景という言葉が広く使われていく状況のなかで、景観も状況を示すような場面でも使うことのできる、より自在な使われ方もありえたが、それが戦後になり、行政の政策課題の重要な用語となるにしたがい、排除されていったということなのだろう。

しかし、そうして状況や場面のような使い方が排除され、客観的な評価の言葉として景観の意味が収斂されていくなかで、景観と言う言葉は視覚的に受容するものを示すのとは異なる意味を持つようになっていく。それは、たとえば「創出・デザイン」における「まちづくりと景観・経済効果の回復――茅野市白樺湖地区」[30]や、「積雪寒冷地における景観向上を目的とした無電柱化事業の優先度に関する考察」[31]などであり、「分析手法・教育」に分類した、「自治体が主導する景観学習の現状と課題――青森県及び岩手県における調査を通して」[32]など、ほかにも多数挙げることができるが、景観が視覚を通じて捉えられるものとして使われているのではなく、地域やそこに暮らす人々の意識に備わっている資産や能力を表すものとして使われているのである。ここでは景観は、何かを見て感じる（受容する）ものではなく、場所や人に備わる価値なのである。だから、それは向上することを目指すものであり、学習する対象になるものなのである。

上述のとおり、一九三〇年代後半には、〇〇の景観ではなく、言葉を直接組み合わせる〇〇景観という使い方が多かったことを指摘したが、二〇一〇年代後半では、その傾向はさらに強まっていった。すでに見てきた例でも景観向上や景観学習という言葉が使われているが、これらは一九三〇年代後半での山岳景観や農牧景観のような景観の分野を示すのではない。それを向上させたり学習したりするという、何らかの能力・資質を示す言葉として景観が使われているわけである。これは大きな変化であると言えるだろう。

そして、景観のそうした使われ方の延長として特に指摘しなければならないのは、言語景観であろう。表4において二〇一〇年代後半のなかで、「文字（言語）」として分類しているもののすべてがこの言語景観を使った記事・論文である。六六件で二・六％もカウントされる。これは、独立した学術用語になっているものだと言ってよい。この言葉を最初に使ったのは、地理学者の正井泰夫（一九二九―二〇一二）だとされる(33)。一九六九年のことだ。正井は都市で視覚的に受容される要素のなかには、文字もあるわけで、それを分析することを目指したが、その後、文字が映し出す社会的な状況や変容に着目する。すなわち、どのような文字がどのように使われているかを分析することが言語学、さらには社会学で研究分野のひとつとして確立するようになるのである(34)。当初は景観の分析対象のひとつとして言語に着目することで、言語景観という言葉が使われるようになったのであるが、それがひとつの学分野として、言語景観の四文字で成立する用語へと変化を遂げたものと言えるだろう。

おわりに

以上、風景と景観という、視覚的な対象の受容を示す近代の日本語における二つの言葉について、それがどのように使われてきたのかを、そしてそれがどのように変わっていったのかについて記事・論文を集めたデータベースを用いて考察した。記事・論文を検索するためのデータベースを利用したため、その統計的データがどれだけの精度・客観性を持つものかについて疑問も残るが、二つの言葉がどのように使われたかについて大まかな傾向と、そこからわかる言葉をめぐる時代的背景について考察することができた。

風景については、視覚的対象を主観的あるいは情緒的に捉える言葉として一九二〇年代ごろに頻繁に使われるようになるが、北原白秋の『近代風景』という雑誌名に表れるように、近代になり表れる新しい視覚対象による体験について積極的にそれを表現しようとして使われるようになったことがうかがえた。詩作の題材としてだけではない。それは『風景』という雑誌が創刊され、都市風景という言葉などが使われることに示されるように、近代都市の眺めのように新しく表れる視覚対象に対して、それを積極的に評価しようとする言葉としても使われるようになる。そして、『庭園』のような雑誌を通じて、新しく視覚対象を創造する場面での言葉としても使われるようにもなった。そうしたなかで、風景は、視覚対象から拡張され、日常や、ある場面を抽象的に俯瞰的に表す言葉として使われるようなことも起こってきたのである。

一方で、景観は地理学という学術研究のなかで、その定義をめぐっての議論があり、視覚対象のみならず歴史や文化も含む用語であるべきだという主張もあったが、しだいに具体的な視覚的対象の可視的・形状的な内容に限定し、それを客観的に示す言葉として使われるようになっていった。ただし、そうした景観の使い方は、学術用語の範囲に限定される傾向が強かった。一部には、一般にも使われる例も見られ、そのなかには風景と同様に視覚対象ではなく場面や状況を俯瞰的に示すような場面で使われる場合もあった。しかし視覚対象を情緒的ではなくより客観的に捉えようとする傾向が強くなると、とりわけ戦後になると、そうした捉え方が、行政課題のなかで必要となっていき、一般用語としても広く定着するようになった。その結果、記事・論文でのその使用頻度は、風景をはるかに越えることになる。ただし、そうして政策課題のなかで景観が使われるようになると、それは視覚対象を示す言葉でなく、地域やそこに暮らす人々に備わっている資質・能力として捉えられるような使い方も広がっていった。

平成一六年（二〇〇四）から施行された景観法では、「良好な景観の形成を促進するため、景観計画の策定その他の施策を総合的に講ずる」（第一章第一条）ことが求められている。この場合も、景観とは形成するものであり、計画するものだとしているわけで、少なくともすでに存在する視覚対象を評価するための言葉ではなくなっている。そして、「良好な景観」で示されるように、景観には良否が問われることになる。だとすれば、それは主観的であったり情緒的であったりすることはできない。さらに言えば、そこでは時代や環境によって揺れ動く要素は、曖昧なものとしてことごとく排除されてしまうことになる。そのことは、名所や風景が持っていた言葉の広がりを失うことに繋がるだろう。

そこで曖昧なものにも、視覚対象を評価する根拠が存在するのではないかという議論も起こってくる。そして実際に、いくつかの新しい言葉や使い方も登場してきている。ひとつは生活景である。これは昭和六〇年（一九八五）にはじめて提唱された言葉である。(35) この言葉をめぐっては、都市計画分野で大きく議論されるようになり、その議論は平成二一年（二〇〇九）には論集としてまとめられているが、(36) それをまとめた後藤春彦によって、生活景とは「生活の営みが色濃く滲みでた景観」と定義されることになった。まさに、常に変容するであろう生活という曖昧な要素に焦点を当てた新しい言葉であるわけだ。ちなみに、本論で使ったデータベースでは、二〇一〇年代後半の記事・論文で生活景で拾われるものは、一七件存在し、この言葉は都市計画だけでなく地理学などにも波及していることがわかる。

他にも、平成四年（一九九二）に世界遺産の指針に入ったことで日本でも広くその価値が認められるようになった文化的景観もある。これも、景観の視覚対象は可視的・形状的なものだけに限られるものではなく、その価値は歴史や文化と表裏一体のものであるという主張が盛り込まれている。これも、まさに景観の拡張である。ちなみに、一九二〇年代の地理学における議論では、景観には自然景観と文化景観があるという主張もあったわけで、そのことが七〇年後に改めて主張されるようになったとも見ることもできるだろう。

いずれにしても、景観法以降の現代においては、視覚的対象を評価する言葉として景観が支配的に使われるようになっているが、かつてその評価には、主観的な美を問うようなさまざまな要素を含ませる風景という言葉も積極的に使われてきたのである。そして、視覚対象の幅の広い価値を復権させるような新たな景観の使い方や、言葉そのものの創出が試みられているという現状がある。それは言ってみれば風景の復権であるというような理解もできるのかもしれない。

（1）『学生』第一巻第一号（一九一〇年五月）。
（2）ジェームス・S・ダンカン、西部均訳「意味付与の体系としての景観」（『空間・社会・地理思想』一〇号、二〇〇六年）八四～九五頁。

（3）同様の収録データの規模を誇るものとして、皓星社刊の『明治・大正・昭和前期 雑誌記事索引集成』を基に作成された「ざっさくプラス」があるが、こちらは記事の分野の分類がない。
（4）「日本植物景観の發刊」（『東洋學藝雜誌』二二巻二八四号、一九〇五年五月）、「日本植物景觀第二集」（『東洋學藝雜誌』二二巻二八七号、一九〇五年八月）、「日本植物景觀第三集」（『東洋學藝雜誌』二二巻二九〇号、一九〇五年一一月）。
（5）岡田俊裕「敗戦前の日本における「景観」概念と「景観」学論」（『人文地理』第三九巻第五号、一九八七年）。
（6）本田正次「知多半島の植物景觀」（『風景』七巻三号、一九四〇年三月）、竹内亮「日向地方の植物景觀」（『風景』六巻二号、一九三九年二月）、小寺農夫「土佐地方の森林景觀」（『風景』五巻二号、一九三八年二月）、村井三郎「十和田國立公園の植物景觀」（『風景』四巻九号、一九三七年九月）、本田正次「岳麓の植物景觀」（『風景』四巻六号、一九三七年六月）。
（7）椋内吉胤の都市風景論を分析したものとして、中島直人・西村幸夫・北沢猛「都市美運動家・椋内吉胤に関する研究」（『二〇〇一年度第三六回日本都市計画学会学術研究論文集』）。
（8）馬場菜生・鈴木誠「庭園協会設立と機関誌『庭園』が果たした役割」（『日本庭園学会誌』一四巻一五号、二〇〇六年）。
（9）俵青茅著、『青樹』二五号（一九二九年九月）収録。
（10）『地上楽園』五巻四号（一九三〇年四月）。
（11）『女人藝術』一九二九年一一月号。
（12）山岡巌著、『愛誦』四巻五号、（一九二九年五月）。
（13）加藤憲治著、『愛誦』三巻五号（一九二八年五月）収録。
（14）伴野憲著、『新生』四巻九号、（一九二七年一〇月）。
（15）『庭園』第九巻一、二、三、五、六、九、一一、一二（一九二七年）。
（16）『都市公論』一三巻七号（一九三〇年七月）。この号は他にも多くの風景創出に関わる論文が集められている。

(17)『新聞研究』八二五号（二〇二〇年六月）。
(18)『大法輪』八七巻五号（二〇二〇年五月）。
(19)『地學雜誌』一二八巻二号（二〇一九年）。
(20)野川忍著、『労働判例』一二二〇号（二〇二〇年六月）収録。
(21)永田和男著、『読売クオータリー』四〇号（二〇一七年）収録。
(22)松沢裕作・井手英策著、『世界』八八〇号（二〇一六年四月）収録。
(23)平山博著、『昆虫界』八巻八〇号（一九四〇年一〇月）収録。
(24)吉村信吉著、『風景』七巻六号（一九四〇年六月）収録。
(25)安田初雄著、『地學雜誌』五一巻八号（一九三九年）収録。
(26)望月勝海・齋藤外二著、『地理学評論』一三巻七号（一九三七年）収録。
(27)下山懋著、『国語教育』二四巻一号（一九三九年一月）収録。
(28)山口蓬春著、『阿々土』一二号（一九三六年四月）収録。
(29)西龜正夫著、『広島地学同好会報』六巻三号（一九三六年一月）収録。
(30)齋藤正己著、『日本景観学会』二一巻一号（二〇二〇年三月）収録。
(31)緒方聡・岩田圭佑・松田泰明著、『寒地技術論文・報告集』北海道開発技術センター寒地技術シンポジウム、三五号（二〇一九年）収録。
(32)馬場たまき・北原啓司・阿留多伎眞人著、『尚絅学院大学紀要』七九号（二〇二〇年七月）収録。
(33)正井泰夫「言語別・文字別にみた新宿における諸設営物の名称と看板広告」（『史苑』二九巻二号、一九六九年）。
(34)江源「言語景観研究の現状について」（『明海日本語』一四号、二〇〇九年二月）。
(35)渡戸一郎「現代都市における『生活景』の回復――社会学からの試論」（『都市計画』第一三八号、一九八五年）。
(36)日本建築学会編『生活景――身近な景観価値の発見とまちづくり』（学芸出版社、二〇〇九年）。

あとがき

本著のテーマとなる「名所」をめぐる共同研究については、日本学術振興会の科研費補助金・国際共同研究強化（代表　井戸美里「やまと絵の場と機能をめぐる受容美学的研究」課題番号：15KK0037）の助成、また、本著の出版については京都工芸繊維大学 KYOTO Design Lab のご支援をいただきました。

そもそも「名所」について考えるきっかけとなったのは、編者が学部生の頃、千野香織先生の授業で名所絵の成立について「名所」は最初から存在するわけではなく、「名」が与えられることによって成立するのだ、と聞いたことであった。「名物」や「名品」なども同様だということに気付かされた瞬間だった。千野先生は名所絵の成立の土台となる和歌と絵画の関係性に早くから着目し、名所が描かれた障屏画の用いられた場の意味や機能についても建築とのかかわりから追究し名所絵研究の礎を築かれた。私の研究のスタートラインである。

本格的に名所について考え始めたのは、編者が博士論文執筆の最終段階でハーバード・イェンチン研究所に留学中であった二〇一〇年、今回の執筆者の一人である金桂園さんと、今回は残念ながら寄稿いただくことはできなかったがロバート・ゴリーさん（Associate Professor, Wellesley College）と一緒に北米を中心とするアジア研究に関する国際学会（Association for Asian Studies）で「名所」についてのテーマでパネルを組んで発表をすることになったときである。二人とも東京大学大学院に留学中で、金さんは写真論、ゴリーさんは名所図会について研究を行っており、私自身もちょうど京都の洛外をフォーカスして描く「洛中洛外図屏風」の景観について考えていた頃で、三人で意気投合し、サミュエル・C・モース教授（Amherst College）にディスカッサントを引き受けていただきフィラデルフィアで発表を行った。私にとっては初めての国際学会での発表であったが、早朝一番のパネルにもかかわらず、会場いっぱいのオーディエンスに囲まれ、忘れがたい経験となったと同時に名所研究を続けていく必要性を強く感じる出来事となった。

その後、二〇一六年より科研費補助金（国際共同研究強化）の助成を受け、二〇一八年に開催した二つの国際シンポジウム「名所について再考する——都市・建築・美術の磁場としての日本風景論」（京都工芸繊維大学、七月二〇日）、*Reconceptualizing Meisho: Topography, Memory, and Representation*［名所について再考する——トポグラフィー・記憶・表象］（ハーバード大学、一〇月三一日）を共同研究者のメリッサ・マコーミック教授（Harvard University）の協力を得て開催した。本著は、それらの発表とディスカッションをベースとして論文化したものである。

編集をおえて今後の課題も多くみえてきた。本著では「名所」ということばの及ぶ範囲について「日本」を中心に考察を行ってきたが、「名所」は「風景」へと接合することがわかってきたことからも、主観的でありながらも普遍性を伴う概念として、よりさまざまな地域について考えていく必要があるということである。まずは、近代日本の「領土」に回収されない沖縄や北海道、これも一つのまとまった地域として一括りにできない問題があるが、欠かせない場所である。また、「名所」の「名」が与えられた、あるいはこれから与えられる場所は、必ずしも明るい希望に満ちたものばかりではないはずだ。歴史上の出来事を振り返ると、災害や疫病、戦争によって、期せずしてその「名」が刻まれる場所もある。こうした場所の「名」は、たとえ望まぬものであったとしても、意識して人々の記憶に残す行為がなければ未来に語り継いでいくことができないだろう。

本書に寄せていただいた多角的かつ刺激的な名所をめぐる議論をまとめてみて、序文で示した「名所」の定義や価値が変わるような激動の時代、時代の変わり目とは、今なのかもしれないと思う。二〇一一年の東日本大震災、二〇二〇年頃から続いたコロナ禍を挙げるまでもなく、地球温暖化を始めとする自然環境とのかかわりも抜本的な見直しが求められる現代において、国が主導する「景観」に係る法整備とは別に、近代以降の「風景」という言葉が内包しつつ解決できないまま持ち越されてきた課題を考えていくのは、積極的な参与が求められる今の社会に生きる私たち一人一人なのであろう。

執筆者のみなさんには早々に原稿をお送りいただきながら、編者の都合により長らくお待たせすることになってしまい大変申し訳なく思いつつ、これだけ力のこもった多様な論文をお寄せいただいたことに感謝している。いろいろな場所を巡りエネルギーを充満してきた編者にとって、コロナ禍による移動の制限を経て、この出版を機にふたたび「名所」をめぐる体験と対話を始められたことは何よりの喜びである。途中で体調を崩してしまい出版まで予定以上に長い道のりとなってしまったが、執筆者のみなさん、思文閣出版で本著の編集を担当してくださった中原みなみさんには、出版まで辛抱強く見守っていただいた。また、自分の身体と向き合い一日一日を健やかに執筆できるよう長谷川政子先生には導いていただいた。ここまで支えてくださったみなさまに心から感謝を申し上げたい。

そして、名所研究のきっかけを与えてくださった故・千野香織先生の背中をこれからも追い続けながら日本の風景について考えていきたいと思っている。

井戸美里

赤松加寿江（あかまつ　かずえ）

西欧都市建築史．京都工芸繊維大学デザイン・建築学系 准教授．
『近世フィレンツェの都市と祝祭』（東京大学出版会，2020年），『テロワール――ワインと茶をめぐる歴史・空間・流通』（共編著，昭和堂，2023年），「近代鎌倉の道路整備にみる「観光」と「住みよさ」の相克――日本自動車道路と新旧の住民」（中川理・空想から計画へ編集委員会編『空想から計画へ近代都市に埋もれた夢の発掘』思文閣出版，2021年）．

小 野 芳 朗（おの　よしろう）

日本都邑史．京都工芸繊維大学名誉教授．
『水系都市京都――水インフラと都市拡張』（編著，思文閣出版，2015年），『大名庭園の近代』（共著，思文閣出版，2018年），『図説　大名庭園の近代』（編著，思文閣出版，2021年），『風景の近代史』（思文閣出版，2023年）．

金　桂　園（キム　ゲウォン）

日本・韓国近現代美術史．成均館大学美術学科教授．
『사진국가――19세기 후반 일본 사진(들)의 시작（写真国家――十九世紀日本写真の始まり）』（현실문화 A, 2023）
『예술의 주체――한국회화사에서 에이전시를 찾아서（芸術の主体――韓国絵画史におけるエージェンシーを探して）』（共著，아트북스，2022）．

福 永　　愛（ふくなが　あい）

東洋美術史，日本陶磁史，蒐集史．チェスター・ビーティー東アジアコレクション学芸員．
“Tourism and Collecting in Kyoto: The Miyako Hotel as an Agent in the Creation of the Hon. Henry Marsham Collection of Japanese Art, Maidstone Museum, Kent”. *Journal for Art Market Studies* 2 (3), 2018.「フランシス・ブリンクリーとボストン美術館日本陶磁コレクション」（『神田外語大学日本研究所紀要』15号，2023年）．“A Historiography of Japanese Ceramics in Chinese style: Japanese and Western Scholarship”, *Kindred Spirits: 100 Japanese Ceramics in Chinese Style The Shen Zhai Collection*, ed by Clare Pollard, Arnoldsche, 2024.

中 川　　理（なかがわ　おさむ）

日本近代都市史・建築史．京都工芸繊維大学名誉教授，神戸女子大学客員教授．
『風景学――風景と景観をめぐる歴史と現在』（共立出版，2008年），『京都と近代――せめぎ合う都市空間の歴史』（鹿島出版会，2015年），『テロワール――ワインと茶をめぐる歴史・空間・流通』（共編著，昭和堂，2023年）

執筆者紹介

（収録順，＊は編者）

武　瀟　瀟（ウ　ショウショウ）

日本中世美術史．独立行政法人国立文化財機構東京文化財研究所アソシエイトフェロー．
「『瀟湘八景』の伝来に関する新知見――平安時代における瀟湘イメージを中心に」（『デザイン理論』70号，2017年）．“Les mutations d'un paysage chinois dans le Japon de l'époque de Muromachi (1333-1573) : les paravents et les portes coulissantes des Huit vues de la région Shôshô”, *Mutations paysagère et patrimoniales de la ville japonaise*, Collège de France, 2019.「伝狩野元信筆『四季花木草花図下絵山水図押絵貼屏風』について」（平芳幸浩・三木順子・井戸美里編『芸術の価値創造――京都の近代からひらける世界』昭和堂，2021年）．

＊井 戸 美 里（いど　みさと）

日本美術史．京都工芸繊維大学 デザイン・建築学系 准教授．
『戦国期風俗図の文化史――吉川・毛利氏と「月次風俗図屏風」』（吉川弘文館，2017年），『東アジアの庭園表象と建築・美術』（編著，昭和堂，2019年），「継承される歌枕――御所伝来の「吉野図屏風」の情景描写をめぐって」（松岡心平編『中世に架ける橋』森話社，2020年）．

林　かおる（はやし　かおる）

日本中古・中世文学．アリゾナ大学東アジア研究学科助教授．

岩 本　　馨（いわもと　かおる）

日本都市史・空間史．京都大学大学院工学研究科准教授．
『近世都市空間の関係構造』（吉川弘文館，2008年），「いくつもの巡礼道――西国三十三所のイデア」（髙橋慎一朗・千葉敏之編『移動者の中世――史料の機能、日本とヨーロッパ』東京大学出版会，2017年），「巡礼と郊外――名古屋覚王山をめぐって」（中川理・空想から計画へ編集委員会編『空想から計画へ――近代都市に埋もれた夢の発掘』思文閣出版，2021年）．

並 木 誠 士（なみき　せいし）

日本美術史．京都工芸繊維大学特定教授・美術工芸資料館館長．
『絵画の変――日本美術の絢爛たる開花』（中央公論新社，2009年），『日本絵画の転換点『酒飯論絵巻』――「絵巻」の時代から「風俗画」の時代へ』（昭和堂，2017年），『近代京都の美術工芸Ⅱ――学理・応用・経営』（編著，思文閣出版，2024年）．

KYOTO
Design Lab

名所《めいしょ》の誕生《たんじょう》——「名《な》」を与《あた》えられた風景《ふうけい》

2025（令和7）年3月20日発行

編　者　井戸美里

発行者　田中　大

発行所　株式会社　思文閣出版

〒605-0089　京都市東山区元町355

電話　075-533-6860（代表）

装　幀　高岡健太郎

印　刷
製　本　中村印刷株式会社

 ISBN978-4-7842-2113-4　C3021